THE BEATLES

A HISTÓRIA POR TRÁS DE TODAS AS CANÇÕES

Este livro é dedicado à memória de T-Bone Burnett e Larry Norman, como uma recordação das muitas horas de conversas sobre os Beatles ao longo dos anos.

THE BEATLES
A HISTÓRIA POR TRÁS DE TODAS AS CANÇÕES

Steve Turner

tradução Alyne Azuma

COSACNAIFY

SUMÁRIO

PREFÁCIO

Este livro conta as histórias por trás das canções dos Beatles, conjunto que defini como músicas escritas e gravadas pelos Beatles. Ele trata do "onde, como e porquê" das composições e tenta rastrear o caminho da inspiração até a fonte. Dito isso, este não é um livro sobre como as canções foram gravadas nem sobre quem tocou o quê, em qual sessão. Mark Lewisohn definitivamente já fez esse trabalho em *The Complete Beatles Recording Sessions*. Tampouco é um livro de análise musical profunda. Para tal abordagem, veja *Twilight Of The Gods*, de Wilfrid Mellers (Schirmer Books, 1973), ou *The Songwriting Secrets Of The Beatles*, de Dominic Pedler (Omnibus Press, 2003).

Revolution in the Head, de Ian MacDonald (Fourth Estate, 1994), é igualmente exemplar. MacDonald utiliza a mesma abordagem música por música deste livro, e seus *insights* e a profundidade de seu conhecimento sobre música popular dos anos 1960 são incomparáveis.

Este também não é um livro que explica o que os Beatles "realmente queriam dizer". Apesar de delinear a origem de muitas canções e fazer referência a fatores psicológicos que, acredito, influenciaram na composição, deixei a tarefa da interpretação para outros. Se você de fato quiser saber o que Paul quis dizer, leia um livro como *Paul McCartney: From Liverpool To Let It Be*, de Howard DeWitt (Horizon Books, 1992), ou, se quiser entender o percurso do desenvolvimento intelectual de John, leia *The Art and Music of John Lennon*, de John Robertson (Omnibus, 1990), ou *John Lennon's Secret*, de David Stuart Ryan (Kozmik Press, 1982).

O que tentei fazer foi simplesmente contar a história de como cada canção surgiu. Pode ter sido uma inspiração musical, como tentar escrever ao estilo de Smokey Robinson. Pode ter sido uma frase que ficou na cabeça, como "pools of sorrow, waves of joy",[1] verso que compeliu John a escrever "Across The Universe". Ou pode ter sido um incidente, como a morte do rapaz Tara Browne, da alta sociedade, que levou à composição de uma parte de "A Day In The Life".

Minha fonte principal foram as palavras dos próprios Beatles. Tive a sorte de conhecer John e entrevistá-lo com Yoko no escritório da Apple em Savile Row no verão de 1971, pouco antes de *Imagine* ser lançado. Eu me lembro de parabenizá-lo pela natureza pessoal de suas novas canções, que surgiram depois de um intenso período de terapia. "Minhas músicas sempre foram pessoais", ele respondeu. "'Help!' era pessoal. 'You've Got To Hide Your Love Away' era pessoal. 'I'm A Loser' era pessoal. Sempre tive esse ímpeto."

Só conheci Paul em 1992, quando fui convidado a ajudar Linda a escrever o texto de seu livro de fotos, *Linda McCartney's Sixties: Portrait Of An Era*. Eu esperava que Paul contribuísse com as próprias lembranças, mas ele alegou que um projeto como esse merecia toda a sua dedicação, com o que não poderia se comprometer por falta de tempo. Mesmo assim, ele apontou algumas discrepâncias nas histórias que eu havia coletado até então para que eu pudesse modificá-las.

Como os comentários mais confiáveis sobre as canções são aqueles feitos pelos próprios Beatles, extraí muita coisa das entrevistas publicadas que reuni desde o início do meu primeiro álbum de recortes sobre os Beatles, em 1963. Aquelas que perdi, pesquisei na National Newspaper Library e na National Sound Archives, em Londres. Tive de voltar inúmeras vezes a sete textos inestimáveis, sem os quais eu não teria sabido por onde começar. Em ordem de publicação: a entrevista de Alan Aldridge com Paul McCartney publicada como "A Good Guru's Guide To The Beatles' Sinister Songbook" (*Observer*, Londres, 26 de novembro de 1967); *The Beatles*, de Hunter Davies, 1968; "Lennon: The Greatest Natural Songwriter of our Time", de Mike Hennessey (*Record Mirror*, 2 de outubro de 1971); *Lennon Remembers*, por Jann Wenner, 1971; *I Me Mine*, de George Harrison, 1980; *The Playboy Interviews*, com John Lennon e Yoko Ono, 1981, e *Paul McCartney: Many Years From Now*, de Barry Miles, 1997. Há também duas séries de rádio que esclarecem detalhes sobre as

composições: *McCartney On McCartney*, de Mike Read, transmitida na BBC Radio 1, em 1989, e *The Lost Lennon Tapes*, uma produção americana com as fitas da coleção particular de John.

Por mais esclarecedoras que todas tenham sido, elas não me contaram a história inteira. Eu queria entrevistar as pessoas que estavam ao redor deles quando as canções foram escritas ou que serviram de tema para elas. Também queria localizar artigos de jornal e livros que serviram de inspiração e visitar lugares que motivaram canções. Também desejava surpreender os próprios Beatles remanescentes porque tinha certeza de que eles não sabiam quem de fato era o "Mr. Kite" ou que fim havia levado a garota cuja história inspirou "She's Leaving Home".

O livro definitivo sobre o tema não será escrito até que os diários, cartas e cadernos de John e George sejam tornados públicos, e até que Paul e Ringo compartilhem tudo de que se lembram sobre as 208 canções gravadas pelos Beatles. O mais provável é que os arquivos de John continuem trancafiados por um bom tempo, porque parte importante dos registros dele trata de pessoas ainda vivas, e Yoko acredita que seria delicado divulgar. A série de televisão em seis partes *The Beatles Anthology* e a "biografia" dos Beatles que veio junto foram decepcionantes para quem esperava que os membros remanescentes contassem histórias inéditas.

É por isso que valeu a pena compilar este livro. Ele pode ser o mais próximo que chegaremos de entender como os Beatles fizeram a mágica de suas composições.

Steve Turner
Londres, novembro de 1998 e março de 2005

INTRODUÇÃO

Certa vez, calculei que, se somássemos todos os dias em que os Beatles existiram, a metade precisa dessa carreira coincidiria com o momento em que John Lennon teve de se defender da comparação feita por ele mesmo entre o grupo e Jesus. Foi um divisor de águas altamente simbólico porque marcou o começo do fim da fase "artistas de turnê" e a transição para o status de artistas sérios. Também foi um momento que marcou o início da acepção deles como porta-vozes de uma geração.

Este livro percorre o arco que inicia com a *beatlemania*, as turnês, botas cubanas de meio salto, cabelo na testa (mas não no rosto) e músicas sobre garotos que gostavam de garotas ou vice-versa e chega até a fase mais experimental e intelectual da banda.

Quando os Beatles entraram pela primeira vez nos estúdios Abbey Road da EMI, em 1962, suas ambições não eram maiores do que as de qualquer outro grupo que tinha crescido com o rock'n'roll. Eles queriam fazer canções boas e cativantes que os colocassem nas paradas de sucesso e os fizessem ganhar dinheiro. O exemplo era Elvis. Três anos depois, quando gravaram *Rubber Soul*, eles já tinham ultrapassado Elvis e feito fortuna. Àquela altura, estavam mais interessados em Ravi Shankar, estados alterados de consciência e em serem admirados como artistas.

John Lennon e Paul McCartney foram os primeiros grandes astros do pop a se beneficiar de uma educação mais profunda. Antes dos Beatles, a música pop era uma carreira para quem havia falhado academicamente e fantasiava sobre as próprias chances de ganhar a vida apenas com a aparência e a voz. Apesar de John nunca ter se sobressaído em seus estudos e de ter abandonado o curso de arte, pelo menos ele frequentou a faculdade. Paul não foi à faculdade, mas foi aluno de uma das melhores escolas secundárias de Liverpool.

O efeito disso foi que, com o passar do tempo, eles puderam enxergar naquilo que faziam como músicos e compositores pop algo semelhante ao que Chaucer, Picasso e Dylan Thomas fizeram em seus campos. Eles se identificavam com as abordagens criativas desses artistas e com as batalhas que travaram para ampliar o escopo de suas

"Aqui estão algumas das que fizemos antes": os Beatles comparam as capas de seu inigualável repertório.

formas de expressão artística. Em 1963, John fez um comentário visionário: "Isto não é *show business*. É outra coisa. É diferente de tudo o que qualquer um pode imaginar. Você não parte para outra coisa. Você faz isso e pronto".

As primeiras canções não eram profundas do ponto de vista das letras, apesar de trazerem com frequência novos ares em termos musicais. Eles trabalhavam conscientemente dentro das expectativas do mercado pop existente e seguiam as pegadas das canções já bem-sucedidas, que desconstruíam para descobrir sua mecânica. "Estávamos só escrevendo canções pop à Everly Brothers ou Buddy Holly", John explicou certa vez. "Eram canções pop às quais nos dedicávamos basicamente para criar um som. As letras eram quase irrelevantes."

Quando começaram não pensavam em fazer algo confessional ou explorar o mundo das ideias. Em algumas ocasiões um acontecimento qualquer do cotidiano lhes serviu de mote para canções, mas eles se influenciavam muito mais por outras músicas do que por histórias de suas vidas. John admitiu posteriormente que reservava suas observações pessoais e seus experimentos com a linguagem para seus poemas e contos. Alguns deles foram publicados posteriormente em seus dois livros, In His Own Write e A Spaniard in the Works. "Eu já era um compositor formado no primeiro álbum", declarou. "Para me expressar, eu escrevia histórias pessoais que expressavam minhas emoções. Havia um John Lennon diferente, compositor, que escrevia músicas para o mercado, e eu não considerava que as letras tinham alguma profundidade. Elas eram apenas uma brincadeira."

Quando os Beatles vestiam couro preto e tocavam em clubes subterrâneos, seus *sets* eram dominados por canções gravadas por Elvis, Buddy Holly, Gene Vincent, Little Richard e The Everly Brothers. Posteriormente, eles se interessaram por grupos femininos americanos, como The Shirelles e The Chiffons, e pelo novo som da Motown, sobretudo The Miracles e Marvin Gaye. A dupla de compositores que mais admiravam era Gerry Goffin e Carole King, autores de "Will You Still Love Me Tomorrow", "Chains", "One Fine Day", "Take Good Care Of My Baby" e "Please Don't Ever Change".

"No começo, Paul e eu queríamos ser os Goffin e King da Inglaterra", afirmou John, e, em suas primeiras composições, é possível ver a marca registrada do estilo Brill Building de compor. Assim como no

A banda é fotografada na sede da EMI em Manchester Square, Londres, com uma série de discos de prata. Em 1963, eles já estabeleciam recordes de venda.

11

prédio em questão, que centralizava compositores comerciais, os sucessos iniciais deles eram escritos no decorrer de um dia normal de oito horas. Assim como Goffin e King, John e Paul começaram escrevendo para outros artistas e ofereceram "World Without Love", "Nobody I Know" e "I Don't Want To See You Again" para Peter & Gordon, e "Bad To Me" e "Do You Want To Know A Secret" para Billy J. Kramer and the Dakotas.

Os artistas brigavam para gravar as canções de Lennon e McCartney. Assim que discos demo chegavam para o editor Dick James, ele os repassava para artistas relevantes. Até 1965, quase todas as músicas de um álbum dos Beatles seriam regravadas por alguém e, algumas delas, como "Michelle", com The Overlanders, viriam a ser o primeiro sucesso do artista.

A primeira fase das composições se estende do início de seu trabalho, ainda como adolescentes que se encontravam na casa da família de Paul e rabiscavam letras nos cadernos de exercício dos livros do Liverpool Institute, até o surgimento da beatlemania.

Por volta de 1964 as coisas já começavam a mudar. Conforme os Beatles viajavam mais e começavam a se misturar com a elite do mundo jovem das artes, seus horizontes se expandiam. O contato com os primeiros álbuns de Bob Dylan mostrou a eles o potencial contido no pop e no rock de lidar com uma vasta gama de emoções e ousar mais com a linguagem. Isso levou John a escrever canções confessionais como "I'm a Loser" e "Help!". Dylan mostrou a eles como era possível transportar o espírito de sua poesia para a música.

Paul foi influenciado por muitos vetores. Sua namorada, a atriz Jane Asher, e a família dela o apresentaram a músicos clássicos, psicólogos, atores, diretores de teatro, poetas e membros da jovem cena underground de Londres. Ele visitou galerias de arte, fez filmes caseiros, experimentou a música eletrônica, frequentou teatros e palestras. A exposição a uma diversidade maior de ideias e formas artísticas se tornou visível na maturidade de canções como "And I Love Her", "We Can Work It Out" e "Yesterday".

O que tornou o desenvolvimento dos Beatles tão interessante nesse período foi a forma com que se recusavam a restringir seu universo musical ao limitado escopo aceito por músicos pop. Eles experimentaram novos instrumentos (órgão Hammond e tambores africanos em Beatles For Sale, piano elétrico, flautas e quarteto de cordas em Help!, cítara e fuzz bass em Rubber Soul) e trataram de novos temas.

13

Em meados dos anos 1960, os Beatles deram um salto quântico tanto do ponto de vista musical como no que diz respeito à qualidade das letras.

A banda também se notabilizou por ultrapassar os padrões de qualidade vigentes em termos de gravação e desafiou as linguagens convencionais de capas de discos (raramente havia um sorriso e na capa de *Rubber Soul*, por exemplo, nem mesmo constava o nome da banda).

Em cada álbum eles expandiam as fronteiras da música pop, criando a base de tudo o que viria em seguida. Dotados de um otimismo ilimitado, partiam do princípio de que todas as possibilidades musicais concebidas pela mente poderiam ser postas em prática. Não foi por acaso que a frase mais associada a eles nesses anos tenha sido "Yeah! Yeah! Yeah!". Para os Beatles, tudo parecia possível.

Com o passar dos anos, eles começaram a escrever canções que não eram sobre amor, tema onipresente nos primeiros álbuns. Apesar de "In My Life" conter a palavra "love", a canção era, na verdade, sobre a morte. "Help!" era um grito desesperado. "Nowhere Man" ponderava sobre o sentido da vida. "The Word", de *Rubber Soul*, foi a primeira "canção-mensagem" do grupo.

"As pessoas queriam que fôssemos sempre os mesmos, mas não podemos cair em uma rotina. Ninguém espera chegar ao topo aos 23 ANOS e não se desenvolver mais, então por que nós deveríamos fazê-lo? *Rubber Soul*, para mim, é o começo da minha vida adulta", declarou Paul, logo após o lançamento do álbum.

A jornada de três anos entre *Please Please Me* e *Rubber Soul* foi a mais extraordinária na música pop do século XX, e ainda nos confrontamos com seu legado. Os artistas que vinham do norte da Inglaterra e que muitos achavam que seguiriam na direção do entretenimento rasteiro acabaram se tornando uma das forças criativas mais poderosas da música moderna. Canções da moda parecem vazias quando essa moda passa, mas o prazer produzido por uma canção dos Beatles parece não diminuir.

A segunda metade da carreira dos Beatles revelou-os levando os limites do formato da canção popular tão longe quanto puderam imaginar. Ainda lembro a surpresa que tive ao ouvir "Paperback Writer" pela primeira vez porque as palavras do título eram tão diferentes de qualquer coisa que eu já tivesse ouvido em uma canção de sucesso. Canções pop eram sobre garotas, carros e dança, não sobre livros ou futuros escritores.

De 1966 em diante, os Beatles não pareciam considerar nenhum tema inadequado. Pelo menos metade das músicas em *Revolver* não tinha nada a ver com amor, e sua inspiração não era mais o trabalho de outros artistas. Eles extraíam ideias para canções de conversas ouvidas por acaso, anedotas, manchetes de jornal, livros esotéricos, pôsteres, sonhos, comerciais de televisão, pinturas e eventos cotidianos. Continuavam igualmente vorazes em termos musicais, ouvindo música asiática, jazz de vanguarda, música concreta, e fazendo experimentos com as possibilidades de adulterar fitas magnéticas.

Revolver, Sgt Pepper's Lonely Hearts Club Band e a trilha sonora de *Magical Mystery Tour* e *Yellow Submarine* se desenvolveram a partir da busca por estados alterados de consciência. Apesar de ter sido escrito em grande parte durante um curso de meditação na Índia, *The Beatles* (*The White Album*) marcou um retorno às bases – histórias em quadrinhos, blues gutural, violão folk – e uma quebra com seu recente passado psicodélico. *Let It Be*, outra trilha de filme, foi uma tentativa de retorno à música que os inspirara no início. *Abbey Road* reprisou os pontos fortes dos Beatles e, ao mesmo tempo, demonstrou que ainda eram capazes de surpreender.

De 1966 em diante, os Beatles buscaram com afinco estados alterados de consciência.

No verso: eles podem ter amadurecido e se tornado as mentes mais intensas e criativas da música popular, mas os Beatles começaram a vida como rapazes felizes e despreocupados do norte da Inglaterra.

Esse período da carreira da banda fez George Harrison emergir como compositor e John exercer menos o papel central nos Beatles, enquanto Yoko Ono ocupava cada vez mais espaço em sua vida. Em 1964 e 1965, John foi um grande compositor dos sucessos do grupo. Depois de *Sgt Pepper*, Paul tornou-se predominante. "Hello Goodbye", "Magical Mystery Tour", "Lady Madonna", "Hey Jude", "Get Back" e "Let It Be" foram compostas por Paul. A parceria que gerou "She Loves You" e "I Want To Hold Your Hand" tinha acabado.

Quase quarenta anos depois de os Beatles terem parado de tocar juntos, suas canções ainda significam muito para nós. Para aqueles que cresceram com eles, são como antigos amigos que nunca cansamos de encontrar. Como iluminaram a nossa vida e talvez tenham até ajudado a despertar nossa curiosidade intelectual e espiritual, nossos sentimentos em relação a eles são sempre afetuosos. Descobrir de onde vieram nos ajuda a descobrir de onde nós mesmos viemos.

PLEASE PLEASE ME

Um dos maiores trunfos dos Beatles foi que, em 1962, ano em que gravaram seu primeiro álbum, eles já eram artistas experientes, versados em soul, gospel, r'n'b, blues americano e rock'n'roll. Deram duro para aprender. Eles sabiam como as canções eram feitas porque, por não ter dinheiro para comprar partituras, tinham de decifrar letras e descobrir as harmonias ouvindo repetidas vezes os discos. Como tinham tocado tanto para adolescentes deslumbrados em sessões na hora do almoço do Cavern Club, em Liverpool, quanto para executivos alemães inebriados em Hamburgo, sabiam como animar, acalmar e seduzir uma plateia.

John e Paul estavam juntos havia cinco anos, George estava com eles fazia quase o mesmo tempo. Ringo, que substituiu Pete Best na bateria, era um membro recente, mas a banda o conhecia desde 1959, e por ter feito parte da banda Rory Storm and the Hurricanes havia tocado nos mesmos lugares.

Nessa época, o repertório dos Beatles era o padrão – as canções mais conhecidas dos artistas de rock mais conhecidos. No topo da lista estava Elvis Presley. Eles faziam covers de quase trinta gravações dele, além de tocarem músicas de Chuck Berry, Buddy Holly, Carl Perkins, Gene Vincent, Fats Domino, Jerry Lee Lewis, Larry Williams, Ray Charles, The Coasters, Arthur Alexander, Little Richard e The Everly Brothers. Estudando a música desses artistas, John e Paul aprenderam as noções básicas de composição.

Quando se juntavam na casa de Paul para escrever suas próprias canções, reagrupavam acordes e temas familiares para fazer algo que fosse marcadamente deles. Foi assim que o riff de baixo de uma música de Chuck Berry foi incorporado a "I Saw Her Standing There", uma

Please Please Me alcançou o número 1 na Inglaterra, mas não chegou às paradas nos EUA, onde foi lançado sob o título *Introducing The Beatles.*

canção sobre uma garota no Tower Ballroom, em New Brighton, e dessa maneira também o som da voz de Roy Orbison veio a ser a inspiração por trás de "Please Please Me", o primeiro single dos Beatles a chegar ao topo das paradas.

Às vezes, as músicas eram sobre incidentes da vida deles, mas em muitas ocasiões os temas das letras, assim como a harmonia, eram emprestados de canções alheias. Nesse estágio, as letras tinham mais a função de criar sons e impressões do que de transmitir mensagens. A maior parte do álbum de estreia foi gravada em uma única sessão, em 11 de fevereiro de 1963. Ele foi lançado em 22 de março de 1963 e chegou ao topo das paradas britânicas. Nos EUA foi intitulado *Introducing The Beatles* e lançado no pouco conhecido selo Vee Jay. A versão americana não incluía "Please Please Me" nem "Ask Me Why", e não chegou às paradas.

I SAW HER STANDING THERE

A ideia original do produtor George Martin era gravar um show dos Beatles no Cavern Club, em Liverpool, mas decidiu-se depois que o grupo tocaria no estúdio tal como se apresentasse ao vivo, todos gravando juntos e sem intervalos, de modo a registrar o disco em um só dia. Isso aconteceu em 11 de fevereiro de 1963 quando, em uma sessão de quinze horas, os Beatles gravaram dez faixas novas, às quais foram adicionadas as canções de seus dois primeiros singles.

"I Saw Her Standing There" era a canção perfeita para abrir o primeiro álbum dos Beatles porque cravou a banda firmemente no mundo dos salões de baile adolescentes. Eles decidiram manter a introdução "one, two, three, four" porque ajudava a criar a impressão de tratar-se de um registro de uma apresentação ao vivo.

Originalmente intitulada "Seventeen", a canção conta uma história simples de um garoto que vê uma garota dançando no salão de baile local e, depois de decidir que a beleza dela é "way beyond compare",[2] resolve

---

I SAW HER STANDING THERE
Autoria: Lennon/McCartney
Duração: 2' 55"
Lanç. no Reino Unido: álbum *Please Please Me,* 22 de março de 1963
Lanç. nos EUA: álbum *Introducing The Beatles,* 22 de julho de 1963
Lanç. do single nos EUA: 26 de dezembro de 1963, como lado B de "I Want To Hold Your Hand"

"I Saw Her Standing There" cravou os Beatles no mundo dos frenéticos salões de bailes adolescentes. Foi um single de estreia clássico e quase perfeito.

nunca mais dançar com ninguém. Conforme a história avança, uma maravilhosa mescla de arrogância juvenil e insegurança é retratada. A canção não dá pistas de que o narrador tenha considerado a possibilidade de uma rejeição e, ainda assim, na rima inesquecível do grupo, ficamos sabendo que, logo que ele "crossed the room", o seu coração "went boom".[3]

Paul começou a compor essa música numa noite de setembro, em 1962, enquanto voltava de carro para casa, em Allerton, Liverpool. Ele gostou da ideia de escrever sobre uma garota de 17 anos porque tinha consciência da necessidade de ter canções com as quais o público predominantemente feminino pudesse se identificar. "Eu não pensei muito sobre ela. Só cantei", declarou quatro anos depois. "Originalmente, os primeiros dois versos eram 'She was just seventeen, Never been a beauty queen'.[4] Na época, parecia uma boa rima. Mas, quando toquei a música para John no dia seguinte, percebi que era um verso inútil, e John também. Então nós dois sentamos e tentamos criar outro verso que rimasse com 'seventeen', mas fizesse mais sentido."

Depois de um tempo, John surgiu com "you know what I mean",[5] que, como Paul reconheceu, poderia tanto ser considerado um tapaburaco ou aceito como uma insinuação sexual, uma vez que 16 anos era a idade normalmente consentida para o sexo. Era também uma frase bastante típica de Liverpool, que habilmente evitava os americanismos que entupiam o rock inglês da época.

Mike McCartney fotografou seu irmão e John enquanto trabalhavam nessa música. Na foto, eles estão sentados perto da lareira, Paul diante de uma televisão em preto e branco e John ao seu lado com óculos com armação de tartaruga. Ambos tocavam violão, e um livro de exercícios do Liverpool Institute estava aberto no chão, com uma porção de anotações bem visíveis. Paul explicou depois para a *Beat Instrumental* que o riff de baixo tinha sido roubado da canção de Chuck

Berry "I'm Talking About You", de 1961. "Toquei exatamente as mesmas notas que ele, e encaixou perfeitamente", confessou. "Até hoje quase ninguém acredita que isso seja verdade. Por isso eu digo que um riff de baixo não precisa ser original."

Em dezembro de 1961, Paul já namorava Iris Caldwell, irmã do cantor de *merseybeat* local Rory Storm, cujo grupo, The Hurricanes, tinha Ringo Starr como baterista (ele se juntou aos Beatles em agosto de 1962). Assim como a garota em "I Saw Her Standing There", Iris tinha apenas 17 anos quando Paul a viu dançando o twist no Tower Ballroom, em New Brighton (a 25 minutos de Liverpool). Ela era dançarina de formação, e, segundo consta, Paul ficou impressionado tanto com suas pernas, cobertas por meias arrastão, quanto com o fato de ela já trabalhar profissionalmente no *show business*.

Paul tornou-se um frequentador assíduo da residência da família Caldwell, no número 54 da Broad Green Road, Liverpool 15, região conhecida como Hurricaneville. Ele se aproximou da mãe de Iris, Violet, e muitas vezes aparecia com John por lá para ficar de bobeira ou escrever músicas. "Paul e eu namoramos por uns dois anos", afirma Iris. "Nunca foi muito sério. Nós nunca fingimos ser fiéis. Eu saía com muitas outras pessoas. Eu viajava muito a trabalho na época, mas se estivesse na cidade nós saíamos juntos. Nunca trocamos juras de amor."

De acordo com Iris, Paul pretendia passar "I Saw Her Standing There" para o irmão dela, Rory, gravar. "Ele achava que seria uma boa música para Rory, mas isso não foi adiante. Brian Epstein não queria."

No final de 1962, "I Saw Her Standing There" tinha sido incorporada ao show dos Beatles, uma das primeiras composições de Lennon e McCartney a ser encaixada entre temas de Buddy Holly e Little Richard. Durante a gravação em Abbey Road, em fevereiro de 1963, a música era nova o bastante para que Paul às vezes esquecesse o final dos versos "How could I dance?", "She wouldn't dance" e "I'll never dance".[6]

A primeira versão cover da música foi feita pelo cantor inglês de rock Duffy Power, ainda em 1963. Nos EUA, ela se tornou o lado B de "I Want To Hold Your Hand", single lançado em janeiro de 1964 e primeiro número 1 dos Beatles nas paradas americanas. Foi uma das cinco canções que a banda tocou no celebrado *Ed Sullivan Show* do dia 9 de fevereiro de 1964, visto por 70 milhões de pessoas, a maior audiência então registrada na televisão americana. Em novembro de 1974, John tocou a canção com Elton John no Madison Square Garden.

"I Saw Her Standing There" foi uma das primeiras composições originais que os Beatles incluíram no seu repertório junto com covers de rock'n'roll.

MISERY

Por volta de janeiro de 1963, tendo alcançado o Top 20 britânico com "Love Me Do", a dupla McCartney/Lennon (como eram creditados originalmente) tinha mais confiança em sua capacidade de compor, mas quando surgiu o plano de gravar o primeiro LP eles sentiram a pressão de criar novas músicas.

Ainda que nem todas as canções fossem próprias – quase metade das faixas desse álbum seria de compositores americanos – eles estavam determinados a deixar sua marca, e não se tornar mais uma bandinha britânica de covers. No contexto da época, era um gesto audacioso. Tradicionalmente, artistas de rock britânicos não gravavam as próprias composições, em geral faziam covers de singles americanos promissores antes que fossem lançados no Reino Unido. Cliff Richard, principal astro pop local quando os Beatles assinaram contrato com a EMI, tinha rompido levemente o padrão gravando canções de autoria de Ian Samwell, antigo membro de sua banda, mas ninguém no Reino Unido tivera sucesso produzindo rock'n'roll genuinamente britânico.

Foi nesse contexto que Paul e John reuniram as cinco canções inéditas para o álbum de estreia, *Please Please Me*. Nos bastidores do King's Hall, em Glebe Street, Stoke-on-Trent, onde estavam fazendo um show em 26 de janeiro de 1963, eles se juntaram e escreveram, sob o comando de John, a música "Misery". Se Paul havia demonstrado plena confiança de que dançaria com a garota em "I Saw Her Standing There", John deu seus primeiros passos nos estúdios reclamando de uma garota que o havia abandonado, deixando-o solitário. "The world is treating me bad",[7] era o solene verso inicial. "Allan Clarke e Graham Nash, do The Hollies, ajudaram naquela música", relembra Tony

Bramwell, funcionário de Brian Epstein na época. "John e Paul estavam desesperados para terminá-la e emperraram em um dos versos. Allan e Graham começaram a dar sugestões. Os rapazes queriam deixá-la pronta para Helen Shapiro."

Allan Clarke lembra dessa situação, mas não dos versos que ajudou a compor. "Eram só quatro sujeitos sentados em uma sala", diz ele. "John e Paul estavam dedilhando e escrevendo a música, e nós ajudamos com algumas palavras. Todos achavam que os Hollies e os Beatles estavam competindo, mas na verdade não estávamos."

Em poucos dias eles já tinham enviado uma fita para Norrie Paramor, do selo Columbia, da EMI, para que avaliasse se a música encaixaria no repertório de Shapiro, que, eles sabiam, entraria em estúdio pouco depois em Nashville. De fato, Paul disse a Alan Smith, editor do

Os Beatles tomam uma decisão corajosa e gravam um álbum de estreia composto predominantemente de material autoral.

25

MISERY

Autoria: Lennon/McCartney

Duração: 1'50"

Lanç. no Reino Unido: álbum *Please Please Me*, 22 de março de 1963

Lanç. nos EUA: álbum *Introducing The Beatles*, 22 de julho de 1963

New Musical Express, que era uma música para ser regravada: "Nós a chamamos de 'Misery', mas não é tão lenta quanto o nome sugere. Tem um andamento bem regular, e achamos que Helen Shapiro faria um belo trabalho com ela".

Com apenas 16 anos, Helen vinha tendo sucessos no Top 10 britânico desde o começo de 1961, e os Beatles iam se apresentar como uma das sete atrações de abertura na turnê de catorze shows que ela faria em fevereiro. Foi apenas no final da turnê, quando "Please Please Me" já havia se tornado uma sensação do Top 10, que os Beatles subiram de categoria, mas mesmo nesse período eles só fizeram o encerramento da primeira metade dos espetáculos. Turnês como essas ainda faziam parte da cena de entretenimento britânica, uma espécie de sequela da época dos shows de variedade, nos quais cantores só subiam ao palco depois de malabaristas e mágicos. Nessa turnê, os Beatles só tinham espaço para tocar quatro músicas, ensanduichados na programação por atrações cômicas.

"Eu me dava muito bem com eles", relembra Helen, "e John era como um irmão para mim. Era muito protetor. Ele e Paul com certeza me ofereceram 'Misery' primeiro, por meio de Norrie, mas eu não sabia de nada até conhecê-los no primeiro dia da turnê (2 de fevereiro, em Bradford, Yorks). Parece que ele recusou a música antes mesmo que eu tivesse oportunidade de ouvi-la." A oferta foi aceita por outro artista da mesma turnê, Kenny Lynch, um cantor britânico negro cujo maior sucesso até então tinha sido um cover de The Drifters, "Up On The Roof". "Misery" não foi um sucesso, mas deu a ele a honra de ser o primeiro não Beatle a gravar uma canção de Lennon e McCartney.

O "la-la-la-la-la" do encerramento aparece para aludir a "Speedy Gonzales", de Pat Boone, um single que entrou na parada britânica em julho de 1962 e lá ficou até outubro.

ASK ME WHY

ASK ME WHY
Autoria: Lennon/McCartney
Duração: 2' 27''
Lanç. do single britânico: 11 de janeiro de 1963, como lado B de "Please Please Me"
Lanç. do single nos EUA: 25 de fevereiro de 1963, como lado B de "Please Please Me".

Escrita na primavera de 1962, tendo John como principal compositor, "Ask Me Why" era uma canção de amor peso-leve dos shows dos Beatles no Cavern Club daquele ano e estreou no programa de rádio da BBC *Teenagers' Turn* em 11 de junho de 1962. Foi uma das quatro músicas que eles levaram para a primeira sessão de gravação em 6 de junho de 1962, nos estúdios da EMI em Abbey Road, norte de Londres, mas George Martin não achou que fosse forte o bastante para ser o single de estreia. Regravada em fevereiro de 1963, foi lançada na Inglaterra como lado B de "Please Please Me".

"Ask Me Why" estava no páreo para ser o primeiro single dos Beatles, mas acabou se tornando o lado B de "Please Please Me".

PLEASE PLEASE ME

"Please Please Me" era uma dessas canções pop que soavam inocentes, mas tinham conteúdo subversivo. Alguns críticos a viam como um pedido de igualdade no prazer sexual. Robert Christgau, editor de música do *Village Voice*, de Nova York, aumentou a polêmica afirmando que era sobre sexo oral. Sob pressão, em 1967, por supostas referências às drogas em seu trabalho, Paul comentou: "Se eles quisessem, poderiam ter encontrado diversos duplos sentidos no começo do nosso trabalho. E quanto a 'I'll Keep You Satisfied' ou 'Please Please Me'? Tudo pode ter duplo sentido se você procurar o bastante".

Iris Caldwell se lembra de Paul indo visitá-la em sua casa uma noite e lendo a letra da canção recém-concluída. "Ele costumava pegar o violão do meu irmão e tocar, mas naquela noite nem se deu ao trabalho", conta. "Ele apenas leu a letra. Não fez muito sentido para mim na época, e eu a achei péssima." A origem da música certamente era inofensiva, o refrão tinha origem em "Please", de Bing Crosby, escrita por Leo Robin e Ralph Rainger, que começa com um jogo entre os homófonos "pleas" e "please": "Oh please, lend your little ear to my pleas, Lend a ray of cheer to my pleas, Tell me that you love me too".[8] Anos depois, John relembrou que sua mãe, Julia, cantava essa música para ele quando criança e acrescentou que sempre foi fascinado pelo uso duplo do som de "please".

Quando John escreveu essa música em seu quarto, no número 251 da Menlove Avenue, em Liverpool ("eu me lembro do dia e da colcha rosa na cama"), imaginou Roy Orbison cantando-a porque tinha acabado de ouvir o single "Only The Lonely". É fácil imaginar Orbison cantando a versão original lenta de "Please Please Me". Com seu rosto pálido e seus pesados óculos, Orbison não era o típico astro pop, mas era um cantor

Apesar de alguns críticos afirmarem que "Please Please Me" era uma música sobre sexo oral, ela foi inspirada em uma singela canção de 1932 cantada por Bing Crosby.

expressivo e escrevia as próprias canções. Ele era alguém com quem John, em especial, podia se identificar, já que suas letras exploravam os humores soturnos da perda e da solidão – e ele também usava óculos.

Meses depois do lançamento de "Please Please Me" como single e de ela chegar ao segundo lugar na parada britânica, os Beatles foram escolhidos para fazer shows de abertura para Orbison em uma turnê de três semanas na Inglaterra. "Nós não conversamos nem uma vez sobre composição naquela turnê", Orbison relembrou anos depois. "O que mais os interessava era saber se eu achava que se sairiam bem nos EUA. Eu disse a eles para deixarem claro que eram ingleses e participarem de algo como o *Ed Sullivan Show*. Se assim fizessem, eu disse que poderiam ser tão famosos nos EUA quanto eram na Inglaterra. Eu afirmei isso em um artigo no *New Musical Express* que saiu durante a turnê. Achei que era importante as pessoas saberem que eles eram britânicos porque não ouvíamos falar muito da Inglaterra, com exceção do Blue Streak e do escândalo Profumo", disse em referência a um foguete de fabricação britânica e um escândalo político envolvendo um Secretário de Estado inglês.

Suas palavras exatas, registradas em maio de 1963, foram: "Os Beatles poderiam muito bem estar no topo nos EUA. Esses meninos têm originalidade suficiente para ter nas paradas americanas o mesmo efeito estrondoso que tiveram nas daqui, mas vão precisar de jogo de cintura e cuidado. Eles trazem algo que é totalmente novo até para nós, americanos, e, apesar de termos uma enxurrada de grupos de sucesso locais, eu realmente acredito que eles podem chegar ao topo das paradas... É refrescante ver novos astros que não são apenas versões aguadas de Elvis Presley. Esse parece ser um som que eles tornaram

---

PLEASE PLEASE ME

Autoria: Lennon/McCartney
Duração: 2' 03"
Lanç. do single britânico: 11 de janeiro de 1963
Posição na parada britânica: 2
Lanç. do single nos EUA: 25 de fevereiro de 1963
Posição na parada americana: 3

famoso por conta própria, e eu realmente acho que é o máximo. Apesar de vocês conhecerem como música *merseyside*, tenho certeza de que será aclamado como o novo som britânico nos EUA".

Orbison só descobriu que John tinha escrito "Please Please Me" como uma imitação do seu estilo quando o produtor George Martin mencionou o fato em junho de 1987 em uma celebração em Abbey Road do 20º aniversário de *Sgt Pepper's Lonely Hearts Club Band*. "Ele me disse que tinha tanto a minha cara que tiveram de mudá-la um pouco", comentou Orbison. "É uma coisa legal de descobrir."

Em março de 1963, John revelou que eles pretendiam que "Please, Please Me" fosse um lado B do primeiro single até Martin reclamar da semelhança. "Ele achou que o arranjo era confuso, então tentamos simplificar", afirmou John. "Nas semanas seguintes (à sessão de 'Love Me Do'), nós a repassamos várias vezes. Mudamos um pouco o ritmo. Alteramos a letra de leve e a ideia de colocar uma gaita, assim como tínhamos feito em 'Love Me Do'. Quando fomos gravá-la, estávamos tão satisfeitos com a música que mal podíamos esperar para começar."

O apreço dos Beatles por Orbison sobreviveu aos anos 1960. John chegou a usar a expressão "Elvis Orbison" para descrever a sonoridade de seu último single, "Starting Over". Em 1988, George Harrison se juntou a Orbison, Bob Dylan, Tom Petty e Jeff Lynne para gravar o aclamado álbum *Traveling Wilburys*.

Os Beatles fizeram uma turnê pelo Reino Unido em 1963 como banda de abertura de Roy Orbison, cuja música os influenciou durante toda sua carreira.

LOVE ME DO

"Love Me Do" foi o primeiro grande sucesso dos Beatles na Inglaterra e, assim como a imagem do grupo, era bem estranha para uma geração acostumada a ouvir um pop insípido tocado por homens com cabelo curto e sorriso largo.

A letra de "Love Me Do" era a mais básica possível, com muitas palavras de uma só sílaba e 21 repetições de "love". "I love you forever so please love me in return"[9] era tudo o que a letra tinha a dizer. O que a destacou das canções de amor adolescentes da época foi o verniz gospel-blues da voz – efeito acentuado pela gaita de John e pela harmonia levemente melancólica (quando listou os tipos de música que gostava de ouvir, em enquete da *New Musical Express* de 15 de fevereiro de 1963, John citou, entre outros estilos, o r'n'b e o gospel).

Em 1962, o astro americano Bruce Channel teve muito sucesso no Reino Unido com "Hey Baby", que trazia um solo de gaita de Delbert McClinton, músico de Nashville. John ficou impressionado e, quando

LOVE ME DO
Autoria: Lennon/McCartney
Duração: 2' 22"
Lanç. do single britânico: 5 de outubro de 1962
Posição na parada britânica: 4
Lanç. do single nos EUA: 27 de abril de 1964
Posição na parada americana: 1

conheceu McClinton, em junho de 1962, no Tower Ballroom, New Brighton, onde os Beatles estavam fazendo o show de abertura para Channel, pediu que ele o ensinasse a tocar.

"John estava muito interessado em gaita e, quando fomos fazer outras apresentações com os Beatles, ele e eu passamos muito tempo juntos", conta McClinton. "Ele queria que eu lhe ensinasse tudo o que pudesse. Ele queria tocar. Antes do fim desse período que passamos juntos, ele já tinha a própria gaita a postos no bolso." Os Beatles só gravaram "Love Me Do" três meses depois, e John pôde incluir um inconfundível solo de gaita.

Ele continuou tocando gaita nos dois singles seguintes, "Please Please Me" e "From Me To You", além de em seis outras faixas, incluindo "Little Child" (*With The Beatles*) e "I Should Have Known Better" (*A Hard Day's Night*). A última vez que ele usou o instrumento em estúdio foi em "I'm A Loser" (*Beatles For Sale*), gravado em agosto de 1964.

"Love Me Do" foi incluída no primeiro EP de quatro faixas do grupo, com texto de capa escrito por Tony Barrow, um jornalista de Lancashire que trabalhava como assessor de imprensa da banda na ocasião. Os comentários de Barrow sobre as quatro faixas ("From Me To You", "Thank You Girl", "Please Please Me" e "Love Me Do") foram surpreendentemente visionários.

"As quatro faixas deste EP foram selecionadas do *The Lennon and McCartney Songbook*", ele escreveu. "Se a descrição parece pretensiosa, sugiro que você guarde esta capa por dez anos, exume-a de sua coleção em algum momento de meados de 1973 e me escreva uma carta bem agressiva se nos anos 1970 os amantes do pop não estiverem se referindo a pelo menos duas dessas composições como os 'primeiros exemplos do estilo *beat* moderno tirados do *The Lennon and McCartney Songbook*'."

Em 1967, quando se acreditava que todas as canções dos Beatles estavam repletas de mensagens e de significados e eles já haviam sido elevados à categoria de porta-vozes de uma geração, Paul comentou com Alan Aldridge em uma entrevista para o *Observer*: "'Love Me Do' foi nossa canção mais filosófica... porque o fato de ser verdadeira faz dela uma canção incrivelmente simples".

PS I LOVE YOU

Escrita em 1961, "PS I Love You" foi outra das canções iniciais de Paul que os Beatles consideraram lançar como primeiro single da banda. Na Inglaterra, ela se tornou o lado B de "Love Me Do". Nos EUA, quase dois anos depois, tornou-se single por conta própria e chegou ao Top 10.

Tinha se tornado parte da rotina dos grupos britânicos da época tocar como "residentes" em clubes alemães. Havia no país uma grande demanda por músicas no estilo americano, mas poucos músicos locais com capacidade para tocar como tal. Em abril de 1961, os Beatles – John, Paul, George, Pete Best (bateria) e Stuart Sutcliffe (baixo) – começaram uma dura experiência de treze semanas no Top Ten Club, em Hamburgo, tocando por mais de cinco horas toda noite, sete dias por semana. Foi o melhor aprendizado que poderiam ter tido. Tocando repetidas vezes músicas de outros artistas, eles aprenderam como elas se construíam, e a pressão do entretenimento lhes ensinou o que faz e o que não faz sucesso com o público.

A namorada de Paul na época era Dorothy "Dot" Rhone, uma adolescente mignon de Liverpool que trabalhava em uma farmácia e vivia com os pais. Ela era uma garota tímida, porém doce, que Paul já namorava havia algum tempo. "Ela estava muito apaixonada por Paul", relembra Sandra Hedges, amiga dela. "Ele, por sua vez, demonstrava seu ciúme mantendo-a sempre por perto enquanto eles tocavam." Dot ficou amiga de Cynthia Powell, namorada de John, e durante a Páscoa, as duas decidiram visitar os namorados na Alemanha; Dot ficou hospedada com Paul em uma casa-barco.

Depois que Dot voltou para Liverpool, Paul escreveu essa canção, que Dot presumiu ser para ela. Paul, anos depois, negou que tivesse

PS I LOVE YOU
Autoria: Lennon/ McCartney
Duração: 2' 05''
Lanç. do single britânico: 5 de outubro de 1962, como lado B de "Love Me Do"
Lanç. do single nos EUA: 27 de abril de 1964, como lado B de "Love Me Do"

George e os outros Beatles, cuja formação ainda incluía Pete Best e Stuart Sutcliffe, passaram maus bocados nas treze semanas em que tocaram em Hamburgo, em 1961.

alguém específico em mente. Composta em forma de carta, "PS I Love You" foi a precursora de outras canções-carta de Paul, como "Paperback Writer" e "When I'm 64". Paul e Dot continuaram namorando quando voltaram de Hamburgo, mas terminaram no verão de 1962, assim que os Beatles entraram em estúdio. Na época, ela dividia um apartamento com a namorada de John, Cynthia Powell, no número 93 da Garmoyle Road, Liverpool, perto de Penny Lane.

Um dia, Paul apareceu tarde da noite e deu a notícia a Dot. Cynthia se lembra dela se desfazendo em lágrimas. "Tadinha da Dot", ela escreveu em seu livro *A Twist Of Lennon*. "Ela estava tão triste que nem conseguia me contar o que tinha acontecido sem começar novamente a chorar e soluçar. Na verdade, nem precisaria ter me contado nada. Só o fora de Paul poderia tê-la deixado assim. Ele era jovem demais para entrar em um relacionamento sério. Era louco para ficar livre e desimpedido, e eu acho que terminou com Dot com muita delicadeza, dadas as circunstâncias."

DO YOU WANT TO KNOW A SECRET?

Mais ou menos na mesma época em que Paul terminou com Dot Rhone, Cynthia descobriu que estava grávida. Em 23 de agosto de 1962, ela e John seguiram a convenção e se casaram em um cartório em Mount Pleasant, Liverpool. O padrinho desse pequeno evento, que teve a participação de Paul, George e de alguns parentes, foi o empresário Brian Epstein, que ofereceu aos recém-casados um apartamento térreo no número 36 da Faulkner Street para começarem a vida. Essa não era

"Do You Want To Know A Secret?" foi baseada em uma música do desenho *Branca de Neve e os Sete Anões* (1937) que a mãe de John cantarolava para ele.

DO YOU WANT TO KNOW A SECRET?

Autoria: Lennon/McCartney

Duração: 1' 59''

Lanç. no Reino Unido: álbum *Please Please Me*, 22 de março de 1963

Lanç. nos EUA: álbum *Introducing The Beatles*, 22 de julho de 1963

a principal residência de Epstein, mas um local no centro da cidade que ele reservava para seus discretos encontros homossexuais.

Cynthia se lembra de ter ficado muito animada com o presente porque eles nem tinham começado a procurar um lugar para morar e não havia tempo na apertada agenda dos Beatles para uma lua de mel. "Foi o primeiro apartamento que não tive que dividir com outros catorze estudantes de arte", John disse mais tarde.

Foi enquanto morou lá que John escreveu "Do You Want To Know A Secret?", e o segredo em questão era que ele estava apaixonado. Assim como "Please Please Me", a gênese era uma música que sua mãe costumava cantar para ele, tirada do filme da Disney de 1937, *Branca de Neve e os Sete Anões*. Em uma das cenas de abertura do filme, Branca de Neve canta para os pombos, ao lado do poço do castelo: "Wanna know a secret?, Promise not to tell?, We are standing by a wishing well"[10] ("I'm Wishing", letra e música de Larry Morey e Frank Churchill).

Em uma entrevista para a revista *Musician*, George Harrison revelou que a inspiração musical da canção vinha de "I Really Love You", sucesso de 1961 de The Stereos.

John gravou uma demo de "Do You Want To Know A Secret?" dentro de um banheiro (como ilustra a descarga do vaso sanitário ao final da música). A canção foi oferecida a outro artista de Epstein, Billy J. Kramer, que a levou para a Alemanha como parte de seu *set list*. O nome real de Kramer era Billy Ashton, e ele era o terceiro artista a assinar com Epstein, pouco depois de Gerry and the Pacemakers. Epstein contratou em seguida The Big Three, The Fourmost, Tommy Quickly e Cilla Black, todos de Liverpool.

Kramer voltou da Alemanha convencido de que "Do You Want To Know A Secret?" não agradava ao público, mas a EMI gostou tanto da música que lhe ofereceu um contrato de gravação depois de ouvir uma fita-teste. A música chegou ao segundo lugar das paradas britânicas no verão de 1963, a primeira vez que uma música de Lennon e McCartney cantada por outro artista chegava ao Top 10.

Apesar de John tê-la escrito com a própria voz em mente, quando os Beatles a gravaram a música foi oferecida a George. "Achei que seria uma boa oportunidade para ele", John afirmou, "porque tinha apenas três notas, e ele não era o melhor cantor do mundo."

THERE'S A PLACE

Assim como "Misery" revelava os sentimentos de isolamento e rejeição que se tornariam uma grande preocupação nas composições de John, "There's A Place" apresentava o que viria a se tornar um tema recorrente: buscar conforto em seus pensamentos, seus sonhos e suas memórias. Em "There's A Place", John lida com a tristeza da vida se recolhendo na segurança de seus pensamentos. Ele viria a fazer isso de modo mais sofisticado em canções posteriores como "Strawberry Fields Forever", "Girl", "In My Life", "Rain", "I'm Only Sleeping" e muitas outras. "É o típico Lennon", ele mesmo afirmou, sobre "There's A Place". "Tudo acontece na sua cabeça."

"Ele era uma combinação de introversão e extroversão", afirma Thelma McGough, que, quando ainda se chamava Thelma Pickles, namorou John, enquanto os dois estavam na Liverpool School of Art. "Ele parecia muito extrovertido, mas era tudo fachada. Na verdade, era muito profundo, mas mantinha isso muito bem guardado até que você estivesse a sós com ele."

Apesar de John falar como se a canção fosse inteiramente sua, Paul reivindicou que a ideia original tinha vindo dele e que o título derivava de "There's A Place For Us" (1957), canção de *West Side Story*, que fazia parte da sua coleção de discos da Forthlin Road.

Musicalmente, John admitiu que "There's A Place" era uma tentativa de "criar algo no estilo da Motown, algo que soasse como música negra", referindo-se ao que naquele momento era um som novo e popular vindo de Detroit pelo selo novo e independente de Berry Gordy. Os sucessos da Motown eram na maior parte escritos e gravados por músicos treinados pelo próprio selo – era música para dançar, calcada em criativas linhas de baixo, com toques à moda gospel. Entre os favoritos dos Beatles estavam Barrett Strong, The Miracles (com Smokey Robinson), The Marvelettes, Marvin Gaye e "Little" Stevie Wonder.

Os Beatles desempenhariam um papel fundamental na popularização da Motown, gravando canções-solo, como "Please Mr Postman", "You've Really Got A Hold On Me" e "Money", e citando nomes de novos artistas da Motown em entrevistas. Ao explicar o sucesso de seu selo para a *Record World* em 1964, Berry Gordy declarou: "O fato de termos muitas de nossas canções gravadas pelos Beatles ajudou. Eu descobri que eram fãs da Motown e estavam estudando a nossa música, e se tornaram alguns dos maiores compositores da história. Isso nos deixa muito envaidecidos".

A imagem inicial dos Beatles podia ser cômica, mas "There's A Place" continha uma profundidade escondida em seus gracejos e palhaçadas.

THERE'S A PLACE
Autoria: Lennon/McCartney
Duração: 1' 52"
Lanç. no Reino Unido: álbum *Please Please Me*, 22 de março de 1963
Lanç. nos EUA: álbum *Introducing The Beatles*, 22 de julho de 1963

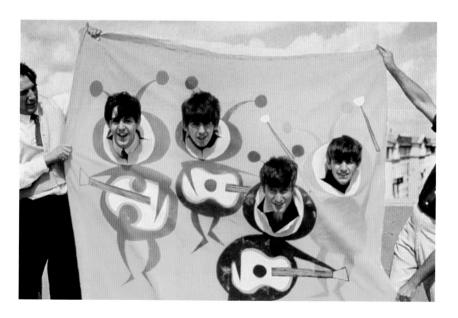

WITH THE BEATLES

Os Beatles tiveram cinco anos para se preparar para o primeiro álbum e cinco meses para se preparar para o segundo. Depois de anos se reunindo na casa de Paul, com muito tempo livre, eles agora eram forçados a escrever em quartos de hotel, ônibus de turnê e camarins – onde quer que tivessem um momento de sossego.

Essas pressões fazem com que a fonte de alguns compositores seque, mas ela provou ser um estímulo positivo para John e Paul, que, com o passar do tempo, desenvolveram a habilidade de escrever, quando quisessem, sucessos que chegavam ao número 1.

John e Paul pareciam ter uma sensibilidade natural para descobrir o que seu público queria ouvir. Por entenderem que era importante que cada garota da plateia sentisse que cantavam exclusivamente para ela, muitas das canções tinham "you" no título – "From Me To You", "Thank You Girl" e "I'll Get You".

No entanto, se no começo da carreira eles podiam escrever para um público pequeno, que conheciam pessoalmente, com o sucesso tudo mudou. De repente, a polícia tinha de criar formas mirabolantes de transportá-los com segurança, e eles se tornavam famosos em países que nunca tinham visitado.

Ainda assim, no auge da *beatlemania*, muitas vezes sendo perseguidos por hordas de fãs histéricos, eles ainda conseguiam fluxo constante de singles de sucesso. "I Want To Hold Your Hand", por exemplo, foi escrita para o mercado americano e os impulsionou ao topo da parada da *Billboard*, fazendo deles os primeiros artistas britânicos a conquistar os EUA. De fato, as viagens internacionais constantes e a mudança para Londres colaboraram para as composições porque expuseram os Beatles a um número muito maior de influências. Todo mundo que eles conheciam parecia querer mostrar algo novo. Através do seu relacionamento com a atriz Jane Asher, Paul estava se familiarizando com musicais, com o teatro e a música clássica. Enquanto isso, John estava enfurnado em seu apartamento em Kensington ouvindo discos importados de grupos negros americanos, como The Miracles, The Shirelles e The Marvelettes.

Para With The Beatles, a banda conseguiu manter um fluxo constante de singles de sucesso, apesar das distrações da beatlemania.

With The Beatles, o segundo álbum da banda, foi uma gravação muito mais pensada que o primeiro, com sessões espalhadas em um período de três meses. Ele chegou ao número 1 na Inglaterra pouco depois de seu lançamento, em novembro de 1963, e se tornou o primeiro álbum pop a vender mais de um milhão de cópias. Uma versão de With The Beatles, intitulada Meet The Beatles, foi lançada nos EUA em janeiro de 1964 e também chegou ao número 1.

41

FROM ME TO YOU

"From Me To You", terceiro single dos Beatles, foi escrito em 28 de fevereiro de 1963, durante uma viagem de trem de York a Shrewsbury, na turnê de Helen Shapiro. Helen não sabe precisar em que momento da viagem a música foi escrita, mas lembra que os Beatles a tocaram para ela quando chegaram a Shrewsbury, onde se apresentariam em um lugar chamado Granada Cinema.

"Eles me pediram para ouvir duas músicas que tinham feito", ela conta. "Paul sentou ao piano, John ficou ao meu lado, e eles cantaram 'From Me To You' e 'Thank You Girl'. Disseram que já tinham uma ideia de qual era a favorita, mas não tinham tomado a decisão final, então queriam a minha opinião sobre qual seria o melhor lado A. No fim das contas, eu escolhi 'From Me To You', e eles disseram, 'Ótimo. Foi dessa que gostamos mais'."

Os Beatles se apresentaram no Odeon Cinema em Southport, Lancashire, no dia seguinte, e lá puderam tocar sua música nova para o

FROM ME TO YOU
Autoria: Lennon/McCartney
Duração: 1' 57''
Lanç. do single britânico: 11 de abril de 1963
Posição na parada britânica: 1
Lanç. do single nos EUA: 27 de maio de 1963
Posição na parada americana: 41

pai de Paul e pedir a opinião dele. Eles sabiam que a letra era bastante simples, mas estavam preocupados que a parte musical fosse "complicada demais" e que "não pegasse com os fãs". Foi o pai de Paul que os convenceu de que era "uma musiquinha bacana".

O título vinha de "From You To Us", a coluna de cartas do NME. Paul e John estavam lendo na edição de 22 de fevereiro as datas da turnê da banda, impressas na primeira página. Eles começaram a "falar sobre uma das cartas da coluna", como John revelou em maio de 1963. Havia apenas duas cartas e é difícil saber qual provocou o comentário. Uma delas reclamava da "risada de vilão" em dois discos dançantes da época, e a outra se comprazia do fato de Cliff Richard parecer estar ganhando de Elvis Presley nas paradas. Talvez tenha sido essa última carta que despertou a ambição dos próprios Beatles.

Ao que tudo indica, a música começou a ser escrita numa troca de versos entre Paul e John, tornando-se um dos poucos sucessos dos

A banda vestiu fantasias e visitou o Astoria, no Finsbury Park, Londres, em 1963 para o *The Beatles' Christmas Show.*

Por volta de 1963 a *beatlemania* seguia de vento em popa, e a banda frequentemente tinha de ser conduzida por seguranças para não ser atacada pelos fãs.

Beatles que eles fizeram juntos desde o início. O grande trunfo da música é o uso do som agudo "ooooh", inspirado na gravação de 1962 dos Isley Brothers de "Twist And Shout". Quando Kenny Lynch os escutou cantando no trem, disse a eles "vocês não podem fazer isso. Parecem um bando de bichinhas". E eles responderam: "Tudo bem. A garotada vai gostar". Em abril de 1963, John comentou: "Estávamos só brincando com o violão. Depois começamos a pegar uma boa linha melódica e realmente trabalhar nela. Antes que a viagem tivesse terminado, tínhamos tudo pronto. Ficamos tão satisfeitos…".

Um ano depois, novamente falando sobre como a canção tinha sido composta, John declarou: "Paul e eu trocamos algumas ideias e criamos o que pareceu ser uma boa linha melódica. A letra não foi nada difícil – especialmente porque tínhamos decidido não fazer nada muito complicado. Acho que é por isso que muitas vezes temos as palavras 'you' e 'me' nos títulos das músicas. É o tipo de coisa que ajuda os ouvintes a se identificarem com a letra. Achamos isso muito importante. Os fãs gostam de sentir que fazem parte do que está sendo feito pelos artistas".

Da composição à gravação foram cinco dias, apesar de, como John relembrou, "nós quase não a gravarmos porque no começo achamos que era muito 'bluesy', mas, quando terminamos e George Martin colocou a gaita, ficou boa".

Em abril de 1963, "From Me To You" se tornou o segundo número 1 britânico dos Beatles, mas, lançado pelo selo Vee Jay nos EUA, não chegou nem ao Top 40.

THANK YOU GIRL

Apesar de John e Paul terem declarado no começo que escreveram mais de cem músicas juntos entre o verão de 1957 e o verão de 1962, Paul admite que o número estava mais perto de vinte. Agora que eram astros, não podiam mais ter uma produção lenta, e tudo o que escrevessem daquele ponto em diante teria de ter potencial para ser um sucesso. Entre 1963 e 1965, eles lançaram pelo menos três singles por ano e dois álbuns, uma produção inacreditável para um grupo que estava fazendo turnês, filmando, falando com a imprensa e escrevendo a maior parte de seu material.

Na época em que os Beatles surgiram na indústria, a música pop estava engessada e um tanto sem graça. Os lados B dos singles tendiam a ser canções descartáveis, muitas vezes escritas pelo produtor sob um pseudônimo para que pudesse se beneficiar dos *royalties* mecânicos, e os álbuns continham um ou dois sucessos recentes, além de uma porção de músicas tapa-buraco. Os Beatles mudaram isso completamente. De repente, toda canção era importante. Cada um dos singles tinha um lado B que era tão bom quanto o lado A, e todo álbum estava cheio de singles em potencial. Os singles, por outro lado, raramente apareciam nos álbuns.

"Thank You Girl", originalmente intitulada "Thank You Little Girl", foi escrita como uma sequência a "Please Please Me", e "From Me To You" foi pensada para ser seu lado B. No final, foi "From Me To You" que soou como um single mais natural, então as duas mudaram de lugar. Na época, John parecia bem orgulhoso da canção, mas, em 1971, ele a menosprezou como "só uma canção boba que fizemos nas coxas" e, em 1980, como "uma das nossas tentativas de escrever um single que não funcionou". Paul parece concordar. "Uma canção sem valor", afirmou. "Mas valeu pelo exercício."

THANK YOU GIRL
Autoria: Lennon/McCartney
Duração: 2'01''
Lanç. do single britânico: 11 de abril de 1963, como lado B de "From Me To You"
Lanç. do single nos EUA: 27 de maio de 1963, como lado B de "From Me To You"

SHE LOVES YOU

Apesar de os Beatles já terem ocupado o posto de número 1 duas vezes em 1963, foi "She Loves You" que os levou ao "toppermost of the poppermost", como eles chamavam de brincadeira o topo das paradas. As vendas superaram tudo o que haviam feito antes, e o single se tornou o mais vendido da Inglaterra na década, entrou no Top 20 em agosto de 1963 e lá ficou até fevereiro de 1964 (nos EUA, ele só se tornou um hit depois do sucesso de "I Want To Hold Your Hand").

Mas não era somente um triunfo comercial. Em pouco mais de dois minutos, os Beatles destilaram a essência de tudo o que lhes conferia frescor e arrebatamento. Havia a batida marcante, a bela harmonia, o

À medida que sucessos como "She Loves You" levavam os Beatles ao "toppermost of the poppermost", o interesse da mídia aumentava e sessões fotográficas bizarras se tornavam regra.

SHE LOVES YOU

Autoria: Lennon/McCartney

Duração: 2' 21''

Lanç. do single britânico: 23 de agosto de 1963

Posição na parada britânica: 1

Lanç. do single nos EUA: 16 de setembro de 1963

Posição na parada americana: 1

"woooo" meio feminino que funcionara tão bem em "From Me To You", além do entusiasmo explosivo do ritmo. E, para completar, a inconfundível marca do "yeah, yeah, yeah", que se tornou um presente para os redatores de manchetes.

A rápida expansão da *beatlemania* de fenômeno regional para nacional pode ser atribuída à aparição dos Beatles no *Sunday Night at The London Palladium*, um programa de televisão transmitido ao vivo do centro de Londres, em 13 de outubro de 1963. O público chegou a 15 milhões de espectadores, fãs aos gritos abarrotaram o teatro, e muitos dos que encheram as ruas do lado de fora apareceram na primeira página dos jornais da Fleet Street do dia seguinte.

Os Beatles não só transformaram a música popular, eles também se tornaram um fenômeno do pós-guerra na Inglaterra. De uma hora para a outra fotos da banda estampavam todos os jornais do país, não só publicações como *Melody Maker*, *New Musical Express* e *Boyfriend*. O single que acabou levando-os ao olho do furacão por acaso era "She Loves You".

A canção foi escrita por John e Paul em Newcastle, depois de tocarem no Majestic Ballroom em 26 de junho de 1963. Eles tinham tido um raro dia de folga antes de continuar a turnê, no dia 28, em Leeds, e Paul se lembra de ter tocado violão com John em um quarto do Turk's Hotel.

Os primeiros três singles tinham sido declarações de amor com a palavra "me" no título. Dessa vez, Paul sugeriu que mudassem o ponto de vista, transformando-os em observadores de outra relação e dirigindo-se ao homem. Em vez dos familiares "me" e "you", usaram "she" e "you". Paul se inspirou inicialmente no sucesso britânico da época "Forget Him", de Bobby Rydell, no qual o narrador diz a uma garota para esquecer o rapaz que não parece amá-la de verdade. À primeira vista,

"She Loves You" é uma música sobre reconciliação. O compositor tenta juntar um casal separado repassando mensagens ("she told me what to say")[11] e dando conselhos ("apologize to her")[12]. No entanto, o crítico de rock americano Dave Marsh detectou nuances mais sombrias no texto. Em *The Heart Of Rock And Roll*, ele escreveu: "O que Lennon canta se resume a um alerta para o seu amigo: 'É melhor você valorizar a amizade dessa mulher, porque, se não, eu o farei'". A canção continua sendo ambígua porque cabe ao leitor interpretar o que é dito como um conselho a um amigo ou como uma ameaça a um rival.

O refrão "yeah, yeah, yeah" se tornou o perfeito chavão de uma era otimista. Se as coisas tivessem acontecido como o pai de Paul queria, no entanto, tudo teria sido diferente. Ao ouvir a música pela primeira vez, enquanto John e Paul trabalhavam nela, durante uma rápida visita a Forthlin Road, ele sugeriu que mudassem para "yes, yes, yes", porque era mais correto. Este era o inglês da Rainha, mas não o do rock'n'roll.

Os Beatles não foram o primeiro grupo a adotar o "yeah yeah", frequentemente usado como acessório na *skiffle music* dos anos 1950, e também por Cliff Richard em "We Say Yeah" (1962) e Elvis Presley em "All Shook Up" (1957) e "Good Luck Charm" (1962).

O sexto acorde, que encerra a música, era incomum na música pop, apesar de a Glenn Miller Orchestra tê-lo usado com frequência em suas gravações na década de 1940. "George Martin riu quando tocamos a música para ele pela primeira vez", conta Paul. "Ele achou que estávamos brincando. Mas não funcionava sem o acorde, então decidimos mantê-lo, e George acabou se convencendo."

"She Loves You" parecia uma canção positiva sobre reconciliação, mas alguns críticos encontraram uma ameaça implícita em sua letra.

I'LL GET YOU

"I'll Get You" foi escrita por John e Paul na casa de John como sequência de "From Me To You" e se tornou o lado B de "She Loves You", composta dias depois, mas que eles acharam melhor. A letra, mais reflexiva que alegre, parecia ter mais de John do que de Paul, e há uma impressionante semelhança entre os versos de abertura ("Imagine I'm in love with you, It's easy 'cos I know'")[13] e os de "Imagine" ("Imagine there's no heaven, It's easy if you try"),[14] sua composição de 1971. "I'll Get You" é uma das primeiras músicas a expor claramente a crença de John na visualização criativa – a ideia de que, ao imaginar as coisas que queremos que aconteçam, podemos concretizá-las. Para Paul, que ainda a considera uma de suas faixas favoritas dos Beatles, o uso da palavra "imagine" evocava o começo de um conto de fadas infantil e era um convite a um universo fictício.

Um dos truques musicais da composição, a mudança de ré para lá menor para quebrar a palavra "pretend",[15] foi tirado da versão de Joan Baez da tradicional canção "All My Trials", de seu álbum de estreia, *Joan Baez* (1960). Na música de Joan a mudança ocorre no primeiro verso, sob as palavras "don't you cry".[16]

Os Beatles se tornavam rapidamente mais sofisticados musicalmente, e em "I'll Get You" eles são "pegos" copiando um padrão harmônico do ícone dos anos 1960 Joan Baez.

I'LL GET YOU
Autoria: Lennon/McCartney
Duração: 2' 04"
Lanç. do single britânico: 23 de agosto de 1963, como lado B de "She Loves You"
Lanç. do single nos EUA: 16 de setembro de 1963, como lado B de "She Loves You"

IT WON'T BE LONG

With The Beatles foi lançado em novembro de 1963, quando a *beatlemania* varria a Inglaterra. O retrato em preto e branco da capa, de Robert Freeman, no qual a metade de todos os rostos está na sombra, marca um momento decisivo na iconografia dos Beatles. Enquanto o álbum de estreia tinha sido gravado em um dia, as sessões de *With The Beatles* aconteceram ao longo de três meses, em uma mudança de uma sessão "ao vivo", pouco trabalhada, para uma produção pop mais sofisticada. "Foi quando descobrimos o *double-tracking*", John comentou posterior-

O jogo de palavras com "be long" e "belong"[17] feito por John e Paul nessa canção foi copiado muitos anos depois por George, quando ele compôs "Blue Jay Way".

mente. "Quando descobri aquilo, comecei a gravar tudo em *double-tracking*. Eu não deixava nada ficar em *single-tracked*. Ele (George Martin) dizia 'por favor, só essa', e eu dizia 'não'."

"It Won't Be Long" era a faixa de abertura do álbum e, num primeiro momento, havia sido escolhida por John como possível single após "She Loves You", mas a estratégia foi descartada porque, como ele afirmou, "a música nunca deu certo de verdade". Composta como uma canção de amor, poderia ser a história do começo da vida de John. Solitário e rejeitado, ele espera a volta da garota que o abandonou. Como em muitas canções posteriores essa dramatiza a própria angústia, contrastada à vida despreocupada que imagina que todos levem, acreditando que assim que se reencontrar com sua amada todos os seus problemas serão solucionados.

Thelma McGough, que começou a namorar John depois que a mãe dele morreu, em julho de 1958, acredita que as canções dele sobre rejeição não são baseadas em histórias de amor que deram errado, e sim no fato de ter sido abandonado pelo pai na infância e, mais tarde, pela mãe, acabando por ser criado pela tia. "Eu perdi minha mãe duas vezes", ele diria, "uma vez aos 5 anos e, de novo, aos 17."

"Rejeição e traição faziam parte da experiência de vida dele", diz Thelma. "Quando eu o conheci, a primeira conversa de verdade que tivemos foi toda sobre isso porque o meu pai tinha feito exatamente a mesma coisa, então sentimos que tínhamos algo em comum. Isso nos aproximou. Além disso, não se pode esquecer que a mãe dele certa vez foi atropelada e, apesar de ele aparentar calma, estava sofrendo muito. Nós dois nos sentíamos muito abandonados. Havia uma grande diferença entre Paul e John, apesar de ambos terem perdido a mãe na adolescência. Paul tinha uma família muito próxima, uma ampla rede de primos e tias. O pai dele era maravilhoso. A vida de John era muito isolada. Ele morava com Mimi (irmã de sua mãe), que cuidava dele muito bem, mas não havia proximidade. Era uma relação muito fria a deles."

Uma das coisas que animava John e Paul na época da composição era o jogo de palavras que tinham introduzido em torno de "belong". Apesar de ser uma pequena inovação para eles, se tornaria um marco de sua escrita mais sofisticada. Ironicamente, quando George usou "don't be long" em "Blue Jay Way", quatro anos depois, Charles Manson achou que ele estava dizendo "don't belong" e tomou isso como uma mensagem para que ele se livrasse da vida em sociedade.

IT WON'T BE LONG

Autoria: Lennon/ McCartney

Duração: 2'13"

Lanç. no Reino Unido: álbum *With The Beatles*, 22 de novembro de 1963

Lanç. nos EUA: álbum *Meet The Beatles*, 20 de janeiro de 1964

ALL I'VE GOT TO DO

Metade das catorze canções em *With The Beatles* foi escrita por John e Paul, e a maioria delas foi composta especificamente para o álbum. "All I've Got To Do", no entanto, foi criada inteiramente por John, em 1961. A faixa era, segundo ele, uma tentativa de "repetir uma sonoridade à Smokey Robinson". Sua tentativa inicial tinha sido com "Ask Me Why", que lembrava a canção de Robinson "What's So Good About Goodbye", de 1961. Desta vez, ele parecia ter usado "You Can Depend On Me" como modelo. Em 1980, quando John estava em estúdio gravando os vocais de "Woman", Yoko comentou que ele soava como um Beatle. "Na verdade, estou tentando ser Smokey Robinson agora, querida", John respondeu, "os Beatles sempre fingiam que eram Smokey Robinson."

Em 1963, aos 23 anos, William "Smokey" Robinson era o líder do grupo de Detroit The Miracles, um cantor de voz suave que também compunha, fazia arranjos e produzia canções. Bob Dylan, com metade de sua ironia costumeira, uma vez se referiu a ele como seu poeta vivo favorito. Os Beatles também fizeram uma versão de uma composição

---

ALL I'VE GOT TO DO
Autoria: Lennon/McCartney
Duração: 2' 04"
Lanç. no Reino Unido: álbum *With The Beatles*, 22 de novembro de 1963
Lanç. nos EUA: álbum *Meet The Beatles*, 20 de janeiro de 1964

John compôs "All I've Got To Do" com uma motivação bem simples: ele queria escrever como o ícone da Motown Smokey Robinson.

dele nesse álbum, "You Really Got A Hold On Me", tema que havia sido Top 10 nos EUA com The Miracles no início de 1963. "Fiquei muito lisonjeado quando eles gravaram essa música", disse Smokey.

ALL MY LOVING

Em 8 de abril de 1963, a atriz Jane Asher estava na plateia do Royal Albert Hall de Londres para ver os Beatles e outras atrações de um show que estava sendo gravado pela rádio BBC. Apesar de ter apenas 17 anos, ela já era uma atriz de sucesso e tinha feito várias peças e filmes, além de ser uma convidada frequente do programa da parada de sucessos pop da BBC *Juke Box Jury*. Graças a seu status de "adolescente mais conhecida da Inglaterra" ela havia sido contratada pela BBC *Radio Times* para comentar o show.

O resultado foi um artigo, publicado em maio de 1963, demonstrando o efeito que os Beatles estavam tendo nos jovens. O texto era ilustrado por duas fotos de Jane: na primeira, feita no início do show, tinha um ar adulto e pensativo; na segunda aparecia gritando loucamente. Seu comentário sobre os Beatles foi: "Por eles sim vale a pena gritar". Mal sabia na época que se tornaria a mais conhecida de todas as namoradas de Paul McCartney e inspiraria algumas de suas melhores canções de amor. Ela foi encontrar o grupo depois do show no Royal Court Hotel, em Chelsea, e logo engatou uma conversa com Paul. Pouco depois começaram a namorar e, antes do fim de 1963, Paul se mudou para a casa dos Asher, no West End de Londres.

Foi uma mudança radical para Paul. Um ano depois de deixar a habitação popular em Allerton, ele estava morando numa das áreas mais caras de Londres com uma família cheia de conexões. O pai de Jane era consultor médico, e a mãe era professora na Guildhall School of Music. Eles tinham um escritório cheio de quadros e publicações científicas e conversavam sobre temas como música pop, teatro e psicologia. Tudo isso ajudou a expandir os horizontes de Paul e afetou suas composições.

ALL MY LOVING

Autoria: Lennon/ McCartney

Duração: 2' 09"

Lanç. no Reino Unido: álbum *With The Beatles*, 22 de novembro de 1963

Lanç. nos EUA: álbum *Meet The Beatles*, 20 de janeiro de 1964

Os Beatles apareceram no programa pop da BBC *Juke Box Jury*, apresentado pelo sedutor David Jacobs.

"All My Loving" foi concebida como um poema um dia enquanto Paul se barbeava. Ele só a musicou no final do dia, inicialmente imaginando uma canção *country*. "Foi a primeira vez que a letra veio antes da música", contou. Como muitas canções dos Beatles, agora que eles estavam permanentemente em turnê, era sobre a distância da pessoa amada, mas, enquanto John daria a ela um tom angustiado, Paul tinha uma postura otimista. John, que raramente elogiava as canções de Paul, chamou-a de "um trabalho danado de bom".

LITTLE CHILD

Como a letra de "Little Child" fala de um garoto "sad and lonely", que espera uma chance com uma garota, tudo indica que a ideia inicial tenha vindo de John. Quando perguntaram a ele sobre "Little Child", em 1980, tudo o que disse foi que era apenas mais uma tentativa de escrever uma canção para alguém, "provavelmente Ringo". Paul lembrou posteriormente que parte da melodia tinha sido inspirada por "Whistle My Love", uma canção de 1950 gravada pelo cantor folk inglês Elton Hayes, usada no filme de Walt Disney *Robin Hood*.

Paul ainda guarda o esboço mais antigo da letra, que é quase idêntica à que conhecemos hoje, com exceção da abertura do primeiro verso. Na gravação ele diz "Now if you want someone to make you feel so fine",[18] mas originalmente era "If you want someone to have a ravin' time".[19]

Nesse ponto, outros artistas já encomendavam músicas dos Beatles. Em abril de 1963, John tinha ido de férias para a Espanha com Brian Epstein, que aproveitou a oportunidade para tentar convencê-lo a escrever material original para os outros músicos que gerenciava. Os Beatles aceitaram e escreveram "I'll Be On My Way" e "Bad To Me" para Billy J. Kramer and The Dakotas, "Tip Of My Tongue", para Tommy Quickly, "Love Of The Loved", para Cilla Black, e "Hello Little Girl", para The Fourmost.

Paul depois admitiu que eram "feitas às pressas" porque eles acreditavam que fazia parte do trabalho de compositores profissionais reservar suas melhores músicas para si e passar o resto adiante.

Apesar de ser uma canção um pouco melancólica, "Little Child" provavelmente foi escrita tendo em mente Ringo, o palhaço da banda.

LITTLE CHILD
Autoria:
Lennon/
McCartney
Duração: 1' 48''
Lanç. no Reino Unido: álbum *With The Beatles*, 22 de novembro de 1963
Lanç. nos EUA: álbum *Meet The Beatles*, 20 de janeiro de 1964

DON'T BOTHER ME

"Don't Bother Me" foi a primeira canção de George Harrison a ser gravada pelos Beatles e, na verdade, sua primeira composição com letra. George a escreveu em agosto de 1963 no Palace Court Hotel, em Bournemouth. Os Beatles estavam tocando por seis noites no Gaumont Cinema e foi durante essa semana que o fotógrafo Robert Freeman apareceu para tirar as famosas fotos da capa do álbum.

"Escrevi essa música como um exercício para ver se eu sabia escrever uma letra", George afirmou. "Eu estava doente, de cama. Talvez tenha sido por isso que acabou se chamando 'Don't Bother Me'." Bill Harry, fundador do jornal de música de Liverpool *Mersey Beat*, sustenta que a origem do título é outra. Consta que Harry costumava atormentar George sempre que o via para descobrir se ele tinha escrito alguma coisa desde sua primeira composição instrumental, "Cry For A Shadow", incluída em um álbum de Tony Sheridan em 1962. Harry escreveu: "George estava prestes a sair de casa uma noite, quando pensou que poderia me encontrar, então escreveu rapidinho uma música que chamou de 'Don't Bother Me'".

5

DON'T BOTHER ME

Autoria: Harrison

Duração: 2' 29''

Lanç. no Reino Unido: álbum *With The Beatles*, 22 de novembro de 1963

Lanç. nos EUA: álbum *Meet The Beatles*, 20 de janeiro de 1964

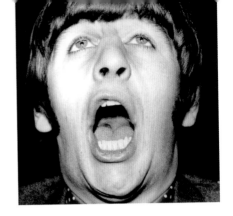

HOLD ME TIGHT

Uma versão de "Hold Me Tight" gravada para o primeiro álbum dos Beatles não chegou a ser usada, mas, em vez de voltar para a antiga fita, a canção foi reeditada para *With The Beatles*. Escrita por Paul, que a considerava um "exercício", o único comentário de John sobre a música foi: "Nunca me interessei muito por ela".

Foi uma influência de The Shirelles, de Nova Jersey que, em 1961, havia se tornado o primeiro grupo feminino a chegar ao número 1 nas paradas americanas. Os Beatles eram grandes defensores de grupos femininos e de cantoras e citavam artistas como The Chiffons, Mary Wells, The Ronettes, The Donays e The Crystals como influências de suas harmonias vocais. Mesmo antes que elas começassem a ter sucesso em Londres, eles incluíam canções das Shirelles em suas apresentações e, em seu álbum de estreia, havia duas – "Baby It's You" e "Boys".

The Shirelles – Shirley Owens, Micki Harris, Doris Coley e Beverly Lee – tiveram sete sucessos no Top 20 nos EUA e três na Inglaterra, mas 1963 foi seu último ano de glória nas paradas, quando foram jogadas para escanteio pela invasão do *beat* britânico.

Apesar de ter sido recebida na época como uma música inocente, no estilo "beijinhos e abraços", "Hold Me Tight" era, na verdade, sobre uma relação sexual propriamente dita. O narrador está sozinho com a garota à noite "making love".[20] A maioria das canções de amor da época não costumava ser tão ousada.

As canções interpretadas por Ringo, como "I Wanna Be Your Man" (à dir.), tinham a função de dar leveza aos álbuns.

HOLD ME TIGHT
Autoria: Lennon/McCartney
Duração: 2' 32''
Lanç. no Reino Unido: álbum *With The Beatles*, 22 de novembro de 1963
Lanç. nos EUA: álbum *Meet The Beatles*, 20 de janeiro de 1964

I WANNA BE YOUR MAN

Apesar de não ter uma grande voz de cantor, a cada show Ringo interpretava uma canção que estivesse dentro de seu alcance vocal. Essa tradição foi mantida no decorrer dos álbuns, transformando a participação de Ringo numa espécie de pausa. Foi com ele em mente que Paul começou a escrever "I Wanna Be Your Man", uma canção básica de quatro acordes com uma letra que não ia muito além das cinco palavras do título e que se tornou mais conhecida na versão dos Rolling Stones.

Os Beatles conheciam o empresário do grupo, Andrew Oldham, desde que chegaram a Londres, porque Brian Epstein o havia contratado por pouco tempo como divulgador da banda. Em abril de 1963, ele ouviu falar dos Rolling Stones, que estavam tocando no Station Hotel, em Richmond. Pouco tempo depois, tornou-se o empresário do grupo. Ele era um empreendedor nato que criou a imagem de *bad boys* dos Stones, recomendando que o grupo fizesse cara de mau quando eram fotografados, estimulando que tivessem todos os sinais de comportamento antissocial e sugerindo manchetes polêmicas para jornais e revistas.

Cinco meses depois de fechar com os Stones, ele estava ansioso para encontrar bons singles para a banda. Mick Jagger e Keith Richard ainda não escreviam, e o primeiro single do grupo, que vendeu 100 mil cópias, era um cover da canção de Chuck Berry "Come On".

Em 10 de setembro de 1963, quando John e Paul estavam saindo do escritório de seu editor, Dick James, na Charing Cross Road, encontraram Oldham na rua. Ele comentou que procurava novo material para os Stones, e Paul, que já havia assistido a dois shows da banda, imediatamente sugeriu "I Wanna Be Your Man". Os três andaram jun-

I WANNA BE YOUR MAN

Autoria: Lennon/McCartney

Duração: 1'58"

Lanç. no Reino Unido: álbum *With The Beatles*, 22 de novembro de 1963

Lanç. nos EUA: álbum *Meet The Beatles*, 20 de janeiro de 1964

tos até o Studio 51, na Great Newport Street, um clube comandado pelo jazzista Ken Colyer, onde os Stones estavam ensaiando.

A música foi tocada para o grupo, e Brian Jones, o líder na época, disse que tinha gostado e que a Decca estava exigindo deles um single. John e Paul conversaram, e John disse: "Se vocês realmente gostaram do grosso da música, podemos terminá-la agora para vocês". Os dois foram para uma sala separada e em poucos minutos voltaram com a canção pronta.

Era para ser uma imitação da sensação de "Boys", das Shirelles, que Ringo cantava nos shows. Era a sonoridade da música, mais do que a letra, que importava. O "maaaaaan" arrastado do refrão foi inspirado na música "Fortune Teller", de Benny Spellman, lado B de seu sucesso "Lipstick Traces", de 1962.

"I Wanna Be Your Man", que os Stones gravaram em 7 de outubro de 1963, tornou-se o número 12 na Inglaterra e os ajudou a se tornar um grupo de peso. A imprensa gostava de retratar os Beatles e os Stones como inimigos mortais, mas, na verdade, eles sempre foram amigos próximos, que apareciam nas gravações uns dos outros e saíam juntos. John comentou depois que, na opinião dos Beatles, "I Wanna Be Your Man" era uma canção dispensável, e era por isso que eles ficaram felizes em passá-la adiante antes mesmo de tê-la gravado (o que aconteceu no dia seguinte, com Ringo nos vocais). "Não queríamos dar a eles nada que fosse excelente, né?", brincou John.

O príncipe Philip entrega para a banda um prêmio no Carl-Alan Awards, no Empire Ballroom, Leicester Square, em março de 1964.

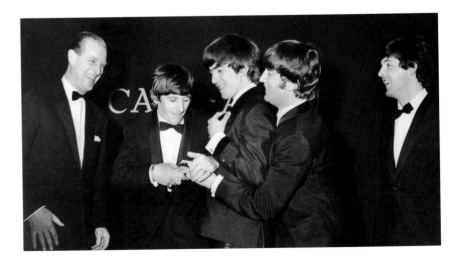

63

NOT A SECOND TIME

Paul afirmou que a inspiração musical por trás de "Not A Second Time" era, mais uma vez, Smokey Robinson and The Miracles, ao passo que John reivindicou boa parte da composição como sua. Foi outro exemplo de John permitindo que seus sentimentos, nesse caso a mágoa, tomassem conta de seu trabalho. Depois de sofrer por rejeição, a reação do compositor é conter suas emoções para evitar que se machuque de novo.

Foi uma das primeiras canções dos Beatles a ser objeto de análise crítica de um jornal de qualidade. William Mann, na época, crítico musical do *Times*, comparou parte dela com "Song Of The Earth", de Gustav Mahler. John diria depois que "foi essa resenha que começou a onda de falar do aspecto intelectual dos Beatles". "O interesse harmônico também é típico das canções mais rápidas deles", escreveu Mann, "e fica a impressão de que pensam simultaneamente em harmonia e melodia, tal a firmeza com que a sétima e a nona maiores estão construídas em suas músicas." Mann salientava ainda as mudanças de escala, "tão naturais quanto a cadência eólica ao final de 'Not a Second Time'". O comentário de John sobre isso foi: "Eu não entendi nada do que ele disse". Em outra ocasião, John afirmou que achava que "cadências eólicas" soavam como pássaros exóticos. Ele não foi o único a ficar confuso com a terminologia de Mann. "Cadência eólica" não é uma descrição musical reconhecida, e gerações de críticos musicais se perguntaram a que Mann estava se referindo exatamente. No entanto, a resenha em si foi creditada como o início das críticas sérias à obra dos Beatles.

NOT A SECOND TIME
Autoria: Lennon/McCartney
Duração: 2' 08''
Lanç. no Reino Unido: álbum *With The Beatles*, 22 de novembro de 1963
Lanç. nos EUA: álbum *Meet The Beatles*, 20 de janeiro de 1964

I WANT TO HOLD YOUR HAND

Havia um piano no escritório do porão da residência dos Asher, em Wimpole Street, onde John e Paul às vezes trabalhavam. Foi lá que no dia 16 de outubro de 1963 eles criaram "I Want To Hold Your Hand", canção que finalmente abriria as portas dos EUA e que chegou ao primeiro lugar em janeiro de 1964.

Foi um feito notável porque nenhum artista pop britânico tinha conseguido conquistar os EUA. Em 1956 Lonnie Donegan, o "rei do *skiffle*", havia chegado ao Top 10 com "Rock Island Line", mas só depois de quatro meses de turnê. Cliff Richard tinha feito uma turnê, lançado um filme e aparecido no *Ed Sullivan Show*, mas teve apenas um pouco de sucesso com "Living Doll". As únicas gravações britânicas a chegar ao número 1 tinham sido "Auf Wiedersehen", com Vera Lynn, em 1952, "Stranger On The Shore", com Acker Bilk, em 1961, e "Telstar", com The Tornadoes, em 1962. Após vendas decepcionantes

I WANT TO HOLD YOUR HAND
Autoria: Lennon/McCartney
Duração: 2' 24"
Lanç. do single britânico: 29 de novembro de 1963
Posição na parada britânica: 1
Lanç. do single nos EUA: 26 de dezembro de 1963
Posição na parada americana: 1

Os Beatles compuseram "I Want To Hold Your Hand" com "um som americano em mente", e a canção abriu o caminho para eles nos EUA.

nos selos Vee Jay e Swan, os Beatles foram para a Capitol nos EUA, pois Brian Epstein tinha prometido que o primeiro single com a gravadora buscaria uma "sonoridade americana".

De acordo com John, "I Want To Hold Your Hand" veio à luz quando, depois de criar o verso de abertura, Paul tocou um acorde no piano. "Eu virei para ele e disse 'é isso! Toque de novo!'. Naqueles dias, nós realmente escrevíamos dessa maneira – um se metendo nas coisas do outro." Gordon Waller, amigo de escola de Peter, irmão mais velho de Jane Asher (com quem ele formou a dupla de cantores *Peter and Gordon*), também estava presente naquele dia. "Até onde eu me lembro, John estava no órgão e Paul estava ao piano", ele afirmou. "O porão era onde todos nós íamos fazer nosso 'barulho', e eles nos chamaram para ouvir uma música que tinham acabado de escrever. Não estava totalmente finalizada, mas a estrutura e o refrão estavam lá."

Os Beatles tocavam ainda, obviamente, para o mesmo público, as adolescentes para quem mãos dadas e beijinhos eram manifestações altamente eróticas.

Robert Freeman, fotógrafo que fez a imagem da capa de *With The Beatles*, vivia em um apartamento abaixo de John, em Kensington, e tentou mostrar o jazz e a música experimental a ele, enquanto John o

"This Boy" (à dir.) foi uma imitação das harmonias dos Everly Brothers.

levava na direção do rock'n'roll. "Ele (John) estava intrigado com um álbum contemporâneo francês de música experimental", Freeman recorda. "Havia uma faixa em que uma frase musical se repetia, como se o disco estivesse riscado. O efeito foi usado em 'I Want To Hold Your Hand' – por sugestão minha –, em 'that my love, I can't hide, I can't hide, I can't hide'.[21]"

Os Beatles ficaram sabendo que "I Want To Hold Your Hand" tinha chegado ao número 1 nos EUA quando estavam tocando em Paris, e isso deu início aos planos da primeira visita aos EUA. Como sabiam que Cliff Richard não tinha conseguido chegar às paradas, apesar da turnê, eles decidiram só fazer aparições quando pudessem garantir o máximo de retorno.

THIS BOY

"This Boy" foi escrita por John e Paul em um quarto de hotel como um exercício de harmonia em três partes e fora inspirada, mais uma vez, por Smokey Robinson and The Miracles. George afirmou que em parte da música "John tentava imitar Smokey".

A letra, John afirmou, não era importante. O que interessava era "o som e a harmonia". A harmonia era uma parte fundamental do trabalho dos Beatles, e a influência dos Everly Brothers fica especialmente evidente nessa música. Eles tinham se familiarizado com a harmonização em três partes cantando "To Know Him Is To Love Him", de Phil Spector, um sucesso de 1959 com The Teddy Bears.

Dizer que a letra não era importante não era o mesmo que dizer que ela não tinha significado, porque mais uma vez John se retratava como um rejeitado, esperando tristemente a retribuição de seu amor.

THIS BOY
Autoria: Lennon/McCartney
Duração: 2' 12"
Lanç. do single britânico: 29 de novembro de 1963, como lado B de "I Want To Hold Your Hand"
Lanç. nos EUA: álbum *Meet The Beatles*, 20 de janeiro de 1964

I CALL YOUR NAME

John calcula que escreveu "I Call Your Name" quando "os Beatles ainda nem existiam como banda". Como o Quarry Men, seu primeiro grupo, foi formado pouco depois que ele comprou seu primeiro violão, em março de 1957, ele deve ter escrito a música enquanto aprendia a tocar

I CALL YOUR NAME
Autoria: Lennon/McCartney
Duração: 2' 09''
Lanç. no Reino Unido: EP *Long Tall Sally*, 19 de junho de 1964
Lanç. nos EUA: *The Beatles' Second Album*, 10 de abril 1964

---

ou até mesmo antes, quando só sabia tocar banjo. The Quarry Men era inicialmente um grupo de *skiffle* formado por amigos da escola Quarry Bank High. Rod Davis, que tocava banjo com eles, não se lembra de ter visto John escrevendo músicas naquela época. "O que nós fazíamos era ouvir os singles mais recentes no rádio e tentar anotar as letras", ele conta. "A questão é que, se você não conseguisse entender, ou não conseguisse escrever rápido o bastante, ficava empacado. Então o que John costumava fazer era colocar suas próprias letras nessas músicas. Ninguém parecia notar porque as pessoas também não sabiam as letras. Havia uma música chamada 'Streamline Train', que John reescreveu como 'Long Black Train'. Ele também colocou uma letra nova no sucesso de Del Vikings 'Come Go With Me', e eu não percebi até ouvir a versão original muitos anos depois."

Se a canção foi escrita há tanto tempo quanto John achava, isso significa que ele já vinha escrevendo sobre o desespero nos tempos de escola. Os versos "I never weep at night, I call your name"[21] são próximos de "In the middle of the night, I call your name"[22], de 1971, de "Oh Yoko", que faz parte do álbum *Imagine*.

John adicionou o solo de *blue beat* jamaicano em 1964. *Blue beat* e ska, levados para a Inglaterra por imigrantes das Índias Ocidentais, estavam se popularizando entre os britânicos e o selo Blue Beat, fundado por Ziggy Jackson em 1961, havia lançado 213 singles nos três anos anteriores. Duas semanas após a gravação de "I Call Your Name", o *New Musical Express* questionava se o ska e o *blue beat* se tornariam o grande tema do momento da música pop. Com os Beatles por perto, eles não teriam a menor chance.

John tinha acabado de passar do banjo para o violão quando escreveu "I Call Your Name" nos anos 1950.

A HARD
DAY'S NIGHT

A Hard Day's Night foi um marco por ser o primeiro álbum da banda em que todas as canções foram escritas pelos Beatles. Também foi um *tour de force* pessoal para John, principal compositor de dez das treze faixas. Por ser o mais velho do grupo, John era seu líder informal. Apesar de Paul ter mais conhecimentos musicais – ele já dominava o violão e o piano antes de John – eles ainda mantinham a mesma relação de mestre e aluno estabelecida quando se conheceram em 1957.

Anos depois John reconheceu que esse foi seu período de domínio nos Beatles e foi apenas quando, em suas próprias palavras, ele se tornou "tímido e inibido" que Paul assumiu as rédeas. Até então, a maioria dos singles do grupo tinha sido escrita ou cantada por ele. A única razão pela qual Paul cantou na faixa "A Hard Day's Night" foi que John não conseguia alcançar as notas altas.

Sete das canções tinham sido escritas especialmente para *A Hard Day's Night*, apesar de uma delas, "I'll Cry Instead", ter sido preterida em favor de "Can't Buy Me Love", single que Paul compôs sob pressão. Os Beatles estavam colocando mais de suas preocupações pessoais nas letras. Por exemplo, "If I Fell" revela muito da psique atormentada de John. Da mesma forma, "And I Love Her" era uma das canções mais pessoais de Paul até então – uma declaração de seus sentimentos por Jane Asher. Na época, poucas pessoas sabiam como ou por que as canções eram escritas. A autoria das canções só foi amplamente revelada depois da separação da banda, junto com detalhes, como aqueles por trás do fim do casamento de John e Cynthia.

Inicialmente, o filme *A Hard Day's Night* (no Brasil, *Os Reis do Iê Iê Iê*) foi concebido apenas como um produto para aumentar as vendas do álbum, mas, assim como tudo o que os Beatles tocaram em 1964,

A banda se amontoa em um trenó para a filmagem de *A Hard Day's Night.*

tornou-se um enorme sucesso comercial, recuperando uma quantia trinta vezes maior do que a investida na produção. A ideia inicial era captar o delírio da *beatlemania* ao estilo de um documentário para a televisão em preto e branco. Feito para mostrar suas habilidades musicais mais do que dramatúrgicas, os Beatles receberam papéis simples, com falas curtas e um forte elenco de apoio para cobrir quaisquer fraquezas.

"Eu estava com os Beatles em Paris quando eles tocaram lá em janeiro de 1964", conta o roteirista Alun Owen. "O maior absurdo que se disse sobre o filme é que ele foi improvisado. Não foi. Na época eles tinham 22 ou 23 anos. Nunca tinham atuado antes. Se você ler o roteiro, vai ver que nenhuma frase tem mais do que seis palavras porque eles não davam conta de mais do que isso. Os únicos improvisos foram feitos por John."

Os Beatles ficaram satisfeitos com o resultado. Mesmo sabendo que o filme era simplista, eles reconheceram que *A Hard Day's Night* evitava os clichês da maioria dos filmes pop.

O álbum foi lançado nos EUA em junho de 1964 e um mês depois na Inglaterra e chegou ao número 1 nos dois países. A versão americana era consideravelmente diferente e trazia apenas as sete faixas da trilha sonora e "I'll Cry Instead". Ele acabou se tornando um álbum de doze faixas graças à inclusão de diversas versões das canções de Lennon e McCartney orquestradas por George Martin.

A HARD DAY'S NIGHT

No começo dos anos 1960, era comum que astros pop fizessem filmes depois de uma sequência razoável de sucessos, assim como Elvis Presley fizera nos anos 1950. O consenso era de que o estrelato dos filmes durava mais e era mais substancial que o do pop. *Young Ones* (1961) e *Summer Holiday* (1962) foram sucessos de bilheteria no Reino Unido para Cliff Richard, e mesmo nomes britânicos menores, como Adam Faith, Tommy Steele, Billy Fury e Terry Dene, tinham se dado bem nas telas grandes.

Os Beatles queriam fazer algo de um ângulo diferente e tiveram a sorte de serem apresentados a Dick Lester, cuja edição ágil e câmera criativa combinavam perfeitamente com a animação e o frescor do pop. As negociações para o filme começaram em outubro de 1963 e, em novembro, o roteirista de Liverpool Alun Owen acompanhou a banda a Dublin e Belfast para observá-los em ação e ver de perto a *beatlemania*.

Os Beatles tiveram de escrever as músicas para o filme sem nem ao menos ver o roteiro de Owen. Três músicas foram feitas em Paris em janeiro de 1964, três no mês seguinte em Miami durante uma sessão de duas horas e a faixa-título foi feita em Londres. "Todas as canções, com exceção de 'A Hard Day's Night', foram compostas sem que soubessem o que eu estava escrevendo. Paul e John as escreveram, e elas foram entremeadas com o roteiro de forma improvisada. Nenhuma delas tem relação alguma com a história. Eram apenas músicas soltas", afirma Owen.

Depois de rejeitar *On The Move*, *Let's Go* e *Beatlemania*, os Beatles não tinham um nome para o filme. *A Hard Day's Night* foi a última canção escrita e acabou se tornando o título tanto do álbum quanto do filme. A expressão é atribuída a Ringo Starr, que declarou em 1964: "Eu

Os cabelos *moptop* da banda são cuidados por Pattie Boyd, Tina Williams, Pru Berry e Susan Whiteman.

inventei a frase 'a hard day's night'.[24] Simplesmente saiu. Tínhamos um compromisso, trabalhamos o dia todo e acabamos trabalhando a noite toda também. Eu saí achando que ainda era dia e disse 'it's been a hard day', olhei em volta e acrescentei ''s night'."

Se Ringo de fato inventou a frase, deve ter sido em 1963, não no *set* de gravação como foi relatado, porque John a incluiu em seu livro *In His Own Write*, escrito naquele ano. Na história "Sad Michael" havia a frase: "He'd had a hard days [sic] night that day…".[25] Como quer que ela tenha surgido, Dick Lester gostou da expressão para o título porque resumia o ritmo frenético do filme, bem como o humor dos Beatles e, em determinada noite, no caminho de casa, disse a John que planejava utilizá-la. Na manhã seguinte, John trouxe uma música para acompanhá-la.

A jornalista do *Evening Standard* Maureen Cleave, uma das primeiras em Londres a escrever sobre os Beatles (*Evening Standard*, 2 de fevereiro de 1963), se lembra de John entrando no estúdio em 16 de abril de

A HARD DAY'S NIGHT

Autoria: Lennon/McCartney
Duração: 2' 32"
Lanç. do single britânico: 10 de julho de 1964
Posição na parada britânica: 1
Lanç. nos EUA: álbum *A Hard Day's Night*, 26 de junho de 1964

1964 com a letra no verso de um cartão para seu filho, Julian, que tinha acabado de fazer um ano de idade. Inicialmente a canção dizia: "But when I get home to you, I find my tiredness is through, And I feel all right".[26] Cleave disse a ele que achava que "my tiredness is through" era uma frase fraca. John riscou o trecho e escreveu "I find the things that you do, They make me feel all right".[27] Maureen disse que "a canção parecia se materializar como mágica. Basicamente, John cantarolava, eles colocavam a cabeça para funcionar, cantarolavam também, e, três horas depois, lá estava a gravação".

Apesar de Paul não ter escrito a letra, quando o filme foi promovido nos EUA pediram que ele explicasse como ela foi feita. A resposta foi: "Achávamos um pouco ridículo escrever uma música chamada 'A Hard Day's Night' porque a frase soava engraçada na época, mas a ideia era dizer que era o final de um dia difícil e que tínhamos trabalhado o dia todo e, quando você volta para casa e vê sua namorada, tudo fica bem. Então virou uma dessas músicas".

"A Hard Day's Night" tocava durante os créditos de abertura e encerramento do filme. Foi a primeira faixa do álbum da trilha sonora e chegou ao primeiro lugar na Inglaterra e nos EUA. O comediante Peter Sellers, que fazia parte de The Goons, grupo cômico de rádio preferido de John, gravou "A Hard Day's Night" falando a letra como se fosse Laurence Olivier fazendo um monólogo de Shakespeare. Alcançou o Top 20 britânico em dezembro de 1965.

I SHOULD HAVE KNOWN BETTER

I SHOULD HAVE KNOWN BETTER

Autoria: Lennon/McCartney

Duração: 2'44"

Lanç. no Reino Unido: álbum *A Hard Day's Night,* 10 de julho de 1964

Lanç. nos EUA: álbum *A Hard Day's Night,* 26 de junho de 1964

Lançada como lado B de "A Hard Day's Night" nos EUA, "I Should Have Known Better" foi a primeira música do filme e foi tocada na cena em que os Beatles e o avô de Paul (interpretado por Wilfred Brambell) estão em um trem e são banidos para o vagão dos correios. Eles começam a jogar cartas e, diversos cortes depois, aparecem com guitarras, gaita e bateria. "Parecia a cena certa para colocar a primeira música", diz Alun Owen.

Apesar de boa parte da filmagem ter sido feita em trens entre Londres e West Country, "I Should Have Known Better" foi filmada em um cenário nos estúdios Twickenham Film.

Surpreendentemente para uma música de John ela é bastante otimista, um rapaz ama uma garota, uma garota ama um rapaz, e está tudo bem.

75

Os Beatles cantam "I Should Have Known Better" em *A Hard Day's Night,* enquanto surgem do vagão dos correios de um trem.

IF I FELL

Em *A Hard Day's Night* John teve de cantar "If I Fell" para Ringo porque não havia um lugar para ela no roteiro já escrito e nenhuma cena de amor. "Nessa parte do filme estamos num estúdio de televisão, e Ringo está um pouco mal-humorado", Paul explicou em 1964. "John começa a brincar com ele e depois canta essa música como se fosse para ele. Tivemos ataques de riso durante a gravação."

A filmagem começou em 27 de fevereiro de 1964 e, como o primeiro esboço da canção foi escrito em um cartão do Dia dos Namorados, pode-se presumir que foi composta em algum momento das duas semanas entre 14 e 27 de fevereiro.

"If I Fell" é uma das mais belas canções de John e fala sobre uma relação ilícita. Ele pede à mulher em questão uma garantia de que, caso deixe a esposa para ficar com ela, será amado como nunca foi antes. É sobre alguém preocupado em evitar um confronto.

No primeiro esboço ele escreveu "I hope that she will cry / When she hears we are two"[28] em vez da versão final mais suave "And that she will cry…".[29] Isso sugere que imaginava uma forma cruel de prazer quando sua parceira descobrisse sua infidelidade. A crueldade ainda está lá, mas é mais difícil de detectar.

John afirmou que a canção era "semiautobiográfica" e sabe-se que ele foi infiel a Cynthia, apesar de ela não saber disso à época. "Eu sou um covarde", ele afirmou posteriormente, em 1968. "Eu jamais conseguiria ir embora, deixar Cynthia e ficar sozinho."

John viu isso como sua primeira balada de fato e uma precursora de "In My Life", sua canção sobre crescer, que usaria a mesma sequência de acordes.

John teve de usar "If I Fell", uma de suas canções de amor mais lindas, para fazer uma serenata para Ringo.

IF I FELL
Autoria: Lennon/McCartney
Duração: 2' 22''
Lanç. no Reino Unido: álbum *A Hard Day's Night*, 10 de julho de 1964
Lanç. nos EUA: álbum *A Hard Day's Night*, 26 de junho de 1964

AND I LOVE HER

O amor de Paul pelo rock'n'roll não significava que ele desprezasse a música popular que o precedera. Ele amava a música das *big bands* dos anos 1920 e 1930 que seu pai ouvia, as canções do teatro de variedades vitoriano que seus parentes cantavam em volta do piano e as canções dos musicais dos anos 1940 e 1950.

Mesmo nos tempos de Hamburgo e do Cavern Club, em Liverpool, Paul cantava "Till There Was You", do musical da Broadway de 1957 *The Music Man*, popularizada mais tarde por Peggy Lee. A música foi incluída em *With The Beatles*. Seu sucesso deve tê-lo feito perceber que as baladas enriqueciam o show, então provavelmente escreveu "And I Love Her" para exercer essa função. John disse que foi a primeira "Yesterday" de Paul. Paul disse que foi a primeira música "que o deixou realmente orgulhoso".

A ideia inicial era escrever uma canção com um título que começasse no meio de uma frase. Então Paul escreveu os versos e foi pedir ajuda a John. Paul observou que quase uma década depois Perry Como gravou uma canção intitulada "And I Love You So".

As gravações começaram em fevereiro de 1964 e foi a primeira faixa dos Beatles a ter instrumentos acústicos. No filme *A Hard Day's Night*, eles aparecem fazendo a gravação para um programa de televisão.

Apenas um mês antes da gravação, Jane Asher comentou com o escritor americano Michael Braun: "O problema (de Paul) é que ele quer a adulação dos fãs e a minha. Ele é muito egoísta. É o maior defeito dele. Ele não consegue ver que os meus sentimentos por ele são verdadeiros, e os (sentimentos) dos fãs são uma fantasia". Desde então, Paul afirma que não a escreveu com ninguém específico em mente, mas é difícil acreditar que, no início de sua paixão por Jane Asher, ele estivesse compondo músicas tão delicadas para uma garota imaginária.

AND I LOVE HER
Autoria: Lennon/McCartney
Duração: 2' 31''
Lanç. no Reino Unido: álbum *A Hard Day's Night*, 10 de julho de 1964
Lanç. nos EUA: álbum *A Hard Day's Night*, 26 de junho de 1964

I'M HAPPY JUST TO DANCE WITH YOU

John e Paul escreveram "I'm Happy Just To Dance With You" para George cantar no filme "para dar um pouco de ação para ele". A cena foi filmada no palco no Scala Theatre, em Londres. Como o membro mais novo dos Beatles, George vivia na sombra de Paul e John. Quando começou a compor as próprias músicas, manifestava descontentamento com o fato de poucas delas serem levadas em conta para os álbuns.

John ficou igualmente magoado em 1980 quando George publicou sua biografia I Me Mine sem fazer nenhuma menção à sua influência nas composições. Paul admitiu que "I'm Happy Just To Dance With You" era uma "música que seguia uma fórmula".

I'M HAPPY JUST TO DANCE WITH YOU
Autoria: Lennon/McCartney
Duração: 1'58"
Lanç. no Reino Unido: álbum A Hard Day's Night, 10 de julho de 1964
Lanç. nos EUA: álbum A Hard Day's Night, 26 de junho de 1964

George abre as cartas dos fãs na comemoração de seu aniversário de 21 anos, em 25 de fevereiro de 1964.

TELL ME WHY

"Tell Me Why" foi escrita para animar os shows de *A Hard Day's Night*. John tentou incorporar bandas como The Chiffons ou The Shirelles e "só deixou que a música viesse".

É um típico enredo de John. Alguém mentia para ele e o abandonava. Ele chora. Ele implora à garota que explique o que fez de errado para que possa consertar as coisas. É comum crianças abandonadas pelos pais ou cujos pais morrem de repente ficarem com a sensação de serem de alguma maneira responsáveis. "If there's something I have said or done, Tell me what and I'll apologize",[30] ele cantou.

Foi só quando se submeteu a uma técnica chamada terapia primal, em 1970, que ele fez as pazes com esses medos inconscientes. O terapeuta Arthur Janov deu a ele o exercício de olhar para trás, através de todas as suas canções com os Beatles, para ver o que revelavam sobre suas ansiedades. Em seu primeiro álbum pós-terapia, *John Lennon/Plastic Ono Band*, John pôde cantar sobre esses traumas em seu contexto original, em músicas como "Mother", "Hold On", "Isolation" e "My Mummy's Dead".

TELL ME WHY
Autoria: Lennon/McCartney
Duração: 2' 10''
Lanç. no Reino Unido: álbum *A Hard Day's Night*, 10 de julho de 1964
Lanç. nos EUA: álbum *A Hard Day's Night*, 26 de junho de 1964

CAN'T BUY ME LOVE

Em janeiro de 1964, os Beatles fizeram 18 shows em Paris, no Olympia Theatre. Eles ficaram no hotel cinco estrelas George V, ao lado do Champs Élysées, e um piano de armário foi colocado em uma das suítes para que pudessem continuar compondo. Foi lá que John e Paul escreveram "One And One Is Two", para o grupo conterrâneo de Liverpool The Strangers, e Paul criou "Can't Buy Me Love".

Com um novo single marcado para março e a notícia de que "I Want To Hold Your Hand" tinha escalado o topo das paradas americanas não havia tempo a perder. George Martin, que tinha ido aos estúdios Pathé Marconi, em Paris, para gravar a canção recém-escrita junto com a versão em alemão de "She Loves You" ("Sie Liebt Dich") e "I Want To Hold Your Hand" ("Komm, Gib Mir Deine Hand"), deu a sugestão de começar com o refrão. Apesar de "She Loves You", "I Wanna Be Your Man", "Don't Bother Me" e "All My Loving" terem sido usadas em *A Hard Day's Night*, "Can't Buy Me Love" foi a única canção lançada anteriormente a ser incluída no álbum da trilha sonora. Isso aconteceu porque ela foi inserida no filme de última hora para substituir "I'll Cry Instead", que o diretor Dick Lester não achava apropriada para a cena em que os Beatles aparecem pela primeira vez.

"Can't Buy Me Love" foi usada na cena em que a banda descia por uma escada de incêndio nos fundos do teatro (na verdade, o Odeon de Londres) e brincava ao ar livre. Foi a primeira experiência de liberdade do grupo depois de dias trancafiados em carros, trens, camarins e hotéis. O roteirista Alun Owen relembra: "Minha direção de palco nesse momento foi muito simples. Ela dizia: 'Os meninos descem pela escada de incêndio. É a primeira vez que estão livres. Eles correm de um lado para o outro e fazem brincadeiras bobas'".

CAN'T BUY ME LOVE
Autoria: Lennon/McCartney
Duração: 2' 14''
Lanç. do single britânico: 20 de março de 1964
Posição na parada britânica: 1
Lanç. do single nos EUA: 16 de março de 1964
Posição na parada americana: 1

Paul examina sua própria estátua de cera no museu Madame Tussaud de Londres, em abril de 1964.

A letra parece ser uma resposta à canção "Money", de Berry Gordy e Janie Bradford, que os Beatles começaram a tocar em 1960 e gravaram em *With The Beatles*. O tema de Gordy/Bradford sustentava que "o dinheiro compra tudo". A resposta de Lennon/McCartney era de que pode comprar tudo, "menos o amor". Paul citou Little Richard como uma influência musical, e Dominic Pedler (*The Beatles as Musicians*) afirma que "Lucille" serviu de modelo para os versos.

Jornalistas americanos perguntaram a Paul em 1966 se "Can't Buy Me Love" era uma música sobre prostituição. Ele respondeu que todas as músicas estavam abertas a qualquer interpretação, mas que aquela em particular tinha ido longe demais.

ANY TIME AT ALL

Depois de escrever as canções que seriam usadas no filme, a corrida agora era criar as músicas que comporiam o segundo lado do álbum da trilha sonora.

John era obviamente o compositor mais prolífico da época, tendo escrito cinco das sete músicas do filme e em via de compor todas as canções do lado B, com exceção de uma. Isso não foi tão fácil assim. "Any Time At All", ele admitiu depois, tinha sido reescrita a partir de uma canção anterior, "It Won't Be Long", usando a mesma progressão de acordes de dó para lá menor e a mesma forma de cantar (gritando) durante a gravação.

No início, a canção tinha dois versos a mais, o terceiro dizia "I'll be waiting here all alone/ Just like I've always done…",[31] mas já havia palavras suficientes nela e nenhum dos versos adicionais avançava na narrativa da música.

Em janeiro de 1964, ele falou sobre algumas mudanças em suas técnicas de composição. "Quando descobria um acorde novo, (costumava) escrever uma canção em torno dele. Eu achava que, já que existem mil acordes, eu nunca os esgotaria. Às vezes os acordes se tornavam uma obsessão, e nós começávamos a colocá-los desnecessariamente nas músicas. Depois, decidimos simplificar as canções, e foi o melhor a fazer. Podíamos até gostar das músicas, mas os acordes extras não fariam com que as outras pessoas gostassem mais delas. Tentamos manter a coisa dessa forma."

Apenas três outras canções foram assumidas como recicladas . "Yes It Is", ele afirmou, era "This Boy" reescrita, "Paperback Writer" era "filha de 'Day Tripper'" e "Get Back" era "Lady Madonna" reescrita às pressas.

Apesar da produção estelar dos Beatles, John confessou que a banda às vezes reciclava ideias de músicas.

ANY TIME AT ALL
Autoria: Lennon/ McCartney
Duração: 2' 13''
Lanç. no Reino Unido: álbum *A Hard Day's Night*, 10 de julho de 1964
Lanç. nos EUA: álbum *Something New*, 20 de julho de 1964

I'LL CRY INSTEAD

"I'll Cry Instead" seria originalmente usada na sequência da saída de incêndio em *A Hard Day's Night*, mas foi substituída por "Can't Buy Me Love". No entanto, quando o filme foi remasterizado para o lançamento em vídeo, em 1986, ela foi "colada" em uma sequência antes dos créditos iniciais.

John já tinha escrito sobre o ato de chorar muitas vezes, mas "I'll Cry Instead" era diferente porque nela ele dizia que quando parasse de chorar voltaria para se vingar. Ele imaginava sair por aí partindo o coração de garotas mundo afora para depois esnobá-las, de modo a punir todos que o rejeitaram. John depois admitiu ter sido violento às vezes e, em "Getting Better", escreveu ter superado sua crueldade em relação às mulheres.

Essa também foi a primeira música em que John admitiu sua tendência agressiva, um sinal de que entrava em um período intenso de autoanálise, que continuaria até seus primeiros álbuns solo, depois do fim dos Beatles.

I'LL CRY INSTEAD
Autoria: Lennon/McCartney
Duração: 1' 47"
Lanç. no Reino Unido: álbum *A Hard Day's Night*, 10 de julho de 1964
Lanç. nos EUA: álbum *A Hard Day's Night*, 26 de junho de 1964

THINGS WE SAID TODAY

Em maio de 1964, depois de concluir as filmagens de *A Hard Day's Night* e cumprir alguns compromissos na Inglaterra e na Escócia, os Beatles e sua equipe saíram de férias. John e George fizeram uma volta ao mundo com paradas na Holanda, na Polinésia, no Havaí e no Canadá, enquanto Paul e Ringo foram para a França e para Portugal antes de partirem para as Ilhas Virgens.

Quando estava no Caribe, Paul alugou um iate chamado *Happy Days*. Foi a bordo dele, com Ringo, Maureen e Jane, que ele compôs "Things We Said Today". A canção era uma reflexão sobre sua relação com Jane, considerando que ele sabia, por causa do ritmo de trabalho dos dois, que não teriam muitos momentos juntos. Quando estavam separados, disse Paul, ele se consolava lembrando daquele dia.

Ringo fez 24 anos em 7 de julho de 1964, e no dia seguinte os Beatles amigavelmente comemoraram com ele no estúdio da BBC.

THINGS WE SAID TODAY
Autoria: Lennon/McCartney
Duração: 2' 38''
Lanç. do single britânico: 10 de julho de 1964, como lado B de "A Hard Day's Night"
Lanç. nos EUA: álbum *Something New*, 20 de julho de 1964

WHEN I GET HOME

Inovadores demais para se satisfazer com uma simples formação de guitarra, baixo e bateria, os Beatles muitas vezes faziam uso de instrumentos mais exóticos.

"When I Get Home" foi descrita por John como uma canção "four-in-the-bar cowbell",[32] influenciada pelo seu amor pela Motown e pelo soul americano. Na época em que foi gravada, perguntaram que música ele gostaria de ter escrito, e ele respondeu que sua primeira escolha seria "Can I Get A Witness", de Marvin Gaye.

Canção atipicamente otimista de John, sua letra revela os pensamentos dele sobre o que ia dizer para "sua garota" quando chegasse em casa. Com uma temática levemente próxima do single "A Hard Day's Night" ("when I get home to you..."),[33] ela mostra que John ainda achava que o lar era o lugar onde o verdadeiro amor estaria esperando por ele. Apesar da imagem de machão no grupo, John na verdade era uma pessoa caseira que não trocava por nada uma noitada diante da televisão com uma porção de livros e revistas. Faz sentido que ele tenha passado tanto tempo de sua última década como um "dono de casa", feliz em ficar confinado em seus quartos no Dakota Buildings, em Nova York.

WHEN I GET HOME
Autoria: Lennon/McCartney
Duração: 2' 18"
Lanç. no Reino Unido: álbum *A Hard Day's Night*, 10 de julho de 1964
Lanç. nos EUA: álbum *Something New*, 20 de julho de 1964

YOU CAN'T DO THAT

Tanto na Inglaterra quanto nos EUA, "You Can't Do That" tornou-se o lado B de "Can't Buy Me Love". Nessa canção, John experimenta ameaças em vez de choramingos. Ele diz à garota que se a pegar conversando com outro rapaz vai deixá-la imediatamente. Ele sabe o que é ser rejeitado e está determinado a não deixar que aconteça de novo. John afirmou posteriormente que a influência musical da canção tinha sido Wilson Pickett, o ex-cantor gospel do Alabama que na época só havia lançado três singles sob o próprio nome nos EUA, um deles apenas com algum sucesso. Foi só em 1965, quando foi contratado pela Atlantic Records, que Pickett ficou conhecido como um dos grandes cantores do soul dos anos 1960, com sucessos como "Mustang Sally", "634-5789" e "In The Midnight Hour". Foi por sugestão do guitarrista Duane Allman que Pickett gravou "Hey Jude" em 1969 e conseguiu fazer sucesso com ela ao mesmo tempo que a versão dos Beatles estava nas paradas.

Na gravação de "You Can't Do That", John usou sua guitarra nova, uma Rickenbacker, enquanto George tocou uma guitarra de doze cordas pela primeira vez em um disco dos Beatles. "Acho uma chatice tocar guitarra base o tempo todo", John disse à *Melody Maker*. "Eu gosto de inventar formas diferentes de tocar. O melhor exemplo foi o que fiz em 'You Can't Do That'. Na verdade, não havia nem guitarrista solo nem guitarrista base nessa música."

Gravada em Abbey Road depois da primeira visita dos Beatles aos EUA, ela foi usada na versão para a TV de *A Hard Day's Night*, mas não na versão final.

Os Beatles foram inspirados por músicos tão diversos quanto Wilson Pickett e Del Shannon.

YOU CAN'T
DO THAT
Autoria: Lennon/
McCartney
Duração: 2' 37''
**Lanç. do single
britânico:** 20 de
março de 1964
como lado B de
"Can't Buy Me
Love"
**Lanç. do single nos
EUA:** 16 de março
de 1964 como
lado B de "Can't
Buy Me Love"

I'LL BE BACK

John descobriu os acordes de "I'll Be Back" enquanto tocava uma música de Del Shannon, provavelmente "Runaway", que os Beatles apresentaram em seus primeiros shows. Ela também começa com um acorde menor e tem uma linha de baixo decrescente.

Shannon teve sucesso em 1961 e 1962 com "Runaway", "Hats Off To Larry", "So Long Baby" e "Hey Little Girl". Em 1963, depois do hit "Little Town Flirt", ele tocou no Royal Albert Hall, em Londres, com os Beatles e ofereceu ajuda para divulgar seu trabalho nos EUA regravando uma de suas músicas como single. Os Beatles concordaram, Shannon voltou para os EUA e gravou uma versão de "From Me To You" que, mesmo só tendo chegado à posição 77, foi a primeira composição de Lennon e McCartney a aparecer nas paradas americanas. A canção tinha sido gravada originalmente em compasso 3/4 de valsa, mas John achou muito difícil de cantar e mudou para 4/4.

I'LL BE BACK

Autoria: Lennon/McCartney

Duração: 2' 20''

Lanç. no Reino Unido: álbum *A Hard Day's Night*, 10 de julho de 1964

Lanç. nos EUA: álbum *Beatles '65*, 15 de dezembro de 1964

BEATLES FOR SALE

A capa de *Beatles For Sale* mostrava o outro lado da *beatlemania* – o esgotamento, o assombro e a solidão que a fama trazia. John, Paul, George e Ringo parecem confusos e exauridos na foto da capa de Robert Freeman, e suas novas canções refletiam os mesmos sentimentos. Eles só tiveram tempo de escrever oito das catorze faixas do álbum. Covers de antigas canções de rock favoritas foram usados para completar o disco.

As músicas novas davam todos os sinais de terem sido escritas no ambiente tenso da fama. Apesar de "Eight Days a Week" ser uma canção de amor, o título foi inspirado por um comentário a respeito da sobrecarga. As composições de John eram as mais sombrias que ele já tinha escrito, "I'm A Loser" denotava seu estilo confessional de composição. Para "I'll Follow The Sun", Paul teve de fuçar seus antigos cadernos de escola para relembrar a canção, tocada pela última vez nos dias do Cavern.

Bob Dylan, que tanto Paul quanto John tinham ouvido pela primeira vez durante 1964, estava começando a ser uma influência. No começo, os Beatles tinham se concentrado primordialmente em aprender os aspectos musicais das canções – mudanças de acorde, arranjos, harmonia. Dylan foi o primeiro artista que os influenciou como letrista. De início, Paul era o grande fã de Dylan, mas John logo se juntou a ele.

John escrevia poemas e contos por diversão. Alguns deles foram publicados em *In His Own Write*, de 1964, quando ele foi incensado pela imprensa como o "Beatle literato" e seu livro foi comparado aos de Lewis Carroll, Edward Lear e ao *Finnegan's Wake*, de James Joyce. Dylan e mais tarde o jornalista britânico Kenneth Allsop o pressionaram a diminuir a distância entre suas efusões "literárias" e a composição das

O álbum *Beatles For Sale*, feito às pressas, mostrava a banda sob a pressão da fama e da ferocidade da *beatlemania*.

letras. John interpretou isso como "em vez de tentar me imaginar em determinadas situações eu deveria tentar expressar como eu me sentia, como havia feito no livro".

O assessor de imprensa do grupo, Derek Taylor, estava certo quando escreveu no encarte do disco "as crianças de 2000 d.C. encontrarão nessas músicas o mesmo efeito de bem-estar e entusiasmo que elas têm hoje sobre nós. Porque a mágica dos Beatles, eu desconfio, é perene e atemporal. É adorada em todo o mundo".

Beatles For Sale levou dois meses e meio para ser gravado, foi lançado em dezembro de 1964 e alcançou o número 1 na Inglaterra. O equivalente americano, *Beatles '65*, também chegou ao topo e vendeu um milhão de cópias na primeira semana.

I FEEL FINE

Os Beatles completaram o álbum *A Hard Day's Night* em junho de 1964 e, em meados de agosto, estavam de volta ao estúdio para começar *Beatles For Sale*. Com tão pouco tempo entre os projetos, foi impossível criar material original suficiente para *Beatles For Sale*.

Em 6 de outubro, durante a gravação de "Eight Days A Week", John estava trabalhando em um riff de guitarra que viria a se tornar a base de "I Feel Fine", uma canção gravada doze dias depois. Era obviamente inspirada no riff de Bobby Parker em "Watch Your Step" (1961).

John afirmou em dezembro de 1964 que "escreveria uma música especialmente para esse riff, então eles me encorajaram, sem levar muita fé, sabendo que tínhamos praticamente acabado o disco. O fato é que entrei no estúdio um dia com a música pronta e disse ao Ringo: 'Não está boa, mas está pronta'. Experimentamos tocá-la já com o riff, e como já tinha cara de um lado A, decidimos lançá-la daquele jeito".

Além do riff, a característica marcante de "I Feel Fine" é o som da guitarra de John, que se mistura aos acordes iniciais. Foi uma dessas descobertas acidentais no estúdio que decidiram incorporar na música porque gostaram da sonoridade. Quando John deixou sua guitarra Gibson encostada no amplificador, criando uma microfonia, também decidiram aproveitar o ruído. Esse tipo de postura representou um avanço significativo na forma como a banda passou a lidar com as gravações. Tendo dominado as técnicas básicas de estúdio, eles estavam encorajando George Martin a correr riscos e encontravam fontes novas de inspiração em ruídos que, em outro momento, teriam sido considerados erros (erros eletrônicos, fitas enroscadas, falatório). Esse tipo de recurso se tornou cada vez mais comum em estúdios – também em gravações de artistas como Jimi Hendrix e The Who – e John

I FEEL FINE
Autoria: Lennon/McCartney
Duração: 2' 20''
Lanç. do single britânico: 27 de novembro de 1964
Posição na parada britânica: 1
Lanç. do single nos EUA: 23 de novembro de 1964
Posição na parada americana: 1

Os Beatles chegavam ao topo das paradas na Inglaterra e nos EUA, e voos transatlânticos se tornavam parte de uma rotina desgastante.

sempre teve orgulho do fato de os Beatles terem sido o primeiro grupo a usá-lo intencionalmente em uma gravação.

"I Feel Fine", a canção mais otimista de John até hoje, se tornou single número 1 tanto na Inglaterra quanto nos EUA.

93

SHE'S A WOMAN

"She's A Woman" foi concebida por Paul nas ruas de St John's Wood em 8 de outubro de 1964 e foi finalizada no estúdio no mesmo dia, com Paul cantando-a de modo estridente, emulando Little Richard. "Precisávamos de um rock cheio de gritos para os shows", diz Paul. "Era sempre bom caso você precisasse de alguma coisa para encerrar ou se houvesse um momento tedioso."

Nos primeiros takes, Paul improvisou muito. O take 7, por exemplo, durou quase seis minutos e meio e continha muitos gritos e improvisos. No final, podemos ouvir Paul dizendo "temos aqui uma canção e uma música instrumental!". Infelizmente, a canção também trazia uma das rimas mais forçadas do songbook dos Beatles, em que "present" rima com "she's no peasant".[34]

"She's A Woman" também foi a primeira música dos Beatles a conter uma referência, velada, às drogas. Mais tarde, John confessou que eles ficaram orgulhosos por terem incluído na canção o verso "turns me on when I get lonely",[35] que escapou da censura das rádios e televisões. Quando usaram, três anos depois, a expressão "turn you on" (em "A Day In The Life"), a canção foi banida do rádio: naquela época, as autoridades estavam atentas ao aumento da cultura das drogas.

Não é coincidência que os Beatles tenham fumado maconha pela primeira vez apenas cinco semanas antes de gravar "She's A Woman". Até então, suas únicas experiências com drogas tinham sido comprimidos de Drinamyl e Preludin, descobertas da temporada em Hamburgo, e benzedrina, que consumiram em Liverpool. Foi com Bob Dylan que eles conheceram a maconha, em uma suíte do Delmonico Hotel, em Nova York. Os Beatles estavam satisfeitos com a ideia de beber vinho barato até a madrugada, mas Dylan queria fumar um

SHE'S A WOMAN

Autoria: Lennon/ McCartney

Duração: 2' 57''

Lanç. do single britânico: 27 de novembro de 1964, como lado B de "I Feel Fine"

Lanç. do single nos EUA: 23 de novembro de 1964, como lado B de "I Feel Fine"

Em "She's A Woman",
os Beatles fizeram a
primeira referência
obscura às drogas em
uma canção depois de
serem iniciados nos
prazeres da maconha
por Bob Dylan.

baseado. Ele presumia que todos ali fossem "maconheiros". Achava, equivocadamente, que o verso "I can't hide"[36] em "I Want To Hold Your Hand" fosse "I get high".

No início, eles ficaram apreensivos, mas acabaram embarcando. Nas horas seguintes, os músicos "não conseguiam ficar em pé de tanto rir", como George Harrison registrou depois. Paul diz que foi tomado por tantos *insights* que pegou um bloco e fez uma porção de anotações.

"She's A Woman" foi lançada como lado B de "I Feel Fine" na Inglaterra e nos EUA. Paul afirmou em 1965 que "a princípio não foi tão bem recebida. Muita gente achou que eu estava só cantando agudo demais e que tinha escolhido a nota errada. Parecia que eu estava gritando, mas era de propósito. Não era um erro".

EIGHT DAYS A WEEK

John sempre afirmou que "Eight Days A Week" foi escrita por Paul como uma possível faixa-título para a sequência do filme *A Hard Day's Night*.

O diretor Dick Lester nega, com base no fato de "Eight Days A Week" ter sido gravada em outubro de 1964. As filmagens de *Help!* só começaram no final de fevereiro de 1965. Segundo ele, é pouco provável que pensassem sobre o filme tão antecipadamente. "O segundo filme deveria se chamar *Help*, mas o título já tinha sido registrado por outra pessoa", afirma Lester. "Nós o chamamos inicialmente de *Beatles II* e depois de *Eight Arms To Hold You*, mas a possibilidade de escrever uma música chamada 'Eight Arms to Hold You' assustou a todos. Por isso pensamos 'dane-se, vamos correr o risco', porque as leis de registro eram muito vagas. Decidimos colocar um ponto de exclamação para nos diferenciar do título já registrado."

Paul ouviu a expressão "eight days a week"[37] de um motorista que um dia o levou à casa de John. Quando Paul perguntou se ele andava ocupado naqueles dias, o motorista respondeu: "Ocupado? Eu traba-

---

EIGHT DAYS A WEEK
Autoria: Lennon/McCartney
Duração: 2' 45"
Lanç. no Reino Unido: álbum *Beatles For Sale*, 4 de dezembro de 1964
Lanç. do single nos EUA: 15 de fevereiro de 1965
Posição na parada americana: 1

lho oito dias por semana". Quando chegaram a Weybridge, onde John vivia, Paul entrou correndo e contou a John que tinha o título para a canção que iam escrever naquele dia. O DJ americano Larry Kane, que acompanhou os Beatles na turnê de 1964 pelos EUA, afirma em seu livro que viu o grupo trabalhar na música durante um voo entre Dallas e Nova York. "Eight Days A Week", a primeira faixa a ser gravada com *fade-in*, estava sendo avaliada como single na Inglaterra até John escrever "I Feel Fine". Nos EUA, foi lançada logo depois de "I Feel Fine" e chegou ao posto número 1.

Os Beatles conseguiram manter uma criatividade prodigiosa mesmo estando no centro das atenções da implacável mídia e dos fãs.

I'M A LOSER

Em 1964, dois fatos tiveram efeito profundo nas composições de John. O primeiro deles foi ouvir a música de Bob Dylan em Paris, quando Paul ganhou o LP *The Freewheelin' Bob Dylan* de um DJ de uma rádio local.

Paul já tinha ouvido a música de Bob Dylan antes, mas John ainda não a conhecia. Depois de ouvir *Freewheelin'*, segundo álbum de Dylan, eles compraram *Bob Dylan*, seu álbum de estreia, e, de acordo com John, "não conseguíamos parar de ouvi-lo por três semanas. Todos nós ficamos loucos por Dylan".

O segundo fato que teve grande impacto para John foi conhecer o jornalista Kenneth Allsop, que escrevia para o jornal *Daily Mail* e era entrevistador do noticiário *Tonight*, da BBC Television. John o conheceu em 23 de março, depois o encontrou de novo em um evento literário da livraria Foyles, no Dorchester Hotel. Nesse mesmo dia, foi entrevistado no *Tonight* sobre seu livro, *In His Own Write*. Allsop, um homem bonito e durão de Yorkshire, tinha 44 anos na época e era um dos rostos mais conhecidos da televisão britânica. Jornalista desde 1938, ele havia também servido, durante a guerra, na Royal Air Force.

Na primeira conversa de John com o jornalista, no estúdio Lime Grove da BBC, Allsop foi enfático ao recomendar ao Beatle que não escondesse seus sentimentos por trás das convenções da música pop. A leitura de "In His Own Write" levara Allsop a acreditar que John tinha muito mais a oferecer.

Anos depois, John disse ao seu confidente Elliot Mintz que esse encontro havia sido um momento decisivo para o modo dele de compor. "Ele me contou que estava particularmente ansioso naquele dia e, por causa disso, ficou muito falante e envolvido na conversa com Allsop", diz Mintz.

"Allsop disse a ele que não morria de amores pelas canções dos Beatles porque todas tendiam a ser 'ela o ama', 'ele a ama', 'eles a

Depois que John e Paul foram expostos à música de Bob Dylan em 1964 ficaram obcecados por ele por várias semanas.

amam' e 'eu a amo'. Ele sugeriu que John tentasse escrever algo mais autobiográfico, em vez de usar os velhos temas superficiais. Isso ressoou dentro dele."

Apesar de ter sido gravada cinco meses depois, "I'm A Loser" pode ser considerada o primeiro fruto desse encontro com Allsop. Seria equivocado dizer que foi uma mudança completa de direção, porque desde o começo John tinha escrito músicas em que se revelava solitário, triste e abandonado, mas em "I'm A Loser" ele se expôs mais. Vista de forma superficial, ela é mais uma canção sobre perder uma namorada. Mas alguns versos, como a passagem na qual ele diz que sob a máscara ele está "wearing a frown",[38] sugerem que ele se considera um fracasso em mais de uma maneira. Não é apenas um fracasso no amor, é também um fracasso na vida.

"I'm A Loser" pode ser vista hoje como um estágio inicial da tortuosa jornada de John rumo à franca autorrevelação. Na época, ele logo revelou o efeito que Bob Dylan teve em "I'm A Loser". "Qualquer um que seja um dos melhores em sua área – como Dylan é – acaba influenciando os demais", ele afirmou na ocasião. "Eu não me surpreenderia se nós o tivermos influenciado de alguma forma."

Kenneth Allsop foi encontrado morto em sua casa, em maio de 1973. A causa da morte foi uma overdose de analgésicos. *Hard Travellin'*, o relato de Allsop sobre a vida dos hobos, andarilhos aventureiros, foi

As demandas do superestrelato tiveram seu impacto: "Às vezes eu me pergunto como é que conseguimos", anotou John.

publicado pela primeira vez em 1967, tornou-se um clássico e ainda é reimpresso.

"I'm A Loser" foi gravada em agosto de 1964. John deu alguns sinais de como estava sendo sincero na letra. Um deles foi um comentário que fez a Ray Coleman, da *Melody Maker*, dois meses depois, quando estavam nos bastidores de um show. Enquanto era maquiado para subir ao palco ele disse: "Eu gostaria que me pintassem um sorriso também. Acha que vou conseguir sorrir hoje à noite? Às vezes eu me pergunto como é que nós conseguimos seguir adiante".

I'M A LOSER
Autoria: Lennon/McCartney
Duração: 2' 33''
Lanç. no Reino Unido: álbum *Beatles For Sale*, 4 de dezembro de 1964
Lanç. nos EUA: álbum *Beatles '65*, 15 de dezembro de 1964

NO REPLY

"No Reply" era uma típica canção de John Lennon sobre traição e ciúme, a história de uma garota que o troca por outro homem. Ela era baseada, ele declarou certa vez, não em sua própria experiência, mas na canção "Silhouettes", grande sucesso de 1957 com a banda The Rays. Escrita por Bob Crewe e Frank Slaye, que compuseram sucessos também para Freddy Cannon, "Silhouettes" colocava um novo elemento na antiga história de amor traído: o rapaz descobre que está sendo enganado quando vê silhuetas nas cortinas da casa de sua amada.

Na versão de John, o rapaz começa a suspeitar quando a garota não atende a campainha e, quando, depois, ele telefona e os pais da moça dizem que ela não está em casa. Como em "Silhouettes", ele volta para a casa dela e, escondido nas sombras, vê a garota sair com outro homem. A repetição da frase "I saw the light", para se referir à luz por trás das cortinas e à revelação de que ele está sendo enganado, pode ser uma alusão à conhecida canção religiosa de Hank Williams "I Saw The Light" (1948).

Desde "Please Please Me", as composições dos Beatles vinham sendo publicadas pela Northern Songs, uma empresa montada por John, Paul, Brian Epstein e o editor musical Dick James, amigo de George Martin. James tinha experiência tanto como cantor quanto como compositor antes de se envolver com edição e, quando ouviu "No Reply", disse a John: "Essa é a primeira canção completa que você escreve, a primeira canção que se resolve. É uma história com começo, meio e fim".

NO REPLY
Autoria: Lennon/ McCartney
Duração: 2' 17"
Lanç. no Reino Unido: álbum *Beatles For Sale*, 4 de dezembro de 1964
Lanç. nos EUA: álbum *Beatles '65*, 15 de dezembro de 1964

I DON'T WANT TO
SPOIL THE PARTY

Os Beatles visitaram rapidamente os EUA em fevereiro de 1964, tocaram em Washington D.C. e em Nova York para promover "I Want To Hold Your Hand" e fizeram apresentações ao vivo no programa de Ed Sullivan, direto de Nova York e de Miami. Foi só em agosto de 1964 que eles chegaram para a primeira turnê propriamente dita pelo país, uma longa viagem de um mês que os levou a vinte cidades americanas e a três no Canadá. Eles tocavam doze músicas por show e tinham quatro atrações de abertura americanas – The Bill Black Combo, The Exciters, Jackie De Shannon e The Righteous Brothers.

É provável que John tenha escrito "I Don't Want To Spoil The Party" em Los Angeles na noite de 24 de agosto de 1964. Das oito canções próprias do álbum, duas tinham sido compostas antes da turnê ("Baby's In Black" e "I'm A Loser") e duas foram escritas na Inglaterra, na volta ("Eight Days A Week" e "She's A Woman"). Sobram então quatro músicas que devem ter surgido durante a turnê. Paul disse a um entrevistador que tinha escrito duas canções enquanto estava no La Fayette Motor Inn, em Atlantic City. Com isso, sobram duas músicas que tiveram John como o compositor principal, e tudo leva a crer que elas sejam "No Reply" e "I Don't Want To Spoil The Party".

I DON'T WANT TO SPOIL THE PARTY
Autoria: Lennon/McCartney
Duração: 2' 36''
Lanç. do single nos EUA: 15 de fevereiro de 1965, como lado B de "Eight Days A Week"

Os Beatles tocaram no famoso programa de TV americano *Ed Sullivan Show* em fevereiro de 1964, antes de iniciarem uma longa turnê pelos EUA no mesmo ano.

O melhor indício de que "I Don't Want To Spoil The Party" foi escrita em Los Angeles é que diversas fontes relatam que John não saiu na noite de 24. Teria ficado no hotel para compor uma música. Também sabemos que, para fazê-lo, ele recusou um convite para uma festa na casa de Burt Lancaster, na qual estiveram George, Paul e Ringo. Faria sentido que John estivesse se sentindo um "estraga-prazer".

Os dois dias em Los Angeles foram especialmente estressantes para os Beatles. Eles chegaram no dia anterior às 3h55, vindos de Vancouver, e foram hospedados em uma mansão que pertencia ao ator britânico Reginald Owens. Fizeram uma coletiva de imprensa para mais de duzentos jornalistas e, à noite, tocaram no Hollywood Bowl. Depois houve uma festa na mansão, em que John ficou conversando com Joan Baez.

No dia seguinte, os Beatles tiveram de fazer média por uma hora em uma festa de caridade para a Haemophilia Foundation. Adultos só podiam participar se levassem uma criança. Era exatamente o tipo de evento que John detestava, porque tinha de fazer o papel de Beatle feliz.

Isso pode tê-lo deixado no humor certo para escrever uma música sobre a inabilidade de fingir que estava se divertindo. Vale lembrar que, ao discutir a música depois, John disse que ela era "profundamente pessoal".

I'LL FOLLOW THE SUN

O contraste entre as visões que John e Paul tinham sobre a vida e o amor não poderia ser maior. Enquanto John normalmente se via como vítima, Paul demonstrava ter controle total de sua vida. Em "If I Fell", John pedia uma promessa de que o amor duraria. Em "I'll Follow The Sun", Paul sustenta que essa garantia não é possível. Ele sabe que nuvens negras podem aparecer em seu relacionamento, então decide só seguir o sol. Mesmo sendo uma canção um tanto egoísta, por não levar em consideração como a garota abandonada pode encontrar sua própria luz do sol, era um reflexo exato da vida romântica de Paul.

Canção guardada "na gaveta", para ser usada quando surgisse pressão para que os Beatles criassem material novo, ela foi escrita em 1959. Foi pouco depois da morte de Buddy Holly, e havia uma onda de interesse por ele, que fez com que quatro singles do músico estourassem na Inglaterra. Em "I'll Follow The Sun", é fácil detectar o efeito disso no jovem Paul McCartney. Holly era uma influência significativa para os Beatles porque, ao contrário de Elvis, escrevia todas as suas canções e tinha uma banda de apoio permanente e identificável. John (que era míope) sentia-se estimulado pelo fato de um cantor que

---

I'LL FOLLOW THE SUN
Autoria: Lennon/McCartney
Duração: 1'51"
Lanç. no Reino Unido: álbum *Beatles For Sale*, 4 de dezembro de 1964
Lanç. nos EUA: álbum *Beatles '65*, 15 de dezembro de 1964

Paul mostra a Ed Sullivan alguns acordes básicos antes de os Beatles se apresentarem no programa dele.

usava óculos poder se tornar um astro do rock, e o nome dos Beatles foi inicialmente inspirado pelos Crickets, de Buddy.

Beatles For Sale incluía uma faixa de Chuck Berry ("Rock And Roll Music"), uma de Leiber e Stoller ("Kansas City"), uma de Little Richard ("Hey, Hey, Hey"), uma de Buddy Holly ("Words Of Love") e duas de Carl Perkins ("Honey Don't" e "Everybody's Trying To Be My Baby"), todas gravadas às pressas perto do fim das sessões. "Ainda existem uma ou duas de nossas primeiras músicas que valeria a pena gravar", Paul explicou à *Mersey Beat* na época. "De tempos em tempos lembramos de algumas das boas que escrevemos no começo, e uma delas, 'I'll Follow The Sun', está no LP." Nos anos 1970, a empresa de Paul, MPL Communications, comprou o catálogo de Buddy Holly e desde então é responsável por organizar a cada ano o Buddy Holly Day.

LIFE

THE BEATLES
They're here again
and what a ruckus!

AUGUST 28 · 1964 · 25¢

BABY'S IN BLACK

"Eles estão aqui de novo e que loucura!", proclamou a revista *Life* quando os Beatles começaram sua turnê americana em agosto de 1964.

BABY'S IN BLACK
Autoria: Lennon/McCartney
Duração: 2' 07"
Lanç. no Reino Unido: álbum *Beatles For Sale*, 4 de dezembro de 1964
Lanç. nos EUA: álbum *Beatles '65*, 15 de dezembro de 1964

Uma canção simples com uma história simples. Garoto ama garota, garota ama outro garoto, outro garoto não ama a garota. Garota está triste e, por isso, se veste de preto.

Por volta de 1964, Lennon e McCartney raramente sentavam juntos para escrever uma canção do começo ao fim, como antes. Mesmo que algumas músicas ainda fossem colaborações, isso àquela época significava que uma música inacabada recebia um refrão do outro parceiro ou que versos mal-acabados fossem trabalhados pelo colega. A escrita lado a lado dos tempos de Liverpool e dos primeiros tempos em Londres estava chegando ao fim. Paul explicou na época: "Seria besteira sentar e esperar que um parceiro terminasse uma canção com você. Se você por acaso estivesse sozinho, podia bem terminar por conta própria. Se eu empacar em uma parte de uma música nova desisto porque sei que quando encontrar John ele vai terminá-la para mim. Ele vai trazer um olhar novo, e aquela música em especial vai acabar meio a meio, Lennon e McCartney".

"Baby's In Black" foi realmente um esforço conjunto, o primeiro desde "I Want To Hold Your Hand", feita quase um ano antes. De acordo com Paul, era mais uma tentativa de fazer algo "um pouco mais soturno, blues...". Ela foi a primeira música a ser gravada para *Beatles For Sale*.

EVERY LITTLE THING

"Every Little Thing" foi escrita por Paul para Jane Asher e tinha muito da mesma temática de "Things We Said Today". Ela reflete os valores de uma era e conta a história de um rapaz de sorte, cuja namorada o ama tanto que faz tudo por ele.

É mais uma canção que não cairia tão bem nos tempos de hoje porque as necessidades da garota nem ao menos são consideradas, e presume-se que ela esteja satisfeita servindo seu homem. Ironicamente, foram as atitudes expressas nessa música que Jane Asher viria a desafiar mais tarde quando disse a Paul que precisava se dedicar mais à sua carreira de atriz. Para ela não bastava ser apenas a namorada de um dos pop stars mais desejados do mundo, ela queria deixar sua própria marca no universo das artes.

A música é tida como obra só de Paul, que criou a base dessa canção em seu quarto na residência dos Asher, mas John lembra de ter "acrescentado alguma coisa" também. Era uma tentativa de escrever um single, mas se tornou uma faixa de álbum.

Paul escreveu "Every Little Thing" para sua namorada, Jane Asher, quando morava na casa da família Asher, em Londres.

EVERY LITTLE THING
Autoria: Lennon/McCartney
Duração: 2' 04''
Lanç. no Reino Unido: álbum *Beatles For Sale*, 4 de dezembro de 1964
Lanç. nos EUA: álbum *Beatles '65*, 15 de dezembro de 1964

WHAT YOU'RE DOING

Apesar de "What You're Doing" contar uma história bastante convencional de um garoto que é enrolado por sua garota, a letra contém algumas rimas criativas em "doing" e "blue an", "running" e "fun in". A parte mais memorável do arranjo são os Beatles gritando a primeira palavra de cada verso, e Paul completando as frases. É, possivelmente, uma das duas músicas que Paul começou quando estava no La Fayette Motor Inn, em Atlantic City, em 31 de agosto de 1964.

Tim Riley, autor de um livro sobre os Beatles intitulado *Tell Me Why*, elogia a faixa por sua engenhosidade pop, dizendo que o acréscimo do piano à guitarra solo e o *fade-out* final sugerem um amor pelos detalhes que eles desenvolveriam de maneira mais plena depois: "Os Beatles faziam muitas alterações dentro dos estúdios nas texturas e no clima das músicas. A essa altura, essas mudanças se consolidam não mais como um truque, mas como um traço estilístico deles".

"What You're Doing" era outra canção escrita por Paul (com contribuições de John) especificamente para *Beatles For Sale*. A gravação é bastante esmerada, ela começou em setembro de 1964 e seguiu até o fim de outubro, quando a faixa já tinha sido completamente refeita. O veredicto de Paul foi que a gravação foi melhor do que a canção.

WHAT YOU'RE DOING
Autoria: Lennon/McCartney
Duração: 2' 34"
Lanç. no Reino Unido: álbum *Beatles For Sale*, 4 de dezembro de 1964
Lanç. nos EUA: álbum *Beatles VI*, 14 de junho de 1965

HELP!

O segundo longa-metragem dos Beatles foi filmado entre fevereiro e maio de 1965 em vários lugares, incluindo a ilha de New Providence, nas Bahamas, os Alpes austríacos, Cliveden House, em Londres, e os Twickenham Film Studios.

O roteiro original foi feito pelo americano Marc Behm, que queria que Ringo interpretasse um homem que assina a própria ordem de execução por engano e é perseguido por um maníaco homicida interpretado por Peter Sellers.

"Estávamos quase começando as filmagens quando descobri que Philip de Brocca estava filmando exatamente a mesma história (*Les tribulations d'un chinois en Chine*, com Jean-Paul Belmondo)", relata Behm. "Corri como um louco e, em praticamente um dia, escrevi outro roteiro, *The Indian Giver*. Foi para esse roteiro que Richard Lester pediu que Charles Wood fizesse uma 'versão inglesa', porque o considerava americano demais!"

Ringo ainda era o protagonista na nova versão, na qual herdava um anel mágico procurado pelos membros de um culto maligno. Mais uma vez, todas as músicas, com exceção da faixa-título, foram compostas sem conhecimento do roteiro e inseridas no filme nos momentos apropriados.

Dick Lester recebeu uma fita com as canções e escolheu as seis que achou que funcionariam melhor.

Mais tarde, os Beatles manifestaram sua insatisfação com *Help!* e reclamaram que não passavam de figurantes em seu próprio filme. No entanto, ele marcou o começo do seu período inquestionavelmente mais fértil de composição.

111

Os Beatles não ficaram satisfeitos com o filme *Help!*, de 1965, por terem se sentido "meros figurantes no próprio filme".

John escreveu a faixa-título do filme usando a palavra "help" (socorro), explorando a própria insegurança. Ela sempre foi uma de suas canções favoritas dos Beatles. "Yesterday", de Paul, usada no lado do disco não pertencente à trilha sonora, se tornou uma das canções mais regravadas do grupo e a primeira a ser considerada um clássico.

Depois de terem descoberto a maconha no ano anterior, os Beatles fumavam a droga regularmente, e John lembrou desse período como "o período da maconha", descrevendo como rolos de filme tinham de ser descartados porque tudo o que continham eram os Beatles em incontroláveis ataques de riso.

O álbum *Help!* foi lançado em agosto de 1965 e chegou ao topo das paradas na Inglaterra e nos EUA. Assim como *A Hard Day's Night*, a versão americana consistia apenas nas canções do filme mais algumas faixas de George Martin com uma orquestra.

YES IT IS

John uma vez comentou ter feito no passado canções de amor apenas para "o mercado". É difícil encontrar as canções às quais ele se referia. No entanto, "Yes It Is" era uma música da qual anos depois ele se envergonharia especialmente, zombando do verso "for red is the colour that will make me blue"[39]. John afirmava que ela nada mais era do que uma tentativa de reescrever "This Boy", uma vez que elas tinham os mesmos acordes, harmonia e "falatório sem sentido".

A letra era um alerta para que a garota não usasse vermelho, porque era a cor que a "baby" do cantor sempre usava. O veredicto de John foi que a canção "não funcionava".

Ela foi lançada como lado B de "Ticket To Ride" tanto na Inglaterra quanto nos EUA em abril de 1965.

Posando com um piano (e uma misteriosa "terceira perna" atrás de George) durante a filmagem de *Help!* nos Alpes suíços em 1965.

YES IT IS
Autoria: Lennon/McCartney
Duração: 2' 42"
Lanç. do single britânico: 9 de abril de 1965, como lado B de "Ticket To Ride"
Lanç. do single nos EUA: 19 de abril de 1965, como lado B de "Ticket To Ride"

I'M DOWN

Lado B do single "Help!", "I'm Down" é uma tentativa descarada de Paul de escrever uma canção à Little Richard para substituir "Long Tall Sally" no repertório dos Beatles. "Passamos muito tempo tentando escrever uma pérola – algo como 'Long Tall Sally'", Paul afirmou em outubro de 1964.

"É muito difícil. 'I Saw Her Standing There' foi o mais perto a que chegamos. Ainda estamos tentando compor algo ao estilo Little Richard. Eu compararia com uma pintura abstrata. As pessoas pensam em 'Long Tall Sally' e dizem que parece fácil de compor. Mas é a coisa mais difícil que já tentamos fazer. Escrever uma música de três acordes que seja inteligente não é fácil."

"She's A Woman", apesar de não ser agitada, era uma tentativa seme-lhante de fazer o gênero Little Richard, mas Paul sempre se sentiu em desvantagem cultural por não ter ouvido música gospel em seus anos de formação. Os coros da Igreja Anglicana e as bandas do Exército de Salvação não ofereciam o mesmo tipo de educação para a composição desse tipo de rock.

I'M DOWN

Autoria: Lennon/McCartney

Duração: 2'31"

Lanç. do single britânico: 23 de julho de 1965, como lado B de "Help!"

Lanç. do single nos EUA: 19 de julho de 1965, como lado B de "Help!"

Little Richard, que teve seu primeiro sucesso britânico com "Rip It Up", em 1956, conheceu os Beatles no Tower Ballroom, em New Brighton, no dia 12 de outubro de 1962, uma semana após o lançamento de "Love Me Do". Foi um grande momento para a banda, que tocava "Rip It Up", "Good Golly Miss Molly", "Tutti Frutti", "Lucille", entre diversas canções de Little Richard, em seus shows.

"Eu os conheci em Liverpool antes que o mundo ficasse sabendo. Paul, em especial, gostava da minha música e tocava algumas delas desde o colégio. Ele estava impressionado com os meus vocais e, quando eu estava no palco em Liverpool e depois em Hamburgo (no Star Club no mês seguinte), ele costumava ficar nas coxias para me ver cantar. Fiquei honrado que eles gostassem da minha música. Meu estilo é bem dinâmico. É cheio de alegria, cheio de diversão e de vida. Deixa você ligado, faz você se mexer. As pessoas sabem que se cantarem uma das minhas canções no palco, a casa pega fogo", Little Richard conta.

Convenientemente, os Beatles usavam "I'm Down" para fechar os shows durante as turnês de 1965 e 1966. A última canção que tocaram em um show no Candlestick Park, em San Francisco, no dia 29 de agosto de 1966, foi "Long Tall Sally", de Little Richard.

A banda na piscina do Nassau Beach Hotel quando filmava *Help!* nas Bahamas.

HELP!

Assim que seguiu carreira solo nos anos 1970, John muitas vezes se referiu a "Help!" como uma de suas canções prediletas dos Beatles. Ele dizia gostar dela por ser "real". Seu único arrependimento era que, por questões comerciais, eles a tivessem transformado de uma canção à moda Dylan para uma canção alegre dos Beatles.

"Help!" foi escrita com Paul na casa de John de Weybridge, Kenwood, em abril de 1965. A letra era uma reflexão franca sobre a insegurança de John. Ele estava comendo e bebendo muito, tinha engordado e se sentia encurralado pela fama. A canção, ele admitiu depois, realmente era um pedido de ajuda, apesar de ter sido escrita sob encomenda para o filme. "Eu precisava de ajuda. A música era sobre mim".

Colocar seus sentimentos no cerne de uma música era a consolidação da autoanálise que sempre estivera à espreita, mesmo em suas canções que pareciam inocentes. A única diferença era que ele agora admitia que a fama, a riqueza e o sucesso tinham aumentado sua ansiedade, em vez de diminuí-la.

No auge do estrelato pop, John começava a olhar com nostalgia para o que tinha passado a ver como dias mais simples na Menlove Avenue. A idealização de sua infância é um tema que apareceria mais e mais em suas composições.

Maureen Cleave, a jornalista de Londres que ajudou na letra de "A Hard Day's Night", achava que John deveria começar a usar palavras com mais de uma sílaba. "Help!" foi a primeira tentativa séria de fazer isso, e ele conseguiu fazer "self-assured", "appreciate", "independence" e "insecure"[40] caberem na música.

115

No filme *Help!*, também dirigido por Dick Lester, a música foi usada na sequência inicial, na qual cenas em preto e branco dos Beatles foram projetadas em uma tela montada em um templo.

HELP!

Autoria: Lennon/McCartney

Duração: 2' 21''

Lanç. do single britânico: 23 de julho de 1965

Posição na parada britânica: 1

Lanç. do single nos EUA: 19 de julho de 1965

Posição na parada americana: 1

THE NIGHT BEFORE

Assim como em *A Hard Day's Night*, as canções usadas em *Help!* nada tinham a ver com o roteiro. "Acho que todas as músicas em *Help!* foram escritas antes mesmo que o roteiro estivesse finalizado", confirma Dick Lester. "Recebi uma fita demo com cerca de onze músicas e escolhi seis de modo bem arbitrário, pensando que com elas eu podia fazer alguma coisa. Foi fortuito assim, e eu encaixei as músicas quase aleatoriamente em diferentes passagens do filme."

Composta como uma música de arrependimento por um amor perdido, Paul foi filmado cantando "The Night Before" cercado por tropas e tanques no Salisbury Plain. A faixa foi gravada em fevereiro de 1965 e filmada três meses depois.

THE NIGHT BEFORE
Autoria: Lennon/McCartney
Duração: 2' 36''
Lanç. no Reino Unido: álbum *Help!*, 6 de agosto de 1965
Lanç. nos EUA: álbum *Help!*, 13 de agosto de 1965

YOU'VE GOT TO HIDE YOUR LOVE AWAY

A influência de Bob Dylan – o álbum acústico *Another Side Of Bob Dylan* era o mais recente – levou John na direção de um estilo de composição mais intenso e pessoal. Ele começou a escrever canções em que seu estado de espírito fosse o ponto de partida imediato. Nos primeiros versos de "You've Got To Hide Your Love Away", a imagem de John diante de uma parede com a cabeça entre as mãos provavelmente era uma descrição perfeita de como ele se sentia quando estava escrevendo.

A canção é sobre um relacionamento que deu errado e os sentimentos ocultos de John pela garota perdida. Tony Bramwell sugere que foi escrita para Brian Epstein, um alerta para que mantivesse suas relações homossexuais (que, na época, eram ilegais na Inglaterra) longe dos olhos do público. Também havia o rumor de que se referia a um caso secreto que John estava tendo.

Escrita por John em Kenwood, foi usada no filme durante a cena em que a atriz britânica Eleanor Bron visita o grupo para recuperar o anel perdido.

O amigo de infância de John, Pete Shotton, estava com ele em Kenwood e lembra que na versão original ele cantava que se sentia "two foot tall". Só que, quando John mostrou a música a Paul, cantou por engano "two foot small",[41] que Paul preferiu, então a frase foi mantida. Shotton foi à gravação em 18 de fevereiro de 1965 e acrescentou alguns "heys" aos refrões.

YOU'VE GOT TO HIDE YOUR LOVE AWAY
Autoria: Lennon/McCartney
Duração: 2' 11"
Lanç. no Reino Unido: álbum *Help!*, 6 de agosto de 1965
Lanç. nos EUA: álbum *Help!*, 13 de agosto de 1965

I NEED YOU

I NEED YOU
Autoria: Harrison
Duração: 2'31"
Lanç. no Reino Unido: álbum *Help!*, 6 de agosto de 1965
Lanç. nos EUA: álbum *Help!*, 13 de agosto de 1965

Escrita de acordo com o receituário de como escrever canções de amor, "I Need You" é uma homenagem de George para sua namorada Pattie Boyd. A música é uma de suas duas composições para os Beatles não mencionadas em seu livro de 1980 *I Me Mine* (a outra é "You Like Me Too Much").

Foi a única canção de George a aparecer no filme *Help!* (na sequência no Salisbury Plain) e a primeira a usar um pedal *wah-wah* para distorcer o som da guitarra. Alguns livros sobre os Beatles afirmam que George a escreveu nas Bahamas enquanto estava separado de Pattie, mas isso não pode ser verdade, uma vez que as gravações começaram em 15 de fevereiro de 1965, e essas cenas nas Bahamas só foram feitas na semana seguinte.

"I Need You", que George escreveu para Pattie Boyd, é uma das canções menos ilustres do cânone dos Beatles.

ANOTHER GIRL

"Another Girl" foi escrita por Paul durante seus dez dias de férias na Tunísia e usada na cena filmada em Balmoral, nas Bahamas.

Nessa música, Paul fala sobre estar sendo pressionado a se comprometer com sua namorada, mas ele não vai fazê-lo, especialmente porque já está com outra garota. Isso pode ser uma referência ao fato de que, apesar de ainda estar firmemente associado a Jane Asher, publicamente ele também estava saindo com outras mulheres.

Ao conversar com Barry Miles para sua biografia autorizada, *Many Years From Now*, Paul equivocadamente identificou a casa onde escreveu a canção, na Tunísia, como propriedade da embaixada britânica. Na verdade, trata-se de uma casa de praia construída no recanto litorâneo de Hammanet nos anos 1920 por George Sebastian. A construção de estilo mouro foi descrita posteriormente pelo grande arquiteto americano Frank Lloyd Wright como "a casa mais bonita que eu já vi". Ela foi visitada pelo rei Eduardo VII da Inglaterra e por escritores como Ernest Hemingway e F. Scott Fitzgerald. Durante a guerra, foi requisitada pelo general Erwin Rommel, e depois Churchill também passou por lá. Ela foi dada ao Estado tunisiano em 1959, e em 1964 um anfiteatro foi adicionado ao terreno. Paul escreveu a canção no enorme banho turco cercado por colunatas. A casa hoje é o Centro de Cultura Internacional de Hammanet.

John disse certa vez que as canções dos Beatles eram como assinaturas. Mesmo que não estivessem tentando revelar nada, exporiam suas atitudes mais profundas. "Ficava sempre aparente, se você olhasse além da superfície, o que estava sendo dito. Ressentimento, amor ou ódio são aparentes em toda nossa obra."

"Another Girl" foi gravada no dia seguinte ao retorno de Paul de suas férias.

ANOTHER GIRL
Autoria: Lennon/McCartney
Duração: 2'08''
Lanç. no Reino Unido: álbum *Help!*, 6 de agosto de 1965
Lanç. nos EUA: álbum *Help!*, 13 de agosto de 1965

YOU'RE GOING TO LOSE THAT GIRL

YOU'RE GOING TO LOSE THAT GIRL
Autoria: Lennon/McCartney
Duração: 2' 20''
Lanç. no Reino Unido: álbum *Help!*, 6 de agosto de 1965
Lanç. nos EUA: álbum *Help!*, 13 de agosto de 1965

Os Beatles cantaram "You're Going To Lose That Girl" em uma cena de *Help!* que se passa no estúdio de gravação e foi feita nos Twickenham Film Studios. A canção é interrompida quando a gangue que está perseguindo Ringo faz um buraco em volta da bateria a partir do teto da sala abaixo.

Escrita majoritariamente por John, mas concluída por Paul, é um alerta para um homem não identificado de que se não começar a tratar a namorada direito, John o fará. Ele desenvolve, assim, o tema esboçado pela primeira vez em "She Loves You".

12

Apesar da utilização cômica em *Help!*, "That Girl" deu continuidade ao tema da ameaça, explorado pela primeira vez em "She Loves You".

TICKET TO RIDE

"Ticket To Ride" foi escrita por John e Paul como um single e descrita por John como "uma das primeiras gravações de heavy metal já feitas". Embora suas asas tenham sido cortadas por "You Really Got Me", do Kinks, na disputa, foi a primeira faixa dos Beatles a ter um riff insistente e alongado sustentado por uma forte bateria e a trazer um *fade-out* com uma melodia alterada.

Usada em *Help!* durante as cenas na neve austríaca, ela foi lançada como single em abril de 1965 e já tinha chegado ao topo das paradas na Inglaterra e nos EUA quando o filme saiu. Paul confessou ao seu biógrafo Barry Miles que, embora houvesse sido considerada absurda na época, a sugestão de alguns fãs americanos de que a canção se referia a uma passagem da British Railways para a cidade de Ryde, na Ilha de Wight, estava parcialmente correta. Betty Robbins, prima de Paul, e o marido dela, Mike, gerenciavam o Bow Bars na Union Street, Ryde, e Paul e John os tinham visitado lá. Apesar de a música ser essencialmente sobre uma garota que some da vida do narrador, eles estavam conscientes do potencial para o duplo sentido.

Don Short, jornalista que tinha viajado extensivamente com os Beatles nos anos 1960, ouviu de John que a expressão tinha mais um sentido. "As garotas que trabalhavam nas ruas de Hamburgo precisavam ter uma ficha médica limpa para que as autoridades de saúde dessem a elas um cartão declarando que não tinham nenhuma doença venérea", conta Short. "Eu estava com os Beatles quando eles voltaram a Hamburgo em junho de 1966. Foi lá que John me contou que havia cunhado a expressão 'a ticket to ride' para falar desses cartões. Ele podia estar bricando – era sempre preciso ter cuidado com o que dizia John –, mas me contou isso."

Ringo, com suas ferramentas de trabalho, olha pela janela de um vagão durante gravação do filme promocional de "Ticket To Ride".

TICKET TO RIDE
Autoria: Lennon/ McCartney
Duração: 3'12''
Lanç. do single britânico: 9 de abril de 1965
Posição na parada britânica: 1
Lanç. nos EUA: 19 de abril de 1965
Posição na parada americana: 1

TELL ME WHAT YOU SEE

"Tell Me What You See" era outro "exercício" de Paul. Ele pede que a garota se entregue a ele porque é extremamente confiável e vai trazer luz à vida dela. Caso não acredite, ele sugere que ela olhe em seus olhos e diga o que vê.

A faixa foi gravada antes da filmagem de Help! e oferecida a Dick Lester como trilha sonora, mas ele a rejeitou. Obviamente, não ficou muito animado com o que ouviu. Em seu livro sobre a música dos Beatles, Tim Riley aponta que se trata de uma das canções mais fracas do álbum e sugere que ela acabou sendo um esboço de "I'm Looking Through You", uma faixa muito melhor.

TELL ME WHAT YOU SEE
Autoria: Lennon/McCartney
Duração: 2' 39"
Lanç. no Reino Unido: álbum *Help!*, 6 de agosto de 1965
Lanç. nos EUA: álbum *Beatles VI*, 14 de junho de 1965

YOU LIKE
ME TOO MUCH

"You Like Me Too Much" foi escrita e gravada por George para a trilha sonora antes que as filmagens de *Help!* começassem. Acabou sendo relegada ao lado B do álbum.

George optou por não comentar "You Like Me Too Much" em seu abrangente relato de composições incluído na biografia *I Me Mine*, provavelmente porque não havia muito a dizer. Uma história de amor padrão, a canção descreve como, depois de levar um fora, o amante acredita que tudo vai ficar bem no final, uma vez que a garota só fugiu porque o ama demais. Se tivesse sido escrita por John, não há dúvidas de que ele a teria descartado.

YOU LIKE ME
TOO MUCH
Autoria: Harrison
Duração: 2' 38''
**Lanç. no Reino
Unido:** álbum *Help!*,
6 de agosto de
1965
Lanç. nos EUA:
álbum *Beatles VI*, 14
de junho de 1965

"You Like Me Too Much", de George, era uma das faixas menores da trilha sonora de *Help!*.

IT'S ONLY LOVE

Como John compôs "It's Only Love" como uma faixa animada, cheia das rimas e imagens clichê, não surpreende que as pessoas achem que a música não condiz em nada com sua personalidade. A letra descreve como sua garota "ilumina sua noite" e, ainda assim, o deixa nervoso. O problema do narrador é, simplesmente, estar apaixonado.

É uma das poucas músicas dos Beatles que John realmente detestava. "Sempre tive vergonha dela por causa da letra abominável", ele admitiu em 1969. Todas as músicas de que John se arrepende ter escrito foram condenadas não pela melodia, mas por causa das letras, que lhe pareciam não expressar nenhum sentimento real.

Nesse caso, as deficiências da canção podem ter sido resultado da pressão de criar as músicas necessárias para o lado B do disco. George Martin e sua orquestra gravaram a composição como uma música instrumental usando o título provisório original de John, "That's A Nice Hat".

IT'S ONLY LOVE
Autoria: Lennon/McCartney
Duração: 1'58"
Lanç. no Reino Unido: álbum *Help!*, 6 de agosto de 1965
Lanç. nos EUA: álbum *Rubber Soul*, 6 de dezembro de 1965

I'VE JUST SEEN A FACE

"I've Just Seen A Face" era uma música que Paul tocava ao piano havia algum tempo. Ele a tocava nas reuniões familiares em Liverpool, e sua tia Gin gostava tanto dela que a canção foi apelidada "Auntie Gin's Theme". A George Martin Orchestra gravou-a em versão instrumental com esse título.

A tia Gin era a irmã mais nova do pai de Paul, Jim, e foi mencionada com mais destaque em "Let 'Em In", gravada por Wings, a banda pós-Beatles de Paul.

I'VE JUST SEEN A FACE
Autoria: Lennon/ McCartney
Duração: 2'07"
Lanç. no Reino Unido: álbum *Help!*, 6 de agosto de 1965
Lanç. nos EUA: álbum *Rubber Soul*, 6 de dezembro de 1965

De efeito revigorante para a tia Gin, de Paul, "I've Just Seen A Face" era um hit nas festas da família McCartney.

YESTERDAY

Paul acordou uma manhã em seu quarto no último andar na casa dos Asher, em Wimpole Street, com a música de "Yesterday" na cabeça. Havia um piano perto da cama, ele foi direto para lá e começou a tocar. "Estava tudo lá", conta. "Ela veio completa. Eu não conseguia acreditar."

Mesmo não tendo a letra naquele momento, Paul estava preocupado que a música em si tivesse sido inconscientemente plagiada, e o que parecia ser um arroubo de inspiração pudesse ser apenas a memória de uma melodia. "Por cerca de um mês fui atrás das pessoas no mercado musical e perguntei se já tinham ouvido a música antes", ele conta. "Acabou sendo como entregar algo à polícia. Achei que se ninguém desse falta em algumas semanas eu poderia ficar com ela."

Então ele criou o título provisório "Scrambled Eggs" e começou a cantar "Scrambled eggs, Oh you've got such lovely legs"[42] só para sentir o vocal. Era uma prática comum e às vezes fazia surgir versos interessantes, que eram mantidos na versão final.

"Estávamos filmando *Help!* em estúdio havia quatro semanas", relembra Dick Lester. "Por algum tempo havia um piano em um dos palcos, e ele ficava tocando 'Scrambled Eggs' o tempo todo. Chegou ao ponto em que falei: 'Se você tocar essa maldita música mais um pouco, vou mandar tirar o piano. Ou você termina, ou desiste'."

Paul deve ter concebido a música no começo de 1965, mas foi só em junho, quando tirou férias curtas em Portugal, na casa de verão do guitarrista do Shadows Bruce Welch, que completou a letra. Então ele flertou com a ideia de usar um título de uma palavra só – "Yesterday".

"Eu estava fazendo as malas para ir embora quando Paul perguntou se eu tinha um violão", conta Welch. "Ele estava trabalhando na letra

YESTERDAY
Autoria: Lennon/McCartney
Duração: 2' 07''
Lanç. no Reino Unido: álbum *Help!*, 6 de agosto de 1965
Lanç. do single nos EUA: 13 de setembro de 1966
Posição na parada americana: 1

enquanto ia de carro do aeroporto de Lisboa para Albufeira. Pegou meu violão emprestado e começou a tocar a música que hoje conhecemos como 'Yesterday'."

Dois dias depois de voltar de Portugal, Paul gravou a música em Abbey Road. Ela surpreendeu os fãs do pop na época porque trazia um quarteto de cordas, e Paul era o único Beatle na gravação. Nos EUA, tornou-se um single e chegou ao número 1, mas na Inglaterra ela nunca foi lançada nem como lado A nem B durante toda a carreira do grupo.

"Yesterday" rapidamente se tornou um clássico do pop e foi regravada por todo mundo, de Frank Sinatra a Marianne Faithfull. Hoje em dia, cerca de 30 anos depois, ainda é uma das faixas mais tocadas nas rádios americanas.

Apesar de John afirmar que não gostaria de ter sido o autor dela, ele admitiu que era uma "bela" música com uma "boa" letra, mas achava que a letra não era bem resolvida.

Outros acreditam que a força está nessa característica vaga. Tudo o que o ouvinte precisa saber é que alguém quer voltar no tempo, para uma época antes de um evento trágico. A aplicabilidade é universal.

Especulou-se que no caso de Paul a tragédia tivesse sido a morte de sua mãe e o arrependimento da sua incapacidade de expressar sua dor na época.

Iris Caldwell recorda um incidente interessante relacionado à música. Ela terminou com Paul em março de 1963 depois de uma discussão boba sobre os cachorros dela (Paul não era louco por cães na época) e, quando ele ligou mais tarde para Iris, a mãe dela disse que a filha não queria falar com Paul porque ele não tinha sentimentos.

Dois anos e meio depois, no dia 1 de agosto de 1965, um domingo, Paul ia tocar "Yesterday" em *Blackpool Night Out*, um programa ao vivo de televisão. Durante a semana, ele ligou para a sra. Caldwell e

"Vocês vieram de longe? E o que vocês fazem?" Os Beatles encontram a Princesa Margaret na estreia londrina de *Help!*, em julho de 1965.

disse: "Lembra que você disse que eu não tinha sentimentos? Assista à televisão domingo e me diga se isso é verdade".

Em julho de 2003, o escritor de Liverpool Spencer Leigh fez a descoberta de que havia semelhanças entre "Yesterday" e "Answer Me", de Nat King Cole (1953) tanto na melodia quanto na letra. A música de Cole contém até mesmo os versos "yesterday I believed that love was here to stay / Won't you tell me that I've gone astray?".[43] Quando a notícia chegou ao escritório de Paul, a resposta foi que as músicas eram tão parecidas quanto "Get Back" e "God Save The Queen".

RUBBER SOUL

Ainda que houvesse pistas de mudanças em trabalhos anteriores, *Rubber Soul* representa um momento de transições mais representativas. John depois o chamaria de o fim da fase "inocente e tribal" dos Beatles.

Apesar de a capa ter uma fotografia deliberadamente distorcida dos Beatles, sugerindo as mudanças de percepção associadas ao LSD e à maconha, não se tratava de um álbum psicodélico. Musicalmente, no entanto, era uma exploração de novos sons e de novos temas, com Paul pela primeira vez tocando o *fuzz bass* e George dedilhando sua cítara.

Quando o produtor George Martin tocou o solo de piano em velocidade acelerada para criar um som barroco, foi a primeira vez que eles manipularam as gravações para criar um efeito.

Há um tom brincalhão em *Rubber Soul* que começa no jogo de palavras do título até os "beep beeps" e "tit tits" dos backing vocals. Na época, Paul disse explicitamente que os Beatles estavam interessados em canções bem-humoradas, e tanto "Drive My Car", com sua inversão de papéis, e "Norwegian Wood", com sua cena de sedução inocente, se encaixavam nessa categoria.

Para um grupo que só havia cantado sobre o amor, "Nowhere Man", uma canção sobre a falta de fé, era uma ruptura: outras músicas, como "The Word" e "In My Life", apenas tangenciavam o tema das relações amorosas.

Essas canções de amor evidenciavam uma nova maturidade. "We Can Work It Out", de Paul, fruto de seu relacionamento conturbado com Jane Asher, estava muito longe do simples desejo manifestado em "She Loves You" ou "I Want To Hold Your Hand". "The Word", de John, apontava na direção do amor universal, que mais tarde seria a

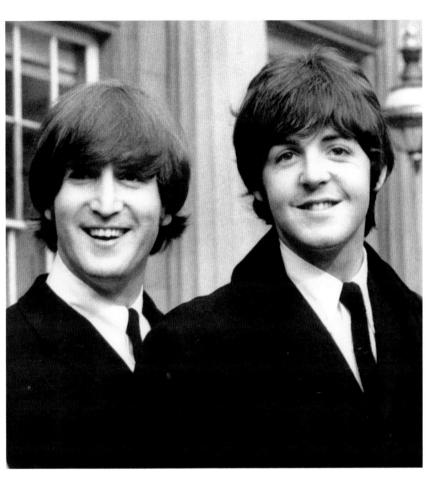

Apesar de *Rubber Soul* revelar a banda em um momento mais experimental, John e Paul estavam interessados em "canções bem-humoradas".

base para canções como "Within You Without You" e "All You Need Is Love".

Gravado ao longo de quatro semanas, no outono de 1965, *Rubber Soul* foi lançado em dezembro e chegou ao topo das paradas na Inglaterra e nos EUA. Quatro das faixas britânicas foram deixadas de fora no álbum americano e foram substituídas por duas faixas de *Help!*

DAY TRIPPER

"Day Tripper" foi escrita sob pressão quando os Beatles precisavam de um novo single para o Natal. John escreveu a maior parte da letra e a base do solo de guitarra e criou um riff que depois ele veio a admitir ser derivado de "I Feel Fine". Paul ajudou com os versos, e seu riff de baixo devia algo ao riff de baixo de "Oh Pretty Woman", de Roy Orbison (1964).

No verão de 1965, John e George foram apresentados ao LSD por um dentista londrino que derramou um pouco de alucinógeno no café deles após um jantar. Em agosto, quando estavam nos EUA, "viajaram" por livre e espontânea vontade e, a partir de então, John confessou que "tomava LSD o tempo todo". "Day Tripper" era um típico jogo de palavras de John, que queria refletir sobre a influência da crescente cultura das drogas. Era uma maneira de se comunicar com aqueles que, ao contrário dele mesmo, não podiam se dar ao luxo de ficar quase constantemente entorpecidos. "É só um rock", comentou John. "Quem viaja de dia são pessoas que fazem uma viagem diurna, não é? Geralmente de balsa ou algo assim. Mas (a canção) era um pouco… 'você é só um hippie de fim de semana'. Entendeu?"

A música é sobre uma garota que engana o narrador. A descrição oblíqua da garota como uma "big teaser"[44] era uma sabida referência ao termo "prick teaser",[45] expressão usada pelos ingleses para se referir a mulheres que davam em cima dos homens sem a intenção de fazer sexo.

"Day Tripper" foi lançada tanto na Inglaterra quanto nos EUA como single lado A duplo com "We Can Work It Out". Foi a música mais popular na Inglaterra e chegou ao primeiro lugar das paradas, mas nos EUA seu auge foi a quinta colocação. Os Beatles declararam posteriormente que "We Can Work It Out" era a opção inicial deles para lado A.

DAY TRIPPER
Autoria: Lennon/ McCartney
Duração: 2' 49''
Lanç. do single britânico: 3 de dezembro de 1965, como lado A duplo com "We Can Work It Out"
Posição na parada britânica: 1
Lanç. do single nos EUA: 6 de dezembro de 1965, como lado A duplo com "We Can Work It Out"
Posição na parada americana: 5

WE CAN WORK IT OUT

Apesar das referências às drogas, "Day Tripper" (à esq.) buscava o mercado de Natal.

**WE CAN
WORK IT OUT**
Autoria: Lennon/
McCartney
Duração: 2' 15''
**Lanç. do sinlge
britânico:** 3 de
dezembro de 1965,
como lado A duplo
com "Day Tripper"
**Posição na parada
britânica:** 1
**Lanç. do single nos
EUA:** 6 de
dezembro de 1965,
como lado A duplo
com "Day Tripper"
**Posição na parada
americana:** 1

Em outubro de 1965, enquanto os Beatles gravavam *Rubber Soul*, Jane Asher decidiu entrar para a Bristol Old Vic Company, o que significava uma mudança de Londres para o oeste da Inglaterra. A partida dela entristeceu Paul e causou a primeira grande crise na relação do casal. Como suas canções sugeriam, a noção de Paul de uma boa mulher na época era a de alguém que conseguia ficar feliz simplesmente por estar ao lado dele. O ponto de vista de Jane era incomum para a época. Ela não estava satisfeita em ser a namorada de uma estrela do rock. Era uma mulher de boa educação, com ideias próprias, e queria, acima de tudo, estabelecer-se profissionalmente.

Em "We Can Work It Out", Paul não tenta entrar no mérito da questão, ele simplesmente pede que sua garota veja as coisas pelo lado dele, porque acredita que está certo; e ela, errada. Era típico de Paul, diante do que poderia ser o fim de um relacionamento. Ele não se recolhia para o seu quarto chorando, emergia com uma mensagem positiva "we can work it out".[46] O *bridge* levemente melancólico foi acréscimo de John.

A música foi composta na casa de Paul em Heswall, Cheshire. O som de órgão foi acrescentado em estúdio como uma decisão posterior, e George Harrison sugeriu então mudar o *bridge* para o tempo de valsa.

13

DRIVE MY CAR

Uma primeira audição de "Drive My Car" pode sugerir que os Beatles estão dizendo a alguma garota que dirija o carro deles, mas um olhar mais atento na letra revela que estão pedindo ao narrador masculino que dirija. Ele está tentando assediar alguém, usando a velha frase "Well, what do you want to be?" – sugerindo favores sexuais em troca de promessas de um avanço profissional.

A mulher diz a ele que quer ser uma estrela de cinema – mas inverte os papéis afirmando que pode (apenas pode) vir a concordar em dar a ele um pouco de amor, caso concorde em ser o motorista dela. Por volta da segunda estrofe, é o homem que está advogando em causa própria, argumentando que "prospects are good".[47]

Paul se lembra dessa música como a única em que empacou, e a história foi resolvida na última hora com a ajuda de John. Quando ele chegou a Abbey Road em 20 de outubro de 1965 para gravar a música, o refrão era "I can give you golden rings, I can give you anything, Baby I love you".[48] John disse que estava uma "porcaria", e então os dois se juntaram para criar uma alternativa e inventaram "Baby, you can drive my car",[49] uma imagem mais dura e sexualizada que, por

---

DRIVE MY CAR
Autoria: Lennon/McCartney
Duração: 2' 30''
Lanç. no Reino Unido: álbum *Rubber Soul*, 3 de dezembro de 1965
Lanç. nos EUA: álbum *Yesterday And Today*, 20 de junho de 1966

135

"Escrevemos algumas músicas engraçadas – canções com piadas", Paul declarou pouco depois de a banda terminar a gravação de "Drive My Car".

sua vez, fez surgir o vocal ao fundo "Beep beep beep beep yeah". Era, obviamente, uma referência jocosa ao "yeah, yeah, yeah" que tinha se tornado sua marca registrada, mas também pode ter sido um aceno para "Beep Beep", de The Playmates (1958), um item fixo na programação de rádio para crianças da BBC quando os Beatles começaram.

John sempre concordou que era uma canção de Paul com uma arrematada de última hora, e Paul afirmou: "A ideia da garota ser uma vagabunda era a mesma, mas (a mudança) melhorou o verso principal". Dois dias depois de gravar "Drive My Car", Paul declarou a uma revista de música: "Escrevemos algumas canções engraçadas – canções com piadas. Achamos que músicas cômicas serão a próxima moda depois das músicas de protesto".

A linha de baixo foi feita a partir da que Donald "Duck" Dunn tocou com Otis Redding em "Respect", lançada um mês antes de "Drive My Car" ser gravada.

NORWEGIAN WOOD

Apesar de John ser famoso como o Beatle casado, o casamento não era feliz. E ele não era fiel. John se aproveitava das *groupies*, chegou a ser fotografado em um prostíbulo holandês e confessou a Cynthia em 1968 que teve casos extraconjugais. "Norwegian Wood" era sobre um desses envolvimentos. A canção descreve em detalhes uma cena de sedução em que, mais uma vez, a mulher parece estar no controle.

A letra começa se gabando de uma garota que John "teve", mas ele rapidamente se corrige dizendo que era ela que o "tinha". Ela o leva para o seu apartamento e pede que ele admire seus móveis, feitos de madeira norueguesa barata. Depois de beber e conversar até as duas da manhã, ela diz que é hora de ir para a cama. Na canção, ele pede licença e vai passar a noite no banheiro, mas na vida real a história obviamente teve um final diferente, porque ele diz que a canção era escrita sobre um ato de infidelidade, "sem que minha esposa soubesse, eu estava escrevendo sobre um caso". Pete Shotton, amigo de John, afirmou que era sobre uma jornalista de quem John era próximo.

John começou "Norwegian Wood" em fevereiro de 1965 em St. Moritz, Suíça, com George Martin e Judy, futura esposa de George, mas lá só criou a melodia básica e os dois versos iniciais. Depois, pediu ajuda a Paul, que sugeriu que ele desenvolvesse uma história sobre uma garota que engana um homem, que acaba ateando fogo ao apartamento dela como vingança. Shotton achava que podia ser uma referência ao hábito de John de queimar móveis na lareira em Gambier Terrace, Liverpool, quando não tinha dinheiro para comprar carvão. Enquanto esteve lá, John às vezes pedia que os hóspedes dormissem na banheira, e a lembrança pode ter dado origem a essa parte de "Norwegian Wood".

NORWEGIAN WOOD
Autoria: Lennon/McCartney
Duração: 2'05"
Lanç. no Reino Unido: álbum *Rubber Soul*, 3 de dezembro de 1965
Lanç. nos EUA: álbum *Rubber Soul*, 6 de dezembro de 1965

Paul via a canção como uma fantasia completa. A madeira do título tinha sido sugerida pela decoração do quarto de Peter Asher na Wimpole Street.

A faixa se destacou em *Rubber Soul* pelo uso da cítara – era a primeira vez que o instrumento indiano era usado em um disco pop. George Harrison tinha ficado fascinado com a cítara depois de deparar com uma durante as filmagens de *Help!* nas Bahamas e mais tarde iria estudar com o mestre indiano Ravi Shankar.

John, Cynthia e Julian Lennon posam para uma foto engraçada ao estilo Goons.

YOU WON'T SEE ME

"You Won't See Me" era outra canção escrita por Paul durante a crise em seu relacionamento com Jane Asher. A essa altura, ele estava sofrendo uma série de rejeições de parte dela. Essa situação o levou a grandes mudanças na sua forma de compor, já que ele se via em uma posição vulnerável. Paul nunca tinha olhado para a vida por essa perspectiva. Ao longo de *Beatles For Sale* e *Help!*, ele sonhara com situações para suas canções de amor, mas agora, talvez pela primeira vez, ele estava escrevendo com o coração.

Ela foi escrita como uma progressão de duas notas, e Paul tinha a Motown em mente, especialmente o baixo melódico de James Jamerson, lendário músico de gravação. Ian MacDonald sugere em *Revolution In The Head* que o modelo específico que Paul tinha em mente pode ter sido "It's The Same Old Song", do The Four Tops.

"You Won't See Me" foi gravada durante a última sessão de *Rubber Soul*, e a essa altura Jane estava atuando na peça *Great Expectations* no Theatre Royal, em Bristol.

Conforme o relacionamento com Jane Asher se deteriorava, as canções de Paul para ela se tornavam cada vez mais cheias de dor e vulnerabilidade.

YOU WON'T SEE ME
Autoria: Lennon/McCartney
Duração: 3' 22''
Lanç. no Reino Unido: álbum *Rubber Soul*, 3 de dezembro de 1965
Lanç. nos EUA: álbum *Rubber Soul*, 6 de dezembro de 1965

NOWHERE MAN

Gravada em 21 e 22 de outubro, "Nowhere Man" pode ser considerada a primeira canção dos Beatles que não é sobre o amor. Ela marca o começo das reflexões mais abertamente filosóficas de John.

Sempre se presumiu que "Nowhere Man" fosse sobre uma pessoa específica (em seu livro sobre os bastidores de Hollywood, *You'll Never Eat Lunch In This Town Again*, Julia Phillips especula que tenha sido escrita sobre um empreendedor chamado Michael Brown) ou sobre um membro arquetípico da sociedade conservadora.

John afirmou ser ele mesmo o "homem de lugar nenhum" em questão. Disse que o desespero o havia levado a essa música depois de escrever sem parar por mais de cinco horas e sentir que não conseguiria completar mais uma música para o disco. "Na verdade, eu tinha parado de tentar pensar em alguma coisa", contou ao biógrafo dos Beatles Hunter Davies. "Nada vinha. Eu estava irritado e fui tirar um cochilo, depois de desistir. Então pensei em mim mesmo como o Homem de Lugar Nenhum – sentado na terra de ninguém."

Assim como "Help!", a música trabalhava a falta de autoestima de John e possivelmente também o fato de ele se sentir preso em seu casamento.

NOWHERE MAN
Autoria: Lennon/ McCartney
Duração: 2' 44''
Lanç. no Reino Unido: álbum *Rubber Soul*, 3 de dezembro de 1965
Lanç. do single nos EUA: 21 de fevereiro de 1966
Posição na parada americana: 3

THINK FOR YOURSELF

"Think For Yourself", escrita por George Harrison, é uma canção sobre as mentiras. Gravada apenas alguns meses antes de seu noivado com Pattie Boyd, ela presumivelmente não era sobre sua futura esposa. "Pelo jeito, devia ser sobre 'alguém'", ele escreveu em seu livro I Me Mine. "Mas tanto tempo depois eu já não lembro quem inspirou essa música. Provavelmente foi o governo."

THINK FOR YOURSELF
Autoria: Harrison
Duração: 2' 19"
Lanç. no Reino Unido: álbum Rubber Soul, 3 de dezembro de 1965
Lanç. nos EUA: álbum Rubber Soul, 6 de dezembro de 1965

George e Pattie Boyd no dia em que se casaram, 21 de janeiro de 1966.

THE WORD

THE WORD
Autoria: Lennon/
McCartney
Duração: 2' 43''
Lanç. no Reino
Unido: álbum
Rubber Soul, 3 de
dezembro de
1965
Lanç. nos EUA:
álbum *Rubber Soul*,
6 de dezembro
de 1965

Gravada dois anos depois de "She Loves You" e dois anos antes de "All You Need Is Love", "The Word" marca a transição do amor garoto-encontra-garota da *beatlemania* para o amor paz-e-harmonia da era hippie.

Interpretada na época apenas como mais uma canção de amor dos Beatles, ela na verdade estava cheia de pistas que indicavam uma composição de outro tipo. O amor cantado por John era aquele que oferecia "liberdade", "luz" e até "o caminho". "The Word" poderia ser até uma alusão à "palavra" em termos evangélicos (de "pregar a palavra").

Em seu estudo clássico, *The Varieties Of Psychedelic Experience*, Robert Masters e Jean Houston descobriram que o LSD não só produzia experiências de natureza religiosa, mas também dava às pessoas a ideia de que "um amor universal ou fraternal é possível e constitui a melhor chance do homem, se não a única". É por essa razão que "o amor" se tornou uma palavra tão na moda dentro da cultura das drogas da segunda metade da década de 1960, e John tinha sido um dos primeiros compositores a captar essa tendência. Mais tarde, ele se lembrou da música como uma das primeiras "canções-mensagem" dos Beatles e o começo da função do grupo como líderes culturais de quem se esperavam respostas para questões sociais e espirituais.

John disse à *Playboy* que se tratava de uma canção sobre "ficar esperto", na acepção dos usuários de maconha e LSD. Ele afirmou: "É o amor. É a fase da maconha. É a coisa da paz e amor. A palavra é 'amor', certo?".

Como convinha, quando John e Paul terminaram de escrevê-la, enrolaram baseados e escreveram uma partitura com desenhos psicodélicos, que John deu depois ao compositor John Cage quando este fez 50 anos. Uma reprodução pode ser vista no livro de Cage *Notations*.

MICHELLE

O fraseado de Nina Simone no sucesso "I Put A Spell On You" ajudou a dar forma a "Michelle".

"Michelle" vem dos tempos de Liverpool, quando Paul frequentava as festas de um dos professores de arte de John, Austin Mitchell. Era uma época em que a vida intelectual da Rive Gauche parisiense estava na moda entre os estudantes de arte, e a boemia era sinalizada por boinas, barbas e cigarros Gitanes. "Naqueles dias, as pessoas apontavam para você na rua em Liverpool se você tivesse barba", relembra Rod Murray, que dividiu um apartamento com John e Stuart Sutcliffe. "Se você usasse boina, era chamado de *beatnik*. Nós gostávamos de Juliette Greco, e todo mundo fantasiava com Brigitte Bardot."

Em uma dessas festas, um estudante de cavanhaque e camiseta listrada estava debruçado sobre seu violão cantando o que parecia ser uma música francesa. Pouco depois, Paul começou a fazer uma imitação cômica para divertir os amigos.

Continuou sendo uma música de festa, com nada além de alguns gemidos ao estilo Charles Aznavour como acompanhamento, até que, em 1965, John sugeriu que Paul escrevesse uma letra de verdade e a incluísse no álbum.

A apresentadora de rádio Muriel Young, que trabalhava na Radio Luxembourg na época, lembra que Paul a visitou em sua casa de veraneio em Portugal quando trabalhava na música. Isso provavelmente aconteceu em setembro de 1965, quando os Beatles tiraram um mês de férias entre a turnê americana, que terminou em 31 de agosto, e o novo álbum, cuja gravação deveria começar em 12 de outubro.

"Ele estava sentado no nosso sofá com Jane Asher, tentando encontrar as palavras certas", conta Muriel. "Na época, não era 'Michelle, ma belle'. Ele estava cantando 'Goodnight sweetheart' e depois 'Hello my dear', procurando algo que se encaixasse no ritmo."

Paul acabou optando pelo clima francês e incorporou um nome francês e algumas palavras francesas. Ele falou com Jan Vaughan, esposa de seu antigo amigo de colégio Ivan Vaughan (o responsável por apresentar Paul a John), que era professora de francês. Paul conta: "Perguntei a ela que tipo de coisas eu poderia dizer em francês que funcionariam juntas. Como sempre achei que a música soava francesa, fiquei empacado. Eu não sei falar francês direito, então foi por isso que precisei de ajuda para escolher as palavras".

Jan lembra que Paul falou com ela sobre a música pela primeira vez durante uma visita dela e de Ivan à casa dos Asher em Londres. "Ele perguntou se eu conseguia pensar em um nome feminino francês com duas sílabas e em uma descrição de uma garota que rimassem. Ele tocou a harmonia no violão e foi quando me veio 'Michelle, ma belle', que não era exatamente difícil de pensar! Acho que alguns dias depois ele me telefonou e perguntou se eu poderia traduzir a frase 'these are words that go together well'[50] e eu disse a ele: 'Sont les mots qui vont très bien ensemble'."

Quando Paul tocou a música para John, ele sugeriu o "I love you" no meio da canção, especificando que a ênfase deveria recair sobre a palavra "love" toda vez. Ele tinha se inspirado na gravação de "I Put A Spell On You" de Nina Simone, sucesso na Inglaterra em agosto de 1965 no qual a cantora usou a mesma frase, mas com a ênfase em "you". "Minha contribuição para as canções de Paul era sempre acrescentar uma característica blues. Caso contrário, 'Michelle' seria apenas uma balada", John declarou.

Em termos instrumentais, Paul foi inspirado pelo dedilhado da guitarra de Chet Atkins. Ele ficou orgulhoso de ter introduzido um novo acorde fá com a sétima menor e a nona aumentada que tinha aprendido com Jim Gretty, funcionário da Frank Hessy's Musical Store, em Liverpool.

"Eu lembro que George e eu estávamos na loja quando Gretty tocou esse acorde. Nós dissemos 'uau! O que foi isso, cara?', e ele respondeu: 'É basicamente um fá, mas você coloca o dedo mínino nas duas cordas de cima do quarto traste. Nós aprendemos imediatamente e por um tempo foi o único acorde 'de jazz' que soubemos", conta Paul.

143

MICHELLE
Autoria: Lennon/McCartney
Duração: 2'42"
Lanç. no Reino Unido: álbum *Rubber Soul*, 3 de dezembro de 1965
Lanç. nos EUA: álbum *Rubber Soul*, 6 de dezembro de 1965

WHAT GOES ON

"What Goes On" na verdade era uma das quatro canções que os Beatles tocaram para George Martin no dia 5 de março de 1963, como sequência possível para "Please Please Me" (as outras três foram "From Me To You", "Thank You Girl" e "The One After 909").

Composta por John em algum momento anterior, era a única canção que Martin decidiu não gravar naquele dia, e ela ficou esquecida até 4 de novembro de 1965, quando foi recuperada e espanada para que Ringo a cantasse. Um novo *bridge* foi acrescentado por Paul e Ringo, dando ao baterista seu primeiríssimo crédito como compositor. Quando perguntaram em 1966 exatamente qual tinha sido a sua contribuição para a canção, Ringo disse: "Umas cinco palavras".

Nos EUA, ela foi lançada como lado B de "Nowhere Man" em fevereiro de 1966.

Os Beatles revisitaram seu arquivo de canções não utilizadas para encontrar "What Goes On", que Ringo cantou.

WHAT GOES ON
Autoria: Lennon/McCartney
Duração: 2' 50''
Lanç. no Reino Unido: álbum *Rubber Soul*, 3 de dezembro de 1965
Lanç. do single nos EUA: 21 de fevereiro de 1966 como lado B de "Nowhere Man"
Posição na parada americana: 3

GIRL

Quando perguntaram quem era a garota em "Girl", John disse que era a figura de sonho, a mulher ideal que ainda não tinha aparecido em sua vida. "Eu sempre tinha esse sonho de que uma mulher específica entrava na minha vida. Eu sabia que não seria alguém que compra os discos dos Beatles. Eu esperava uma mulher que pudesse me dar o que obtenho intelectualmente de um homem. Queria alguém com quem pudesse ser eu mesmo", ele declarou.

No entanto, a garota da canção parece longe do seu ideal. Ela não tem coração, é convencida e o humilha. Talvez existam duas garotas na canção: a garota dos sonhos, na primeira metade, em quem ele parece ser quase viciado, e a garota do pesadelo, na segunda, que o ridiculariza.

O máximo que John disse sobre a música, entretanto, não tinha a ver com imagens femininas, e sim com sua imagem da igreja cristã.

Em 1970, ele revelou à Rolling Stone que o verso em que pergunta se ela aprendeu que a dor leva ao prazer e que um homem deve se esforçar para ganhar seu lazer era uma referência ao "conceito cristão/

GIRL
Autoria: Lennon/McCartney
Duração: 2' 33''
Lanç. no Reino Unido: álbum *Rubber Soul*, 3 de dezembro de 1965
Lanç. nos EUA: álbum *Rubber Soul*, 6 de dezembro de 1965

A guitarra *bouzouki* de "Girl" provavelmente foi influência da trilha sonora do filme *Zorba, o Grego*.

católico". Ele prossegue: "Eu estava... tentando dizer alguma coisa sobre o cristianismo, ao qual eu me opunha na época".

Ele podia estar pensando no relato do Gênesis sobre os efeitos da desobediência de Adão e Eva, em que é dito a Eva que "com dor terás filhos" e a Adão que "maldita é a terra por causa de ti; com dor comerás dela todos os dias da tua vida".

O cristianismo, em especial Jesus Cristo, parecia incomodar John. Na época da composição de "Girl", ele estava devorando livros sobre religião, um tema que o preocuparia até sua morte. Em uma entrevista dada a Maureen Cleave afirmou que os Beatles eram "mais famosos que Jesus".

O estilo *bouzouki* de tocar pode ter sido influenciado pelo single "Zorba's Dance", de Marcello Minerbi, extraído da trilha sonora de *Zorba, o Grego*. Os vocais ao fundo imitavam o refrão "la la la la" dos Beach Boys em "You're So Good To Me" (julho de 1965), mas de brincadeira eles cantaram "tit tit tit tit" no estúdio em vez de "dit dit dit dit". Esses empréstimos mostram que os Beatles eram tão influenciados pela música das paradas quanto por lados B raros e pelo r'n'b dos anos 1950.

I'M LOOKING THROUGH YOU

A mudança de Jane Asher para Bristol continuou a preocupar Paul. Significava que ela não estava mais à disposição, mesmo que ele ainda estivesse morando na casa da família Asher. Como um jovem de origem operária de Liverpool, era difícil para ele entender uma garota que colocava sua carreira antes do amor.

Paul mais tarde admitiu para Hunter Davies que toda a sua existência até aquele momento girava em torno de levar uma vida de solteiro sem preocupações. Ele não tratava as mulheres como a maioria das pessoas. Sempre havia muitas em volta dele, mesmo quando Paul estava em uma relação estável. "Eu sei que era egoísta. Jane foi embora e eu disse 'tudo bem, vá. Eu encontro outra pessoa'. Foi devastador ficar sem ela. Foi quando escrevi 'I'm Looking Through You'", ele contou.

Era a canção mais amarga de Paul até então. Em vez de questionar as próprias atitudes, Paul acusa a mulher de ter mudado e faz a ameaça levemente velada de deixar de gostar dela. O amor tem o hábito, ele alerta, de desaparecer da noite para o dia. Ele depois se lembraria da canção como tendo servido para livrá-lo de "uma pesada bagagem emocional".

I'M LOOKING THROUGH YOU
Autoria: Lennon/McCartney
Duração: 2' 27''
Lanç. no Reino Unido: álbum *Rubber Soul*, 3 de dezembro de 1965
Lanç. nos EUA: álbum *Rubber Soul*, 6 de dezembro de 1965

IN MY LIFE

Mesmo que John tivesse começado a escrever canções mais declarada-
mente autobiográficas mais de um ano antes, foi com "In My Life" que
sentiu ter alcançado a ruptura que Kenneth Allsop o encorajara a fazer
em 1965, quando sugeriu que se concentrasse em sua vida interior.

Gravada em outubro de 1965, foi fruto de uma longa gestação.
Começou, de acordo com John, como um longo poema em que ele
reflete sobre seus lugares preferidos de infância, fazendo uma jornada
de sua casa na Menlove Avenue até o Docker's Umbrella, a estrada de
ferro suspensa que corria pela zona portuária de Liverpool, sob a qual
os estivadores buscavam abrigo da chuva.

Contratado por Yoko Ono para realizar um inventário dos objetos
pessoais de John depois da sua morte, Elliot Mintz lembra de ter visto o primeiro rascunho da música escrito à mão.

Em um rascunho dessa letra desconexa, John listava Penny Lane,
Church Road, o relógio da torre, o Abbey Cinema, os galpões do
bonde, o café holandês, St Columbus Church, o Docker's Umbrella e
Calderstones Park. Apesar de ela preencher o requisito de ser autobio-
gráfica, John percebeu que não era mais do que uma série de instan-
tâneos agrupados livremente pela sensação de que pontos de referência um dia familiares estavam desaparecendo rapidamente. Os galpões
onde estacionavam os bondes, por exemplo, não tinham mais bondes,
e o Docker's Umbrella tinha sido desativado.

"Era o tipo mais chato de música para cantar no ônibus sobre 'o que
fiz nas férias', e não estava funcionando", afirmou. "Então me deitei
e a letra sobre os lugares de que me lembro começou a brotar."

John descartou todos os nomes de lugares e criou uma sensação de luto
por uma infância e juventude perdidas, transformando o que de outra

149

John sentia que "In My Life" representava um grande salto na tentativa de se tornar um compositor mais cru e confessional.

IN MY LIFE
Autoria: Lennon/McCartney
Duração: 2' 27''
Lanç. no Reino Unido: álbum *Rubber Soul*, 3 de dezembro de 1965
Lanç. nos EUA: álbum *Rubber Soul*, 6 de dezembro de 1965

forma seria uma canção sobre a mudança na paisagem de Liverpool em uma canção universal sobre o confronto com a morte e a decadência. Era a história de um sujeito durão, conhecido por rir dos incapacitados, mas que também era um sentimental. No decorrer da vida, ele sempre teve uma caixa onde guardava recordações de infância.

Mais tarde, John disse a Pete Shotton que, quando escreveu o verso de "In My Life" sobre os amigos mortos e vivos, estava pensando especificamente em Shotton e no antigo Beatle Stuart Sutcliffe, que morreu em decorrência de um tumor no cérebro em 1962.

A letra guarda uma semelhança surpreendente com o poema de Charles Lamb do século XVIII "The Old Familiar Faces", com o qual pode ter deparado na antologia de poesia popular *Palgrave's Treasury*.

O poema começa com:

I have had playmates, I have had [companions,	Tive parceiros de brincadeiras, [tive companhias,
In my days of childhood, in my [joyful schooldays:	Nos meus dias de infância, nos [meus alegres tempos de escola:
All, all are gone, the old familiar faces.	Todos, todos se foram, os antigos [rostos familiares.

Seis versos depois, é concluído com:

How some they have died,	Como alguns morreram,
and some they have left me,	E alguns me deixaram,
And some are taken from me;	E alguns foram tirados de mim;
[all are departed;	[todos partiram;
All, all are gone, the old familiar faces.	Todos, todos se foram, os antigos [rostos familiares.

A origem da melodia de "In My Life" continua em discussão. John afirma que Paul ajudou em alguns trechos. Paul ainda acredita ter escrito tudo. "Eu lembro que ele tinha a letra em forma de poema, e eu criei algo. A melodia, se eu me lembro direito, foi inspirada em The Miracles", ele conta. Paul quase certamente se referia a "You Really Got A Hold On Me".

Na gravação, o solo instrumental foi executado por George Martin, que gravou o piano pessoalmente e depois tocou em velocidade acelerada para criar o efeito barroco. A opinião de John sobre o resultado era de que se tratava de "sua primeira obra realmente importante".

WAIT

WAIT
Autoria: Lennon/McCartney
Duração: 2'16''
Lanç. no Reino Unido: álbum *Rubber Soul*, 3 de dezembro de 1965
Lanç. nos EUA: álbum *Rubber Soul*, 6 de dezembro de 1965

Os Beatles não pareciam ter uma grande afeição por "Wait". Ela foi a primeira a ser gravada para *Help!*, em junho de 1965, sem ser usada, e veio novamente à tona quando as gravações de *Rubber Soul* terminaram – mas apenas porque faltava uma canção no álbum.

Escrita em grande parte por Paul, é uma música sobre um casal que estava separado, mas se reconciliou. A lembrança de Paul é que ela foi composta nas Bahamas durante as filmagens e que o finado Brandon De Wilde, a criança estrela de *Os brutos também amam*, o observou enquanto ele a escrevia.

Escrita em Nassau enquanto a banda filmava *Help!*, a preterida "Wait" era um tapa-buraco para o álbum *Rubber Soul*.

IF I NEEDED SOMEONE

"If I Needed Someone" foi escrita por George para sua namorada Pattie a partir de um exercício musical do guitarrista. "Aquela linha de guitarra, ou as variações dela, é encontrada em muitas músicas e me surpreende que as pessoas ainda encontrem novas combinações para as mesmas notas", ele diz.

Quando o assessor de imprensa dos Beatles Derek Taylor se mudou para Los Angeles e começou a representar o The Byrds, George pediu que ele desse o recado para o guitarrista da banda Roger McGuinn de que a melodia de "If I Needed Someone" tinha sido inspirada em duas faixas do Byrds – "The Bells Of Rhymney" e "She Don't Care About Time".

"The Bells of Rhymney" era uma faixa do primeiro álbum do grupo, *Mr Tambourine Man*, lançado em agosto de 1965. "She Don't Care About Time", escrita pelo vocalista Gene Clark, era o lado B do single "Turn! Turn! Turn!", lançado em outubro de 1965, o mesmo mês em que "If I Needed Someone" foi gravada.

George admitiu que sua inspiração para "If I Needed Someone" eram duas faixas da banda americana The Byrds.

IF I NEEDED SOMEONE
Autoria: Harrison
Duração: 2' 23"
Lanç. no Reino Unido: álbum *Rubber Soul*, 3 de dezembro de 1965
Lanç. nos EUA: álbum *Yesterday And Today*, 20 de junho de 1966

RUN FOR YOUR LIFE

John desenvolveu "Run For Your Life" a partir da frase "I'd rather see you dead little girl than see you with another man",[51] que aparece quase no fim do single de Elvis Presley de 1955 "Baby, Let's Play House". De fato, John se referia à música como "um blues antigo que Presley fez", mas, na verdade, ela data de 1954 e foi escrita por um filho de pastor de 28 anos de Nashville chamado Arthur Gunter.

Gunter, por sua vez, tinha baseado sua música em um sucesso country de 1951 de Eddy Arnold, "I Want To Play House With You", e a gravou no fim de 1954. Ela não foi um sucesso nacional, mas chegou aos ouvidos de Elvis, que a levou para o estúdio em 1955. Quando "Baby, Let's Play House" alcançou o número 10 na parada country da Billboard em julho de 1955, tornou-se a primeira gravação de Elvis a chegar ao hit parade nos EUA. A canção de Gunter falava sobre devoção. Ele queria que a garota fosse morar com ele, e a frase que chamou a atenção de John era um indício da profundidade dos sentimentos dele por ela, não uma ameaça.

Mas, na boca de John, as frases se tornaram ameaçadoras. Se ele visse a garota com outra pessoa, era melhor ela correr, porque ele iria matá-la. Era outra fantasia de vingança aos moldes de "I'll Cry Instead". O cantor explica seu comportamento dizendo que é "mau" e que nasceu com uma "mente ciumenta", termos que dão indícios de canções posteriores como "Jealous Guy" e "Crippled Inside".

Apesar de ter sido a primeira faixa gravada para *Rubber Soul*, John sempre citava "Run For Your Life" como um exemplo de seu pior trabalho. Ela foi escrita sob pressão, ele disse, logo, era uma "música descartável".

RUN FOR YOUR LIFE
Autoria: Lennon/McCartney
Duração: 2' 18''
Lanç. no Reino Unido: álbum *Rubber Soul*, 3 de dezembro de 1965
Lanç. nos EUA: álbum *Rubber Soul*, 6 de dezembro de 1965

REVOLVER

Revolver marcou um desenvolvimento significativo na música dos Beatles, bem como o fim de uma era. Depois dele, toda a música da banda foi desenvolvida em estúdio, sem a preocupação com a possibilidade de reproduzi-la no palco. Evidenciando a óbvia influência do contato com a emergente contracultura e com os desenvolvimentos da arte de vanguarda, a obra dos Beatles estava chamando a atenção de um público mais hippie. Encontros com a cena *underground*, além dos efeitos das drogas psicodélicas, iriam alterar a percepção tanto de si mesmos quanto de sua música.

Em uma entrevista em março de 1966 para a revista adolescente britânica *Rave*, Paul falou com entusiasmo sobre o interesse de George por música indiana e de suas próprias pesquisas sobre teatro, pintura, cinema e música eletrônica. "Todos nós nos interessamos por coisas que nunca tinham nos ocorrido. Eu mesmo tenho milhares, milhões de ideias novas", ele afirmou.

Revolver certamente é um álbum cheio de novas ideias. Desde então, o ecletismo se tornou comum no rock, mas foi lá que tudo começou. Ele não apenas envolveu estilos musicais que iam de músicas infantis a misturas psicodélicas de fitas girando ao contrário, mas também representava uma combinação de letras com preocupações diversas – morte, tributação, médicos, solteironas solitárias, sono, aventuras oceânicas e a luz do sol.

Ainda assim, apesar de sua natureza experimental, *Revolver* não era inacessível. "Eleanor Rigby", "For No One" e "Here, There And Everywhere" eram três das canções mais lindas e populares que os Beatles já escreveram. "Taxman" e "I Want To Tell You" eram as melhores composições de George até então, e "I'm Only Sleeping" e "She

O novo interesse de George por música indiana foi uma grande influência no som inovador do álbum *Revolver*.

Said She Said", canções oníricas de John, captavam perfeitamente o clima da época.

Lançadas durante o que viria a ser a última turnê da banda, nenhuma das catorze músicas seria tocada no palco pelos Beatles. Eles tinham se tornado exclusivamente artistas de estúdio, e estavam felizes em se concentrar na arte de fazer discos, em vez de ter de encaixar o processo de compor entre turnês e aparições em filmes.

Revolver foi lançado em agosto de 1966 e chegou ao topo tanto na Inglaterra quanto nos EUA. Foi a última vez que as versões americana e inglesa de um álbum dos Beatles seriam diferentes. Três canções de John – "I'm Only Sleeping", "And Your Bird Can Sing" e "Doctor Robert" – já tinham saído nos EUA no álbum *Yesterday And Today*.

PAPERBACK
WRITER

Primeiro single dos Beatles cuja temática não era o amor ("Nowhere Man" tinha sido a primeira canção), "Paperback Writer" contava a história de um romancista implorando a um editor que aceite seu livro de mil páginas. Escrita por Paul em forma de carta, foi surpreendente na época ouvir um single pop com um tema tão incomum.

Pet Sounds, dos Beach Boys, influenciou os *backing vocals* de "Paperback Writer".

O DJ britânico Jimmy Savile, que na época trabalhava tanto na Radio Luxembourg quanto no *Top Of The Pops,* da BBC Television, afirma que estava nos bastidores depois de um show quando Paul concebeu a ideia da música. John tinha sido o principal compositor dos últimos cinco singles dos Beatles, então estava acordado que era a vez de Paul produzir algo.

Savile se lembra de John perguntando a Paul o que ele ia fazer porque faltavam apenas alguns dias antes da data em que deveriam começar a gravação. "Paul disse que uma de suas tias tinha perguntado se algum dia ele escreveria uma música que não fosse de amor. Com esse pensamento obviamente ainda na cabeça, ele andou pela sala e percebeu que Ringo estava lendo um livro. Depois de dar uma olhada, anunciou que escreveria uma música sobre um livro", Savile recorda.

Paul disse que sempre gostou do som das palavras "paperback writer"[52] e decidiu criar sua história em torno da expressão. O estilo epistolar da canção surgiu durante uma viagem de carro. "Assim que cheguei, disse a ele que queria que escrevêssemos uma música como se fosse uma carta", ele conta. Tony Bramwell recorda que a inspiração para boa parte da letra veio de uma carta real mandada a Paul por um aspirante a escritor.

As brochuras tinham causado uma revolução editorial, tornando os livros acessíveis a pessoas que teriam considerado as edições de capa dura caras demais. O poeta Royston Ellis, primeiro autor publicado que os Beatles conheceram quando tocaram para acompanhar sua poesia em 1960, está convencido de que Paul se agarrou à expressão "paperback writer" a partir das conversas dos dois.

"Apesar de eu escrever livros de poesia na época, se me perguntassem o que eu queria ser, eu sempre dizia um 'escritor de brochuras' porque era o que você tinha de ser se quisesse atingir o grande público", conta Ellis, que se tornou escritor de guias de viagem e romances comerciais. "Minha ambição era ser um escritor que vendesse seus livros e ganhasse dinheiro com isso. Era o meu equivalente para a ambição deles de fazer um single que vendesse um milhão."

Assim como muitas composições de Paul, a letra era guiada mais pelo som das palavras do que pela lógica da narrativa. Interpretada literalmente, é sobre um autor que tinha escrito um livro baseado em um romance sobre um escritor de brochuras. Em outras palavras, é um romance baseado em um romance sobre um homem escrevendo um romance – que, por sua vez, é presumivelmente baseado em um romance sobre um homem escrevendo um romance. O "homem chamado Lear" provavelmente é uma referência a Edward Lear, pintor vitoriano que, apesar de nunca ter escrito um romance, escreveu poemas e canções *nonsense* que John começou a ler quando críticos especularam que o autor o havia influenciado em *In His Own Write*. O *Daily Mail* recebe uma menção porque era o jornal que John lia. As matérias do *Daily Mail* mais tarde serviriam de inspiração para duas músicas de *Sgt Pepper*.

A principal inovação musical em "Paperback Writer" era o uso do recurso "boost" no baixo, que possibilitou que o instrumento ganhasse um raro protagonismo na banda. Paul agora tocava um Rickenbacker e, através de algumas inovações no estúdio feitas pelo engenheiro de som Ken Townsend, o baixo se tornou o instrumento mais proeminente da faixa, na linha do que faziam instrumentistas que acompanhavam Otis Redding e Wilson Pickett. Os *backing vocals* foram inspirados por *Pet Sounds*, dos Beach Boys. John e Paul receberam uma cópia do disco antes que ele fosse lançado. Em parte das harmonias de "Paperback Writer" é possível ouvir os Beatles cantando "Frère Jacques", como uma espécie de exercício subliminar de evocar memórias de infância.

"Paperback Writer" foi um single número 1 em muitos países, incluindo a Inglaterra, os EUA, a Alemanha e a Austrália.

PAPERBACK WRITER

Autoria: Lennon/McCartney
Duração: 2' 18''
Lanç. do single britânico: 10 de junho de 1966
Posição na parada britânica: 1
Lanç. do single nos EUA: 30 de maio de 1966
Posição na parada americana: 1

157

RAIN

Em "There's A Place", do primeiro álbum dos Beatles, John externou a opinião de que os estados da mente importavam mais do que os eventos "lá fora". Em "Rain", ele voltou ao tema, mas, desta vez, teve a experiência de drogas psicodélicas como subtexto. Em um nível superficial, era uma canção simples sobre "pessoas reclamando porque não gostam do clima", como ele afirmou certa vez. Mas em outro nível era uma canção que recomendava a transcendência das categorias convencionais de bem e mal. Da mesma forma que devemos ser indiferentes à meteorologia, ele sentia que existe a necessidade de as pessoas se tornarem indiferentes à maior parte das situações nas quais se pegam envolvidas. O uso de expressões como "I can show you" e "Can you hear me?"[53] indica que John incorporava o papel de líder.

"Rain" foi o primeiro lançamento dos Beatles a sugerir estados alterados de consciência, não só na letra, mas também na música. O vocal arrastado, os instrumentos mais lentos e a fita tocada ao contrário no final eram sinais do que estaria por vir.

Tocar a fita ao contrário tornou-se uma questão controversa na indústria do rock durante as décadas de 1970 e 1980, quando alguns

---

RAIN
Autoria: Lennon/McCartney
Duração: 3'02"
Lanç. do single britânico: 10 de junho de 1966, como lado B de "Paperback Writer"
Lanç. do single nos EUA: 30 de maio de 1966, como lado B de "Paperback Writer"

Rain" foi a primeira música em que os Beatles fizeram experiências com *delays* e efeitos na fita.

artistas foram acusados de esconder mensagens em suas gravações. Os Beatles não estavam escondendo uma mensagem, estavam simplesmente sugerindo uma mente livre da lógica convencional.

George Martin afirmou que teve a ideia fazendo experiências por conta própria depois que os Beatles foram embora do estúdio. Ele tocou alguns de seus novos efeitos para a banda no dia seguinte. John, que compôs "Rain" em Kenwood, sempre dizia que tinha descoberto o processo tentando rodar uma fita demo no gravador de sua casa sob efeito da maconha. Ele estava em um estado de tamanha desorientação que quando ouviu o que parecia ser um canto religioso oriental saindo dos fones percebeu que tinha descoberto um som que refletia com precisão sua consciência entorpecida.

TAXMAN

"Taxman" foi escrita por George Harrison depois que ele descobriu estar no grupo do "imposto complementar" britânico, o que significava na época pagar 19 xelins e 3 pence (96 pence) de cada 20 xelins (uma libra) em impostos. Foi sugerido que o tema da série de televisão *Batman* pode ter sido uma influência – o "taxman" (homem do imposto) no final da canção guarda uma semelhança com o refrão da música-tema de "Batman".

Até 1966, a programação da turnê dos Beatles tinha sido tão exaustiva que não havia tempo para examinar as contas em detalhes. Quando eles começaram a fazê-lo, descobriram que não tinham tanto dinheiro quanto imaginavam. "Na verdade, estávamos perdendo a maior parte (do nosso dinheiro) em forma de impostos", contou George. "Era, e ainda é, típico. Por que deveria ser assim? Estamos sendo punidos por algo que esquecemos de fazer?" Ironicamente, à luz de sua posterior conversão, quando passou a enfatizar a futilidade das coisas materiais, George sempre foi o Beatle que mencionava o dinheiro quando perguntavam sobre suas ambições.

John afirmou depois que teve uma participação na composição de "Taxman" e ficou magoado que George tenha deixado de mencionar isso em sua autobiografia, *I Me Mine*. John declarou que recebeu um telefonema de George enquanto a estava escrevendo. "Soltei comentários jocosos para ajudar a música a avançar, porque foi isso o que ele pediu. Eu não queria, mas como eu o amava, mordi a língua e falei 'tudo bem'", ele conta.

A versão gravada certamente é melhor em relação ao esboço de George, em que "get some bread" rimava com "before you're dead"[54]. Nos primeiros takes, os backings do refrão eram "Anybody gotta lotta

TAXMAN
Autoria: Harrison
Duração: 2' 39''
Lanç. no Reino Unido: álbum *Revolver*, 5 de agosto de 1966
Lanç. nos EUA: álbum *Revolver*, 8 de agosto de 1966

George escreveu "Taxman" depois de descobrir que estava sujeito ao "imposto complementar" e tinha de pagar um imposto de renda altíssimo.

money/anybody gotta lotta money/ anybody gotta lotta money?"[55], cantado em uma velocidade muito alta, mas foi modificado para fazer menção ao primeiro-ministro Wilson e ao líder da oposição Edward Heath. Os dois políticos compartilhavam a distinção de serem as primeiras pessoas vivas mencionadas em uma letra dos Beatles. Apesar de nunca terem conhecido Heath, eles encontraram Wilson (que também vinha do norte do país) em diversas ocasiões, e cada um recebeu uma comenda de Membro do Império Britânico.

Os Beatles − quatro jovens empreendedores que basicamente vinham de famílias operárias − eram o tipo de pessoa que Wilson queria encorajar como parte de sua visão de uma nova Grã-Bretanha sem classes sociais.

Quando o monge trapista, poeta e líder espiritual Thomas Merton ouviu "Taxman" e escreveu em seu diário (10 de junho de 1967): "'Taxman', dos Beatles, está passando pela minha cabeça. Eles são bons. Boa batida. Independência, sagacidade, *insight*, voz, originalidade. Eles têm prazer em ser os Beatles, e eu não me ressinto do fato de que sejam multimilionários, porque isso faz parte. Eles têm de brigar com esse sorrateiro homem dos impostos".

ELEANOR RIGBY

Assim como aconteceu com muitas canções de Paul, a melodia e as primeiras palavras de "Eleanor Rigby" surgiram enquanto ele tocava piano. Ao se perguntar que tipo de pessoa ficaria recolhendo arroz em uma igreja depois de um casamento, ele acabou sendo levado à sua protagonista. Ela originalmente se chamaria Miss Daisy Hawkins, porque o nome encaixava no ritmo da música.

"Eleanor Rigby" se chamou Daisy Hawkins, Eleanor Bygraves e até Ola Na Tungee antes de Paul finalmente se decidir pelo título.

Paul começou imaginando Daisy como uma jovem, mas logo percebeu que qualquer uma que limpasse igrejas depois dos casamentos provavelmente seria mais velha. Se ela era mais velha, talvez fosse uma solteirona, e a limpeza da igreja se tornou uma metáfora para suas oportunidades de casamento perdidas. Então ele a baseou em suas lembranças das pessoas mais velhas que conheceu quando era escoteiro em Liverpool.

Paul continuou a pensar sobre a música, mas não estava confortável com o nome Miss Daisy Hawkins. Não parecia suficientemente "real". O cantor de folk dos anos 1960 Donovan lembra que Paul tocou para ele uma versão da música em que a protagonista se chamava Ola Na Tungee. "A letra ainda não estava terminada para ele", conta Donovan.

Ele sempre dizia que optou pelo nome Eleanor por causa de Eleanor Bron, atriz principal de *Help!*. O compositor Lionel Bart, porém, estava convencido de que a escolha tinha sido inspirada por uma lápide que Paul viu no Putney Vale Cemetery, em Londres. "O nome na lápide era Eleanor Bygraves", conta Bart, "e Paul achou que se encaixaria na música. Ele voltou para o meu escritório e começou a tocá-la no clavicórdio."

O sobrenome surgiu quando Paul deparou com o nome Rigby em Bristol em janeiro de 1966, durante uma visita a Jane Asher, que estava

---

ELEANOR RIGBY

Autoria: Lennon/McCartney
Duração: 2' 07"
Lanç. no Reino Unido: álbum *Revolver*, 5 de agosto de 1966
Lanç. nos EUA: álbum *Revolver*, 8 de agosto de 1966

---

fazendo o papel de Barbara Cahoun em *The Happiest Days Of Your Life*, de John Dighton. O Theatre Royal, casa do Bristol Old Vic, fica no número 35 da King Street e, enquanto Paul esperava Jane terminar o trabalho, passou por Rigby & Evens Ltd, Wine & Spirit Shippers, que ficava do outro lado da rua, no número 22. Era o sobrenome de duas sílabas que ele estava procurando para combinar com Eleanor.

A música foi concluída em Kenwood quando John, George, Ringo e o amigo de infância de John Pete Shotton se reuniram em uma sala cheia de instrumentos. Cada um contribuiu com ideias para dar substância à história. Um sugeriu um velho revirando latas de lixo com quem Eleanor Rigby pudesse ter um romance, mas ficou decidido que complicaria a história. Um padre chamado "Father McCartney" foi criado. Ringo sugeriu que ele poderia estar cerzindo as próprias meias, e Paul gostou da ideia. George trouxe a parte sobre "as pessoas solitárias". Paul achou que deveria mudar o nome do padre porque as pessoas pensariam se tratar de uma referência ao seu pai. Uma olhada na lista telefônica trouxe "Father McKenzie" como alternativa.

Depois, Paul ficou tentando pensar em um final para a história, e Shotton sugeriu que ele unisse duas pessoas solitárias no verso final, quando "Father McKenzie" conduz o funeral de Eleanor Rigby e fica ao lado de seu túmulo. A ideia foi desconsiderada por John, que achava que Shotton não tinha entendido a questão, mas Paul, sem dizer nada na época, usou a cena para terminar a música e reconheceu mais tarde a ajuda recebida.

Espantosamente, em algum momento da década de 1980 a lápide de uma Eleanor Rigby foi encontrada no cemitério de St Peter's, Woolton, a menos de um metro de onde John e Paul tinham se conhecido no festival anual de verão, em 1957. Está claro que Paul não tirou sua ideia diretamente dessa lápide, mas é possível que ele a tenha visto na adolescência, e o som agradável do nome tenha ficado em seu inconsciente até vir à tona pelas necessidades da canção. Na época ele afirmou: "Eu estava procurando um nome que parecesse natural. Eleanor Rigby soava natural".

Em mais uma coincidência, a empresa Rigby & Evens Ltd, cuja placa havia inspirado Paul em Bristol em 1966, pertencia a um conterrâneo de Liverpool, Frank Rigby, que estabeleceu sua companhia na Dale Street, Liverpool, no século XIX.

Como single, "Eleanor Rigby" chegou ao topo da parada de sucessos britânica, mas seu auge nos EUA foi o 11º lugar.

Apesar de os Beatles estarem vivendo um sucesso sem precedentes, John admitiu que estava se tornando cada vez mais preguiçoso.

I'M ONLY SLEEPING

O primeiro esboço da letra de John para "I'm Only Sleeping", que na época se chamava "I'm Sleeping", estava rabiscado no verso de uma carta a ele enviada pelos Correios, no dia 25 de abril de 1966, com a cobrança de uma conta exorbitante de 12 libras e 3 xelins. Dois dias depois, os Beatles começaram a gravá-la. Fica claro a partir desse primeiro esboço que ele estava escrevendo sobre os prazeres de ficar na cama, não sobre um estado onírico induzido pelas drogas. O verso de abertura era "Try to sleep again, got to get to sleep"[56].

John amava sua cama. Quando não estava dormindo nela, ficava deitado escrevendo ou assistindo à televisão. "I'm Only Sleeping" celebra a cama e seu valor como um lugar de contemplação. Também foi o protótipo de "Watching The Wheels", do álbum *Double Fantasy*. A verdade era que John estava se perdendo dos Beatles e passando muito tempo na cama ou matando o tempo em Kenwood. Esse comportamento indolente permitiu que Paul tomasse as rédeas, o que era mais fácil para ele, dada sua ausência de vínculos familiares e da proximidade entre Abbey Road e seu recém-adquirido lar londrino.

Foi no mês anterior a essa gravação que o *Evening Standard* publicou a famosa entrevista de Maureen Cleave em que John declarou que "somos mais populares que Jesus agora, não sei o que vem primeiro, o rock'n'roll ou o cristianismo". Na matéria, Cleave comenta: "Ele consegue dormir quase o tempo todo, provavelmente é a pessoa mais preguiçosa da Inglaterra. 'Fisicamente preguiçoso', ele afirmou. 'Não me importo de escrever, ler ou conversar, mas a única atividade física da qual eu faço questão é o sexo.'"

I'M ONLY SLEEPING
Autoria: Lennon/McCartney
Duração: 3'01"
Lanç. no Reino Unido: álbum *Revolver*, 5 de agosto de 1966
Lanç. nos EUA: álbum *Yesterday And Today*, 20 de junho de 1966

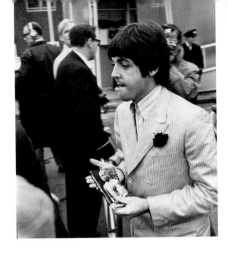

LOVE YOU TO

Embora "Norwegian Wood" tivesse uma cítara, ela foi adicionada posteriormente. "Love You To" foi a primeira música escrita por George pensando nesse instrumento especificamente. Nessa gravação, ele também contou com a tabla de Anil Bhagwat.

Em sua biografia, I Me Mine, George recorda ter usado tabla e cítara na gravação de base, e fez *overdub* dos vocais e da guitarra posteriormente. No entanto, Mark Lewisohn, autor de *The Complete Beatles Recording Sessions*, teve acesso às fitas originais e descobriu que a cítara não aparece até o terceiro take, e a tabla só foi adicionada no sexto.

O título provisório da música era "Granny Smith" – uma referência a um tipo de maçã – simplesmente porque George não conseguia pensar em nada melhor. Como as palavras "love you to" não aparecem na música, o título final é bem enigmático: talvez "love me while you can"[57] pudesse ter sido mais apropriado, uma vez que resume o que a canção diz.

Apesar de ter escrito "Here, There and Everywhere" (à dir.) para Jane Asher, Paul negou que eles fossem se casar em 1966.

LOVE YOU TO
Autoria: Harrison
Duração: 3' 01''
Lanç. no Reino Unido: álbum *Revolver*, 5 de agosto de 1966
Lanç. nos EUA: álbum *Revolver*, 8 de agosto de 1966

HERE, THERE AND EVERYWHERE

Com as coisas começando a melhorar no romance com Jane Asher, Paul escreveu a que é considerada sua melhor canção de amor. Tanto John quanto Paul declararam tratar-se de uma de suas canções favoritas dos Beatles. Paul acabou regravando-a para ser usada no filme *Give My Regards To Broad Street*.

Paul compôs "Here, There And Everywhere" em junho de 1966, sentado na piscina da casa de John. Ele tinha chegado cedo para compor com ele e, como John ainda estava dormindo, começou a escrever sozinho. Com o desejo de se impor um desafio estrutural, Paul construiu cada verso em torno dos três advérbios do título. Quando a gravou, imaginou a voz etérea de Marianne Faithfull.

A música é uma das faixas do álbum mais obviamente influenciadas por *Pet Sounds*. Paul estava particularmente impressionado com a característica cintilante de "God Only Knows" e queria escrever algo que captasse o mesmo clima.

HERE, THERE AND EVERYWHERE

Autoria: Lennon/McCartney

Duração: 2' 25''

Lanç. no Reino Unido: álbum *Revolver*, 5 de agosto de 1966

Lanç. nos EUA: álbum *Revolver*, 8 de agosto de 1966

YELLOW SUBMARINE

A ideia de escrever uma música de criança sobre um submarino de cor diferente surgiu quando Paul estava pegando no sono na casa dos Asher uma noite. Essa ideia se transformaria em "Yellow Submarine", o conto de um garoto que ouve histórias fantásticas de um velho marinheiro sobre suas explorações na "terra dos submarinos" e decide ir navegar e ver por conta própria.

Entre 1962 e 1965, os Beatles seguiram o "cânone extraoficial da composição da música pop": ter o amor como tema central, durar menos de três minutos e ser fácil de ser tocada em shows. Agora eles estavam gostando de ver como muitas dessas regras podiam ser quebradas sem que o imediatismo e a excitação do pop se perdessem. "Paperback Writer" foi a primeira canção que não tinha o amor como tema, "Eleanor Rigby" e "Rain", os primeiros singles que nunca foram tocados em um show dos Beatles, e "Yellow Submarine" foi a primeira música para "cantar junto".

Paul usou apenas palavras curtas na letra porque queria que ela fosse aprendida rapidamente e cantada por crianças. Durante o processo, ele visitou Donovan em seu apartamento em Maida Vale. "Tínhamos o hábito de aparecer um na casa do outro. Eu estava esperando o lançamento do meu álbum *Sunshine Superman*, então ficamos tocando nossas novas músicas um para o outro. Uma das músicas que Paul tocou para mim era sobre um submarino amarelo, mas ele disse que estava faltando um verso ou dois. Ele perguntou se eu gostaria de ajudar. Saí da sala um pouco e voltei com 'Sky of blue and sea of green, In our yellow submarine'. Não era uma invenção que abalaria a terra, mas Paul gostou o bastante para usar na gravação", relembra Donovan.

Ns primeiros takes há o som de pés marchando antes do começo da música, e uma introdução com Ringo declamando um texto.

Paul afirmou que "Yellow Submarine" era "apenas uma música de criança", apesar de os críticos terem detectado referências às drogas – e a Stanley Unwin.

O jogo de palavras inspirado em Stanley Unwin da estrofe sugere que este trecho foi escrito por John: "And we will march 'til three the day/ To see them gathered there/ From Land O'Groats to John O'Greer with Stepney do we tread/ To see us yellow submarine/ We love it"⁵⁸ (Unwin pode ter tido um efeito no próprio título do álbum. Sua primeira gravação de *spoken-word*, de 1960, se chamava *Rotatey Diskers*).

Lançada como lado B de "Eleanor Rigby" em agosto de 1966, o mesmo mês em que *Revolver* foi lançado, a música foi acompanhada de um rumor de que o submarino amarelo era uma referência velada às drogas. Em Nova York, cápsulas de Nembutal começaram a ser conhecidas como "yellow submarines". Paul negou as alegações e disse que o único submarino comestível que ele conhecia era um doce que encontrara na Grécia durante as férias. Eles tinham de ser colocados na água e eram chamados de "submarinos". "Eu sabia que 'Yellow Submarine' teria implicações, mas realmente era uma música de criança", disse Paul.

YELLOW SUBMARINE
Autoria: Lennon/McCartney
Duração: 2' 40''
Lanç. no Reino Unido: álbum *Revolver*, 5 de agosto de 1966
Lanç. nos EUA: álbum *Revolver*, 8 de agosto de 1966

SHE SAID,
SHE SAID

Quando os Beatles visitaram Los Angeles em agosto de 1965, aluga-ram uma casa no 2850 Benedict Canyon por uma semana enquanto faziam shows em Portland, San Diego, no Hollywood Bowl e em San Francisco.

Uma tarde eles deram uma festa, e Neil Aspinall, Roger McGuinn e David Crosby, do Byrds, o ator Peter Fonda e o correspondente do jornal *Daily Mirror* Don Short estavam entre os convidados. "Neil Aspi-nall foi mandado para me acompanhar ao andar de baixo, onde ficava a piscina, porque eu era o único jornalista. O trabalho dele era me distrair para o fato de que todo mundo estava tomando ácido", Short recorda.

No andar de cima, longe dos olhos de Short, todos (com exceção de Paul) estavam de fato viajando com LSD. Era a primeira vez que John e George deliberadamente tomavam a droga, e eles estavam ansiosos para fazer uma bela viagem depois das visões perturbadoras da primeira experiência, não intencional. Fonda tinha tomado LSD muitas vezes e se colocou no papel de guia. "Eu me lembro de sentar no deck da

Peter Fonda se desentendeu com John Lennon, que estava sob o efeito de LSD, quando a banda deu uma festa em Hollywood.

SHE SAID, SHE SAID
Autoria: Lennon/McCartney
Duração: 2' 37''
Lanç. no Reino Unido: álbum *Revolver*, 5 de agosto de 1966
Lanç. nos EUA: álbum *Revolver*, 8 de agosto de 1966

casa com George, que me contou que achava que estava morrendo", diz Fonda. "Eu disse a ele que não havia nada a temer e que tudo o que ele precisava fazer era relaxar. Contei que sabia o que era estar morto porque quando tinha 10 anos acidentalmente atirei no meu próprio estômago, e meu coração parou de bater três vezes enquanto eu estava na mesa de operação porque perdi muito sangue."

"John estava passando naquele momento e me ouviu dizer 'eu sei o que é estar morto'. Ele olhou para mim e disse 'você me faz sentir como se eu nunca tivesse nascido. Quem colocou toda essa merda na sua cabeça?'."

Roger McGuinn achou que isso havia perturbado John porque ele estava inseguro. "Todo mundo tinha tomado ácido, e John não aguentou. Ele disse: 'Tirem esse cara daqui'. Foi bizarro. Tínhamos acabado de assistir a *Cat Ballou*, com Jane Fonda, e John não queria saber de nada dos Fonda. Ele estava usando o filme contra Peter, e o que ele disse só piorou tudo", conta McGuinn.

De fato, a primeira demo da música (que se chamava "He Said, He Said") é muito mais agressiva do que a gravação final: "I said, 'Who put all that crap in your head?/ I know what it's like to be mad/ And it's making me feel like my trousers are torn'".[59] Mas John achou que, como canção, ela não estava indo a lugar nenhum, e a abandonou.

"Apesar de ter surgido de uma experiência real, não significava nada", ele disse. "Era apenas um som." Mas dias depois ele pegou a música de novo e tentou criar outra estrofe. "Escrevi a primeira coisa que me veio à mente, e foi 'when I was a boy', em uma batida diferente. Mas era real, tinha acabado de acontecer", conta John.

Peter Fonda não tem dúvidas sobre a origem da composição. "Quando ouvi *Revolver* pela primeira vez, soube exatamente de onde a música tinha vindo, mesmo que John nunca tenha admitido para mim, e eu nunca tenha contado a ninguém."

GOOD DAY SUNSHINE

"Good Day Sunshine" foi escrita por Paul na casa de John em um dia especialmente ensolarado. Paul admitiu em 1984 ter sido influenciado por The Lovin' Spoonful, banda de folk rock de Nova York que teve dois sucessos nos EUA, "Do You Believe In Magic?" e "You Didn't Have To Be So Nice". O grupo se destacava pelas composições líricas e folk de seu fundador, John Sebastian, que mais tarde, como artista solo, fez uma performance memorável no filme *Woodstock*.

A canção específica que inspirou Paul naquele dia foi "Daydream", primeiro sucesso de The Lovin' Spoonful na Inglaterra. Assim como "Good Day Sunshine", "Daydream" começa com uma guitarra sincopada e conta uma história alegre de amor, em um dia de tempo bonito: "I'm blowin' the day to take a walk in the sun, And fall on my face on somebody's new-mown lawn".[60]

"Uma das coisas maravilhosas dos Beatles é que eram tão originais que quando pegavam uma ideia de alguém você nunca percebia. Achei que uma ou duas músicas deles tinham um quê de Spoonful, mas foi só quando Paul comentou em uma entrevista para a *Playboy* que me dei conta especificamente de que tínhamos inspirado 'Good Day Sunshine'", conta Sebastian.

A própria "Daydream" tinha sido inspirada pela batida da Motown em canções como "Where Did Our Love Go?" e "Baby Love", que o Lovin' Spoonful ouviu quando fazia uma turnê pelos EUA com as Supremes. "Eu disse: precisamos de uma música como 'Baby Love'. Escrevi a canção quando tentava me aproximar da sensação de 'Baby Love' com uma guitarra. Às vezes você tenta imitar alguma coisa, e o que surge é algo bastante seu", Sebastian relembra.

GOOD DAY SUNSHINE
Autoria: Lennon/McCartney
Duração: 2' 09"
Lanç. no Reino Unido: álbum *Revolver*, 5 de agosto de 1966
Lanç. nos EUA: álbum *Revolver*, 8 de agosto de 1966

A banda de folk rock de Nova York The Lovin' Spoonful ficou lisonjeada ao descobrir que tinha influenciado "Good Day Sunshine".

The Lovin' Spoonful devia sua formação a um encontro entre Sebastian e outro guitarrista, Zal Yanovsky, que aconteceu na casa de (Mama) Cass Elliot, onde os dois foram convidados separadamente para ver a estreia dos Beatles no *Ed Sullivan Show* em fevereiro de 1964. Sebastian comenta: "Ver os Beatles aquela noite cristalizou para nós a ideia de querer fazer parte de uma unidade autossuficiente que escrevesse sua própria música. Acabei conhecendo a banda em abril de 1966. John, Paul e George vieram nos ver, e foi naquela noite que George teve seu primeiro encontro de verdade com Eric Clapton. Infelizmente, nunca tocamos juntos porque todo mundo estava muito ocupado naquela época".

"Quando eles tocaram no Shea Stadium, em Nova York, em agosto de 1966, fui para os bastidores e dei umas risadas com John, que estava começando a ficar muito parecido comigo. Os outros Beatles zombavam muito dele por estar me copiando. Eu sempre desejei poder ter passado mais tempo com eles."

AND YOUR BIRD CAN SING

John menosprezou essa música dizendo que era "um horror" (1971) e "uma canção descartável" (1980), mas é difícil entender a causa dessa insatisfação. A letra era uma das mais enigmáticas e provavelmente uma observação sarcástica sobre Paul disfarçada com tinturas poéticas. Havia apenas outra música dos Beatles que começava com "and" – "And I Love Her", de Paul. John estava zombando dessa inovação e, ao mesmo tempo, nos dando uma pista do alvo de sua zombaria?

A música é sobre alguém que não entende John, alguém que faz tudo que as pessoas modernas fazem, mas não é moderno por natureza. Era uma rabugice que ele frequentemente endereçava a Paul. Portanto, o verso "You say you've seen seven wonders"[61] pode ser uma referência à primeira vez que os Beatles fumaram maconha em Nova York, quando Paul pensou ter encontrado a resposta para todas as grandes questões da vida e anotou sua descoberta. Quando foi reler o pedaço de papel na manhã seguinte tudo o que dizia era "existem sete níveis".

O período em que *Revolver* foi gravado coincidiu com o período em que Paul manteve um apetite voraz por experiências culturais, e isso

AND YOUR BIRD CAN SING
Autoria: Lennon/McCartney
Duração: 2'01''
Lanç. no Reino Unido: álbum *Revolver*, 5 de agosto de 1966
Lanç. nos EUA: álbum *Yesterday And Today*, 20 de junho de 1966

deixava John desconfortável. Ele sentia que, como ex-estudante de arte, aquele território era seu. Em abril de 1966, Paul levou à imprensa o seu entusiasmo pelas diferentes formas de música com as quais estava se envolvendo – indiana, clássica, eletrônica. "A única coisa a fazer é ouvir tudo e depois decidir." Será que essa conversa pode ter levado John a escrever "Tell me that you've heard every sound there is"?[62]

Se foi um comentário mordaz, é pouco provável que Paul soubesse disso. Durante uma sessão para acrescentar *overdubs* vocais, ele começou a rir histericamente quando John deliberadamente errou a própria letra e cantou "When your bike is broken" em vez de "When your bird is broken"[63] e depois assobiou a música em vez de cantá-la.

"And Your Bird Can Sing" dá sinais de ter sido um típico comentário mordaz e sarcástico de John, que era ciumento e inseguro, sobre Paul.

17

FOR NO ONE

Com sua melodia misteriosa e uma seção de sopros, trata-se de uma das mais belas composições de Paul. "For No One" foi escrita em um chalé alugado a menos de um quilômetro da estação de esqui suíça de Klosters, onde ele e Jane passaram um curto período de férias em março de 1966. Ele voltou da Suíça para trabalhar em *Revolver*, e Jane começou os ensaios para interpretar a jovem Ellen Terry em *Sixty Thousand Nights* no Royal Theatre, em Bristol.

Através de uma série de flashbacks de sua vida juntos, a música capta o início da descoberta de que os sentimentos de alguém desapareceram. Em uma antiga entrevista, Paul afirmou que era sobre sua própria experiência de viver com uma mulher quando tinha acabado de sair de casa. O título provisório era "Why Did It Die?", e ele admitiu depois que provavelmente era sobre "mais uma discussão" com Jane.

Paul e John trabalharam em "For No One" depois de Paul tê-la composto nas férias, antes das gravações de *Revolver*.

FOR NO ONE
Autoria: Lennon/McCartney
Duração: 2' 01"
Lanç. no Reino Unido: álbum *Revolver*, 5 de agosto de 1966
Lanç. nos EUA: álbum *Revolver*, 8 de agosto de 1966

DOCTOR ROBERT

Em suas visitas aos EUA, os Beatles ouviram falar de um médico chique de Nova York que dava injeções misteriosas "de vitaminas". Paul conta: "Nós ouvíamos pessoas dizendo 'você pode conseguir qualquer coisa com ele, o remédio que quiser'. Era uma grande pilantragem. A música era uma brincadeira em torno desse sujeito que curava todo mundo com remédios e tranquilizantes. Ele simplesmente mantinha Nova York chapada".

O "Doctor Robert" era, possivelmente, o doutor Robert Freymann, um médico de 60 anos nascido na Alemanha com um consultório na East 78th Street. (O doutor Charles Roberts citado em alguns livros sobre os Beatles não existia. Era um pseudônimo usado pelo biógrafo Jean Stein para ocultar a identidade de outro "médico de anfetamina"). Conhecido como doutor Robert ou o "Great White Father" (tinha uma mecha de cabelo branco), Freymann era bem relacionado com a vibrante cena de arte da cidade. Ele tinha ajudado, entre outros, Thelonius Monk e Charlie Parker (cuja certidão de óbito fora assinada por ele em 1955) e tinha a reputação de ser generoso com anfetaminas. "Tenho uma clientela impressionante, de todas as esferas", ele se gabava. "Provavelmente posso dar a você em dez minutos cem nomes de clientes famosos." John, que escreveu "Doctor Robert", estava entre esses nomes famosos, de acordo com a filha de Freymann.

Inicialmente prescritas como antidepressivos, as anfetaminas logo se tornaram uma droga recreativa para os nova-iorquinos modernos. Um antigo paciente do doutor Robert Freymann, citado no *New York Times* em 1973, declarou: "Se você quiser ter uma noitada, é só passar no Max [Doutor Max Jacobson], depois no Freymann e depois no Bishop [Doutor John Bishop]. Era como ir de bar em bar". O diretor

DOCTOR ROBERT
Autoria: Lennon/McCartney
Duração: 2' 15''
Lanç. no Reino Unido: álbum *Revolver*, 5 de agosto de 1966
Lanç. nos EUA: álbum *Yesterday And Today*, 20 de junho de 1966

Apertados em um carro pequeno com a bagagem, os Beatles chegam ao aeroporto de Londres em um dia chuvoso de 1966 a caminho de uma turnê americana. Seria a última.

de cinema Joel Schumacher, que fazia uso de anfetamina nos anos 1960, concorda: "E nós achávamos que eram 'injeções de vitamina'".

Ministrar anfetaminas não era ilegal na época, mas havia normas oficiais contra a prescrição de "quantidades excessivas". O dr. Robert perdeu sua licença por seis meses em 1968 e, em 1975, foi expulso da Medical Society do estado de Nova York por imperícia. Quando o *New York Times* pediu, em março de 1973, que ele defendesse seus atos, a resposta foi: "Os viciados mataram uma droga boa". Ele morreu em 1987.

GOT TO GET YOU INTO MY LIFE

"Got To Get You Into My Life" foi escrita por Paul, que queria copiar o som da Motown recém-desenvolvido pelo time de compositores-produtores Holland-Dozier-Holland, que trabalhavam para o grupo The Supremes.

John acreditava que, ao mencionar "another kind of mind"[64] nas letras, Paul estivesse aludindo às suas experiências com drogas. Ele confirmou ser isso mesmo. Era um hino de louvor à maconha disfarçado de canção de amor. Não era de uma mulher que ele precisava todo dia, era de um baseado.

Em 19 de junho de 1967, um repórter da televisão britânica perguntou se não seria melhor ele manter em sigilo seu consumo de drogas. "Um jornal me fez uma pergunta, e a decisão era mentir ou falar a verdade", ele conta. "Decidi dizer a verdade, mas não estou tentando sair por aí espalhando o assunto. Mantenho isso como algo pessoal se ele também o fizer. Mas ele quis espalhar, então a responsabilidade é dele. Não minha."

GOT TO GET YOU INTO MY LIFE
Autoria: Lennon/McCartney
Duração: 2' 30''
Lanç. no Reino Unido: álbum *Revolver*, 5 de agosto de 1966
Lanç. nos EUA: álbum *Revolver*, 8 de agosto de 1966

I WANT TO
TELL YOU

"I Want To Tell You", escrita por George, era sobre as frustrações de ter coisas a dizer, mas não conseguir articulá-las. "É sobre a avalanche de pensamentos que é tão difícil de colocar no papel ou transmitir", ele afirmou posteriormente, acrescentando que se fosse escrever a música de novo modificaria a parte que diz: "But if I seem to act unkind, It's only me, it's not my mind, That's confusing things",[65] para que ficasse claro que sua mente era responsável pela confusão. "A mente é que nos diz para fazermos isso ou aquilo. Nós precisamos nos livrar dela", George explicou. Como se imaginaria de uma música sobre não saber o que dizer, "I Want To Tell You" foi gravada com o título *nonsense* sugerido pelo engenheiro Geoff Emerick: "Laxton's Superb", nome de uma maçã inglesa. Ela se tornou conhecida mais tarde como "I Don't Know", depois que George Martin perguntou a George que nome ele queria dar à música e obteve isso como resposta.

I WANT TO TELL YOU
Autoria: Harrison
Duração: 2' 29''
Lanç. no Reino Unido: álbum *Revolver*, 5 de agosto de 1966
Lanç. nos EUA: álbum *Revolver*, 8 de agosto de 1966

Os Beatles em uma coletiva de imprensa no Warwick Hotel, em Nova York, no começo de sua última turnê nos EUA.

TOMORROW NEVER KNOWS

Como última faixa do álbum, e indicador mais claro do que estava por vir, muitas vezes presume-se que "Tomorrow Never Knows" tenha sido a última faixa gravada. Na verdade, foi a primeira. Sem dúvida a composição mais estranha e experimental dos Beatles até então, foi uma tentativa de John de criar em palavras e sons uma faixa-guia adequada à experiência com LSD.

As palavras foram emprestadas, adaptadas e embelezadas do livro *The Psychedelic Experience* (1964), de Timothy Leary, que, por sua vez, era uma reinterpretação poética do antigo *Livro Tibetano dos Mortos*.

John recebeu o livro de Barry Miles, que cuidava da Indica Books em Southampton Row e era uma figura influente na cena alternativa britânica nos anos 1960. Ele tinha um acordo com os Beatles de mandar livros, revistas e jornais importantes para mantê-los atualizados.

Leary, conhecido como papa do LSD, havia passado sete meses no Himalaia estudando o budismo tibetano com Lama Govinda. *The Psychedelic Experience* foi resultado direto dessa fase de estudos.

"Eu fazia perguntas ao Lama Govinda e depois tentava traduzir o que ele tinha dito para algo útil para as pessoas. O *Livro dos Mortos* na verdade significa o 'Livro dos Mortais', mas é o seu ego, não o seu corpo, que está morrendo. O livro é um clássico. É a Bíblia do budismo tibetano. O conceito do budismo é o vazio e alcançar o vazio – foi o que John captou na música", conta Leary.

As palavras do *Livro Tibetano dos Mortos* foram escritas para serem proferidas para um moribundo para guiá-lo pelos estados de desilusão que vem com a aproximação da morte. Muitas pessoas viveram a experiência da morte do ego quando tomaram LSD, então as palavras poderiam ser empregadas para manter os usuários na linha e protegê-los

TOMORROW NEVER KNOWS

Autoria: Lennon/McCartney
Duração: 2' 57"
Lanç. no Reino Unido: álbum *Revolver*, 5 de agosto de 1966
Lanç. nos EUA: álbum *Revolver*, 8 de agosto de 1966

dos horrores. Acredita-se que John fez uma fita com as palavras de Leary para escutar com fone de ouvido enquanto se drogava em casa.

O título provisório da faixa era "The Void", tirada da frase de Leary "Beyond the restless flowing electricity of Life is the ultimate reality – the void".[66] O título final foi um chavão de Ringo adotado por John porque conferia leveza ao que de outra forma poderia soar como uma jornada desoladora rumo ao nada.

O som da faixa, que consiste em *loops* de fita que cada um dos Beatles fez com *fade in* e *fade out*, foi surgindo com as experiências de Paul com o gravador de sua casa. "Ele tinha um Grundig. E descobriu que movendo o cabeçote de apagamento e ativando o *loop* podia encher a fita com um único ruído. Ficava girando até que a fita não conseguisse mais absorver nada, então ele a trazia e tocava", diz George Martin.

John queria que soasse como um coro de monges tibetanos entoando um cântico do alto de uma montanha. "Ele queria ouvir as palavras, mas não queria se ouvir", conta George Martin. O resultado, que faz parecer que John está cantando no fim de um longo túnel, foi obtido inserindo a voz através de um alto-falante Leslie.

Os Beatles relaxam em uma piscina de hotel durante sua turnê americana de 1966.

18

SGT PEPPER'S LONELY HEARTS CLUB BAND

A fase frutífera que trouxe os singles "Penny Lane" e "Strawberry Fields Forever", além do álbum *Sgt Pepper*, foi a primeira em que os Beatles puderam se dedicar inteiramente ao estúdio porque estavam livres de compromissos de show. Eles levaram 105 horas para gravar ambos os lados do single, uma marca inédita, e mais cinco meses para completar o álbum.

Paul criou o disco pensando em um show de uma banda de metais, eduardiana e fictícia, transportada para a era psicodélica e, obviamente, conduzida pelos Beatles. Lançado em junho de 1967, *Sgt Pepper* foi o álbum daquele que ficou conhecido como "O Verão do Amor" – uma breve temporada em que a ética hippie cultivada em São Francisco pareceu se espalhar por todo o ocidente. Para qualquer um que foi jovem nessa época, a música automaticamente evoca imagens de miçangas e túnicas, o som de sinos tilintando e o cheiro de maconha encoberto por incenso. Apesar disso, apenas quatro faixas em *Sgt Pepper* – "Lucy In The Sky With Diamonds", "She's Leaving Home", "Within You Without You" e "A Day In The Life" – aludiam ao levante social causado pela mudança da cultura jovem.

As outras eram canções pop bastante britânicas que tratavam de uma série de questões locais, de sociabilidade ("A Little Help From My Friends") e autoaperfeiçoamento ("Getting Better"), passando pela vida nos subúrbios ingleses ("Good Morning, Good Morning") e por decoração ("Fixing A Hole"), até o entretenimento vitoriano ("Being For The Benefit Of Mr Kite"). Muitas vezes, as letras das canções tinham linguagem deliberadamente antiquada – "guaranteed to raise a smile", "may I inquire discreetly", "meeting a man from the motor trade", "a splendid time is guaranteed for all", "indicate precisely

O audacioso *Sgt Pepper's Lonely Hearts Club Band* tornou-se um símbolo do marcante "Verão do Amor" de 1967.

what you mean to say"[67] –, para ajudar a ambientar uma verdadeira produção eduardiana com o bom e velho sargento Pepper e seus homens do clube de Corações Solitários.

Ainda assim, o espírito de 1967 tomou o álbum de modo significativo. Foi fruto da crença de que limites para a imaginação eram impostos culturalmente e, assim sendo, deveriam ser desafiados. Tentava-se tudo o que parecesse tecnicamente possível: do frenesi orquestral de "A Day In The Life" até a inclusão no disco de notas de frequências tão altas que só um cachorro poderia perceber.

Sgt Pepper foi um dos primeiros álbuns duplos e foi pioneiro em incluir encarte com as letras das músicas, embalagem interna decorada e por ter a capa feita por um artista famoso. Sua reputação de primeiro "álbum conceitual", porém, não é merecida. *Folk Songs From the Hills* (1947), de Merle Travis, era um álbum conceitual, assim como *In The Wee Small Hours* (1955), de Frank Sinatra, e, mais próximo da época de *Sgt Pepper*, *Blood Sweat and Tears* (1963) e *Bitter Tears* (1965), de Johnny Cash. Aliás, é discutível se o disco dos Beatles de fato era um álbum conceitual. O único tema que o unifica é a canção "Sgt Pepper". "Basicamente, *Sgt Pepper* era um álbum de McCartney, não de Lennon", diz Barry Miles, o principal contato do grupo com a cena underground londrina na época. "As pessoas cometem o erro de achar que deve ser coisa do Lennon porque ele era tão moderno. Na verdade, ele estava usando tantas drogas e tentando tão arduamente se livrar de seu ego que não se envolveu tanto com *Sgt Peppers*."

PENNY LANE

Penny Lane é uma rua de Liverpool, mas é também o nome dado à área que cerca seu cruzamento com a Smithdown Road. Nenhum dos lugares mencionados em "Penny Lane" existe de fato. Qualquer um que não tenha crescido nessa região de Liverpool pode considerá-la, como o músico e crítico de arte George Melly disse certa vez, "um tedioso centro comercial típico dos subúrbios ingleses". Mas para Paul e John, que haviam passado a infância lá, representava um tempo de suas vidas em que todos pareciam ser amigáveis e o sol brilhava sem parar em um céu claro e azul. A vida dentro da bolha da fama dourou um pouco mais as memórias de infância dos dois. Como John observou em "She Said, She Said", "When I was a boy, everything was right".

John incorporara Penny Lane a um antigo esboço de "In My Life", mas foi Paul quem fez dar certo. Ele criou uma cena de rua em Liverpool que poderia ter sido tirada de um álbum de fotos de infância, com uma bela babá, um barbeiro feliz, um banqueiro excêntrico, um bombeiro patriota e alguns passantes simpáticos. "Parte é fato. E parte, nostalgia", ele admitiu. De primeira, parece que se trata de uma cena de verão ("blue suburban skies"), mas depois a chuva é mencionada, assim como alguém vendendo papoulas (flor usada como adereço nas festas de 11 de novembro, data em que, em muitos países, se relembra o fim da Primeira Guerra Mundial). O fato é que a música é como uma série de fotos, não necessariamente tiradas no mesmo dia.

Havia uma barbearia em Penny Lane, tocada pelo senhor Bioletti, que afirmava ter cortado o cabelo de John, Paul e George quando crianças. Havia dois bancos (Barclays e Lloyds), um posto de bombeiros na Allerton Road e, no meio da rotatória, um abrigo. Alguns personagens, como o bombeiro com um retrato da rainha no bolso, eram

A banda garantiu que Penny Lane, em Liverpool, se tornasse um dos nomes de rua mais famosos da Inglaterra.

licenças poéticas de Paul. Ele conta: "Eu escrevi que o barbeiro tinha fotos de todas as cabeças que tivera o prazer de conhecer. Na verdade, ele tinha apenas fotos de diferentes cortes de cabelo. Mas todas as pessoas que iam e vinham de fato paravam e diziam 'olá'".

"Finger pie" era um gíria sexual de Liverpool incluída na canção para divertir um pouco os locais. "Era só uma piadinha para o pessoal de Liverpool que gostava de um pouco de sacanagem", diz Paul. "Durante muitos meses após o lançamento do disco garçonetes tiveram de aguentar pedidos de 'fish and finger pie'.[68]"

O poeta de Liverpool Roger McGough, que fazia parte de um grupo de música e humor com Mike, irmão de Paul, acredita que "Penny Lane" e "Strawberry Fields" eram significativas porque, pela primeira vez, marcos britânicos, e não americanos, estavam sendo celebrados no rock'n'roll.

"Os Beatles estavam começando a escrever canções sobre nossa casa", diz McGough. "Eles começaram a usar elementos como a sonoridade de nossa fala de rua e canções antigas que nossos pais ouviam nos tempos do teatro de variedades. Liverpool não tinha mitologia até que eles a criaram."

Hoje, por causa da música, Penny Lane é uma atração turística de Liverpool, o que acabou modificando a área. As placas originais da rua foram roubadas anos atrás e suas substitutas tiveram de ser pregadas aos muros. A barbearia se tornou um salão unissex com uma foto dos Beatles exposta na vitrine. O abrigo na rotatória foi renovado e abriu como bistrô Sgt Pepper's. O Wine Bar de Penny Lane tem a letra da música pintada acima de suas janelas.

PENNY LANE
Autoria: Lennon/McCartney
Duração: 3' 03''
Lanç. do single no Reino Unido: 17 de fevereiro de 1967, como lado A duplo com "Strawberry Fields Forever"
Posição na parada britânica: 2
Lanç. do single nos EUA: 13 de fevereiro de 1967, como lado A duplo com "Strawberry Fields Forever"
Posição na parada americana: 1

STRAWBERRY FIELDS
FOREVER

No outono de 1966, John foi para a Espanha para filmar o papel de soldado Gripweed no filme *How I Won The War*, de Dick Lester. Enquanto relaxava entre cenas na praia em Almeria, ele começou a compor "Strawberry Fields Forever", uma música concebida como um blues arrastado. O resto do trabalho ele fez em uma grande casa que alugava ali perto, em Santa Isabel.

A canção começou com o que viria a ser o segundo verso da versão gravada. Era uma reflexão sobre a convicção de que desde a infância ele sempre fora, de alguma forma, diferente dos demais, de que via e sentia coisas que os outros não viam nem sentiam. Na versão mais antiga de suas fitas da Espanha, ele começa com: "No one is on my wavelength", para depois mudar a frase para "No one I think is in my tree"[69], aparentemente para disfarçar o que poderia ser visto como arrogância. Ele estava dizendo que acreditava que ninguém conseguia se sintonizar com sua forma de pensar e que, então, devia ser ou um gênio ("high") ou louco ("low"). "Eu pareço ver as coisas de uma maneira diferente da maioria das pessoas", ele afirmou certa vez. Foi apenas no take 4 da fita de composição que ele fala dos Strawberry (sem o "forever") e, no take 5, acrescentou a frase "nothing to get mad about", que depois foi alterada para "nothing to get hung about"[70]. Ele já estava usando um modo deliberadamente hesitante – "er", "that is", "I mean", "I think" – para reforçar que essa era uma tentativa de articular conceitos que não podem ser colocados em palavras.

Ao retornar à Inglaterra, John trabalhou na música em Kenwood, onde o verso final foi incluído. Foi só no estúdio que ele a terminou, acrescentando o verso de abertura, o que ajuda a explicar por que a introdução dá a sensação de não fazer parte do resto da canção.

Na versão completa, um lugar é criado para representar um estado da mente. Strawberry Field (John acrescentou o "s") era um orfanato do Exército da Salvação na Beaconsfield Road, Woolton, a cinco minutos de caminhada de sua casa na Menlove Avenue. Era uma enorme construção vitoriana em um terreno arborizado aonde John ia com sua tia Mimi para os festivais de verão, mas também um lugar onde ele entrava sorrateiramente à noite e nos fins de semana com amigos como Pete Shotton e Ivan Vaughan. O local se tornou seu *playground*.

Essas visitas ilícitas eram para John como as fugas de Alice pela toca do coelho e através do espelho. Ele sentia estar entrando em outro mundo, um universo que era mais próximo do seu mundo interior, e na vida adulta ele associaria esses momentos de alegria com sua infância perdida e também com uma sensação de psicodelismo, neste caso sem drogas.

Na entrevista de 1980 para a *Playboy*, John declarou a David Sheff que "entrava em alfa" quando criança e via "imagens alucinatórias" de seu rosto quando se olhava no espelho. Ele disse que foi só quando descobriu o trabalho dos surrealistas que percebeu que não era louco, e sim membro de "um clube exclusivo que vê o mundo desse jeito".

**STRAWBERRY
FIELDS FOREVER**
Autoria: Lennon/
McCartney
Duração: 4'10"
**Lanç. do single
no Reino Unido:**
17 de fevereiro
de 1967, como
lado A duplo com
"Penny Lane"
**Posição na parada
britânica:** 2
**Lanç. do single
nos EUA:** 13 de
fevereiro de 1967,
como lado A
duplo com "Penny
Lane"

"Strawberry Fields
Forever" foi intitulada
por causa de um
orfanato do Exército
da Salvação em
Woolton, que ficava a
uma caminhada de
cinco minutos da casa
de John na Menlove
Avenue.

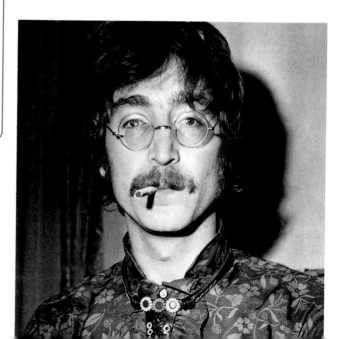

SGT PEPPER'S LONELY HEARTS CLUB BAND

Junto ao sucesso exponencial crescia às vésperas de cada disco a expectativa de que os Beatles não só apresentassem outra obra-prima, mas também novas profecias. Para aliviar a pressão, Paul criou o eulírico Sgt Pepper, uma identidade que daria mais liberdade criativa à banda. Vivendo o papel de Lonely Hearts Club Band, os Beatles não teriam de corresponder a nenhuma expectativa.

Paul teve essa ideia em um voo de Nairóbi a Londres em 19 de novembro de 1966. No começo das férias desse ano, quando estava na França, ele usara um disfarce no rosto para poder viajar incógnito. Isso o levou a considerar como os Beatles seriam livres se pudessem usar máscaras.

Esse conceito, porém, só foi adotado para a faixa de abertura (e sua reprise). A ideia foi tão bem desenvolvida que disseminou a impressão de que *Sgt Pepper's Lonely Hearts Club Band* era um "álbum conceitual". "Se você as ouve, as canções não têm nenhuma conexão. Paul perguntou 'por que não fazemos a banda Pepper e transformamos Ringo em Billy Shears'. De fato não era um álbum conceitual. A questão era só que eu estava tentando fazer algo coerente, emendando tudo o máximo possível", admitiu George Martin. Mais tarde, Martin teve a ideia da repetição do tema inicial, que ajudou a costurar tudo.

O fenômeno Sgt Pepper lembra muito iniciativas mais comuns na Costa Oeste norte-americana naquela época (dá para imaginar o nome em um pôster psicodélico no Avalon Ballroom, em São Francisco). Ao mesmo tempo, a canção e o disco são essencialmente ingleses (era possível imaginá-los tocando em um gramado eduardiano no verão). Paul pretendia jogar nos dois times, escrevendo letras à moda antiga, cantadas com uma intensidade psicodélica e satírica e adotando um

SGT PEPPER'S LONELY HEARTS CLUB BAND
Autoria: Lennon/McCartney
Duração: 2'02''
Lanç. no Reino Unido: álbum *Sgt Pepper's Lonely Hearts Club Band*, 1º de junho de 1967
Lanç. nos EUA: álbum *Sgt Pepper's Lonely Hearts Club Band*, 2 de junho de 1967

"Sgt Pepper's Lonely Hearts Club Band" evocava o som da Costa Oeste dos EUA em 1967 e ao mesmo tempo era essencialmente inglês.

nome atraente para a moda dos anos 1960 dos nomes longos e surreais – Jefferson Airplane, Quicksilver Messenger Service, Incredible String Band, Big Brother and the Holding Company. "De certa forma, é uma banda de metais, mas também é uma banda de rock, porque tem um quê de São Francisco", disse Paul na época.

A origem do nome Sgt Pepper é motivo de discussão. Há quem diga que foi Mal Evans, antigo empresário de turnês dos Beatles, quem criou o nome, como um substituto engraçado para "salt'n'pepper". Outros sugerem que o nome vem de um refrigerante americano popular chamado Dr Pepper.

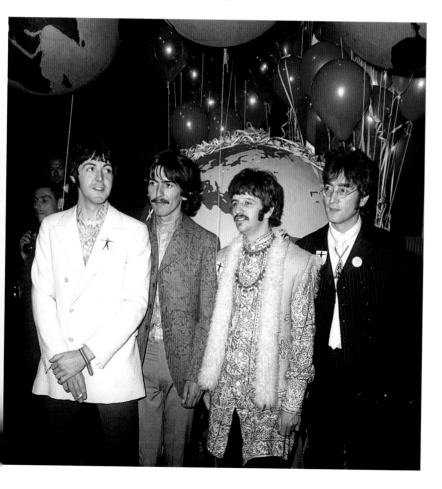

WITH A LITTLE HELP FROM MY FRIENDS

O jornalista Hunter Davies teve uma oportunidade rara de acompanhar os métodos de composição dos Beatles quando trabalhou na biografia autorizada da banda lançada em 1968. Na tarde de 29 de março de 1967, Davies foi à casa de Paul na Cavendish Avenue e viu que ele e John trabalhavam em "With A Little Help From My Friends". Foi uma das primeiras vezes que um jornalista testemunhou Lennon e McCartney compondo. "Eles queriam fazer uma música ao estilo Ringo. Sabiam que teria de ser para as crianças, uma música para cantar junto. Era o que achavam que estava faltando no disco até aquele ponto. Eu gravei os dois tentando fazer todas as rimas funcionarem e, em algum lugar, tenho uma lista de todas as que não foram usadas", Davies recorda.

No começo da tarde, tudo o que os músicos tinham era o verso do refrão e um pouco da melodia. Pelas primeiras duas horas, eles tocaram violão, e nenhum dos dois tinha avançado muito. Foi John que acabou sugerindo começar todos os versos com uma pergunta. A fra-

WITH A LITTLE HELP FROM MY FRIENDS
Autoria: Lennon/McCartney
Duração: 2' 44''
Lanç. no Reino Unido: álbum *Sgt Pepper's Lonely Hearts Club Band*, 1º de junho de 1967
Lanç. nos EUA: álbum *Sgt Pepper's Lonely Hearts Club Band*, 2 de junho de 1967

"With A Little Help From My Friends" começou a tomar forma quando John sugeriu começar todos os versos com uma pergunta.

se "Do you believe in love at first sight?" não tinha o número certo de sílabas, então se tornou "a love at first sight"[71]. A resposta de John foi "Yes, I'm certain that it happens all the time"[72], que foi seguida de "Are you afraid when you turn out the light?", mas reformulada como "What do you see when..."[73].

Então Cynthia Lennon entrou e sugeriu "I'm just fine" como resposta, mas John não gostou. Em vez disso, ele tentou "I know it's mine" e acabou criando o verso "I can't tell you, but I know it's mine"[74], que é mais substancial.

Depois de algumas horas brincando com as palavras, os dois começaram a divagar. Eles passaram a brincar, cantando "Can't Buy Me Love" e tocando "Tequila" (um sucesso de 1958 com The Champs) ao piano. "Quando empacavam, eles tocavam rock", relembra Davies. "Às vezes cantavam uma música de Englebert Humperdinck e ficavam de bobeira, para depois voltar ao trabalho."

Uma gravação estava marcada para as sete, e eles telefonaram para Ringo para dizer que a música dele estava pronta, ainda que a letra não estivesse no ponto. A canção foi finalizada no estúdio, onde dez takes foram gravados naquela mesma noite. Como John estava com um dedo machucado, ela ficou conhecida inicialmente como "Bad Finger Boogie", mas acabou rebatizada como "With A Little Help From My Friends".

LUCY IN THE SKY
WITH DIAMONDS

Uma tarde, no começo de 1967, Julian Lennon voltou do jardim de infância para casa trazendo nas mãos um desenho colorido da sua coleguinha, Lucy O'Donnell, de quatro anos. Ao explicar a obra de arte ao pai, Julian disse que era Lucy "no céu com diamantes".

Essa frase impressionou John e deu início às associações que levaram à composição da onírica "Lucy In The Sky With Diamonds", uma das três faixas de *Sgt Pepper* que supostamente "falavam de drogas". Apesar de ser improvável que John tivesse escrito essa fantasia sem nunca ter experimentado alucinógenos, a música foi igualmente afetada pelo seu amor pelo surrealismo, pelos jogos de palavras e pela obra de Lewis Carroll.

Logo que se apontou que as iniciais da canção formavam a sigla LSD parecia estar comprovado que a música era a descrição de uma viagem provocada por ácido lisérgico. Ainda assim, John negou isso veementemente, tanto em público quanto em particular, mesmo nunca tendo hesitado em discutir músicas que de fato faziam referência às drogas. Ele insistia que o título tinha vindo do que Julian dissera sobre a sua pintura. O próprio Julian recorda: "Não sei por que eu dei aquele nome nem por que se destacou entre todos os meus outros desenhos, mas eu obviamente gostava muito de Lucy. Eu mostrava tudo o que fazia ou pintava na escola ao meu pai, e esse desenho levou à ideia de uma música sobre Lucy no céu com diamantes".

Lucy O'Donnell (que atualmente é professora de crianças com necessidades especiais) vivia perto da família Lennon, em Weybridge, e ela e Julian eram alunos da Heath House, um jardim de infância administrado por duas senhoras em uma construção eduardiana. "Eu me lembro de Julian na escola", conta Lucy, que só soube aos 13 anos

LUCY IN THE SKY WITH DIAMONDS
Autoria: Lennon/ McCartney
Duração: 3' 28''
Lanç. no Reino Unido: álbum *Sgt Pepper's Lonely Hearts Club Band*, 1º de junho de 1967
Lanç. nos EUA: álbum *Sgt Pepper's Lonely Hearts Club Band*, 2 de junho de 1967

que havia sido imortalizada por uma canção dos Beatles. "Eu me lembro bem dele. Posso ver seu rosto claramente... nós costumávamos sentar lado a lado naquelas carteiras bem antigas. A casa era enorme, e havia cortinas pesadas para dividir as salas. Pelo que me disseram Julian e eu éramos duas pestes."

John afirmou que as imagens de alucinações na canção tinham sido inspiradas pelo capítulo "Lã e água" de *Através do espelho*, de Lewis Carroll, em que Alice é levada rio abaixo em um barco a remo pela Rainha, que de repente se transforma em um carneiro.

Quando criança, *Alice no País das Maravilhas* e *Através do espelho* eram dois dos livros favoritos de John. Em uma entrevista de 1965, ele afirmou que quando criança os relia uma vez por ano. Em outra ocasião, ele declarou que, em parte, foi graças à leitura que ele percebeu que as imagens em sua cabeça não eram indícios de insanidade. "Surrealismo para mim é realidade", ele afirmou. "A visão psicodélica é realidade para mim e sempre foi."

Pelos mesmos motivos, John adorava *The Goon Show*, programa de rádio britânico com Spike Milligan, Harry Secombe e Peter Sellers transmitido pela BBC entre junho de 1952 e janeiro de 1960. Os roteiros de *The Goon Show*, escritos principalmente por Milligan, satirizavam figuras do *establishment*, atacavam o conservadorismo do pós-guerra e popularizavam um humor bem *nonsense*. A famosa excentricidade de John devia muito aos Goons. Ele disse a Spike Milligan que "Lucy In The Sky With Diamonds" e diversas outras canções tinham sido parcialmente inspiradas em diálogos do *The Goon Show*.

"Nós costumávamos conversar sobre 'plasticine ties' no *The Goon Show*, que entrou furtivamente em Lucy como 'plasticine porters with looking glass ties'[75]," conta Milligan, que, sendo amigo de George Martin, assistiu a algumas gravações de *Sgt Pepper*. "Eu conhecia bem Lennon. Ele costumava falar muito sobre comédia. Ele era maníaco pelo *Goon Show*. Tudo mudou quando ele se casou com Yoko Ono. Tudo parou. Ele nunca mais perguntou de mim."

Quando Paul chegou a Weybridge para trabalhar na música, John só tinha o primeiro verso e o refrão. De resto, só algumas frases e versos e imagens trocadas. Paul inventou "newspaper taxis" e "cellophane flowers", e John, "kaleidoscope eyes"[76].

GETTING BETTER

Boa parte de *Sgt Pepper* foi escrita durante as gravações, e John e Paul eram inspirados por tudo o que acontecesse ao seu redor. Hunter Davies estava com Paul em uma dessas ocasiões – quando surgiu a frase que se tornaria a base de "Getting Better". "Eu estava andando pela Primrose Hill com Paul e Martha, a cachorra dele. Estava claro e ensolarado – a primeira manhã primaveril daquele ano. Pensando no tempo, Paul disse 'está melhorando'. Ele estava dizendo que a primavera tinha chegado, mas começou a rir e, quando perguntei por que, ele me disse que tinha se lembrado de uma coisa", diz Davies.

A frase fez com que Paul se lembrasse do baterista Jimmy Nicol, que foi um Beatle por pouco tempo, em junho de 1964, ao substituir Ringo, que estava doente, em uma turnê. Nicol era um músico experiente que tinha trabalhado com os Spotnicks e Blue Flames, de Georgie Fame, mas teve de aprender a ser um Beatle da noite para o dia. Convidado por George Martin em 3 de junho, ele encontrou John, Paul e George naquela tarde e estaria no palco com eles em Copenhague na noite seguinte. Uma semana depois, em Adelaide. Depois de tocar em apenas cinco shows, Nicol recebeu seu cachê, junto com um "presente de aposentadoria" de brincadeira – um relógio de ouro. "Depois de todos os shows, John e Paul costumavam perguntar a Jimmy Nicol como ele estava", conta Hunter Davies. "A única coisa que Jimmy dizia era 'está melhorando'. Era o único comentário que arrancavam dele. Acabou virando uma piada, e sempre que os rapazes pensavam em Jimmy, pensavam em 'está melhorando'."

Depois da caminhada em Primrose Hill, Paul voltou para sua casa em St John's Wood e cantou a frase repetidas vezes enquanto fazia a melodia no violão e depois no piano. À noite, John apareceu. "Paul

GETTING BETTER

Autoria: Lennon/McCartney

Duração: 2' 47''

Lanç. no Reino Unido: álbum *Sgt Pepper's Lonely Hearts Club Band*, 1º de junho de 1967

Lanç. nos EUA: álbum *Sgt Pepper's Lonely Hearts Club Band*, 2 de junho de 1967

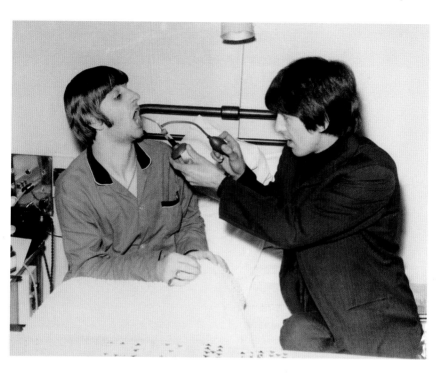

"Getting Better" foi inspirada em um comentário feito por Jimmy Nicol, baterista substituto dos Beatles, que ocupou o lugar de Ringo em 1964, quando ele teve amigdalite.

sugeriu que eles escrevessem uma música chamada 'It's Getting Better'. De tempos em tempos, eles compunham individualmente, mas era mais comum que um tivesse metade de uma música, e o outro a terminasse. Foi assim com essa. Paul tocou o que tinha feito até então para John, e eles terminaram juntos", Davies recorda.

"Getting Better" foi um exemplo interessante de como eles seguravam os excessos um do outro quando trabalhavam juntos. O otimismo do refrão de Paul, em que tudo está melhorando por causa do amor, é contrabalançado pela confissão de John de ter sido um rebelde na escola, um jovem raivoso e de ter batido na esposa. Quando Paul canta que as coisas estão melhorando o tempo todo, John surge com "it couldn't get much worse".[77]

Quando perguntaram sobre a música anos depois, John admitiu ter tendências agressivas, "eu acredito sinceramente em paz e amor. Sou um homem violento que aprendeu a não ser violento e se arrepende da própria violência".

FIXING A HOLE

"Fixing A Hole" era outra canção de *Sgt Pepper* que supostamente se referia às drogas. As pessoas presumiram que Paul estivesse falando de heroína. Mas a canção é sobre renovar a vida, se dar a liberdade de fechar os buracos e rachaduras que permitiam que os inimigos da sua imaginação se infiltrassem. "É o buraco em você que permite que a chuva entre e impede sua mente de ir aonde ela quer", como ele explica.

Apesar de não ser sobre o "do it yourself" (o hobbie de fazer pequenos consertos), Paul pode ter se inspirado em atividades caseiras em seu refúgio escocês, em High Park, que comprou em junho de 1966. A casa, com 160 hectares de pasto, não era habitada havia cinco anos e estava em más condições devido às pancadas constantes da chuva e dos ventos marítimos. As paredes marrons estavam escuras por causa da umidade, os únicos móveis eram caixas de batata, e não havia banheiro.

Paul decorou a propriedade "de um jeito colorido", como recorda Alistair Taylor, assistente de Brian Epstein que acompanhou Paul e Jane em sua primeira visita a High Park. "A tinta marrom fazia a quinta parecer a parte interna de uma barra de chocolate Aero", ele escreveu em seu livro *Yesterday: My Life With The Beatles*. "Paul decidiu que não dava mais, então foi até Campbeltown e comprou montes de pacotes de canetas coloridas. Nós três passamos as horas seguintes rabiscando com todas aquelas cores."

Em 1967, em uma entrevista com o artista Alan Aldridge, Paul foi sondado sobre as associações com drogas: "Se você é um viciado sentado em uma sala preparando uma dose, então é isso que ela significa para você, mas quando a escrevi o que quis dizer é que se há uma rachadura, ou se a sala não tem cores, eu vou pintá-la".

Acredita-se que Paul tenha extraído a imagem da letra de "Fixing A Hole" de High Park, seu refúgio escocês.

FIXING A HOLE
Autoria: Lennon/
McCartney
Duração: 2' 36"
**Lanç. no Reino
Unido:** álbum *Sgt
Pepper's Lonely
Hearts Club Band*,
1º de junho de
1967
Lanç. nos EUA:
álbum *Sgt Pepper's
Lonely Hearts Club
Band*, 2 de junho
de 1967

SHE'S LEAVING HOME

Em fevereiro de 1967, Paul se deparou com um artigo de jornal sobre uma adolescente londrina de 17 anos que tinha sumido de casa fazia mais de uma semana. O pai, aflito, foi citado ao afirmar: "Não consigo imaginar por que ela fugiria. Ela tem tudo aqui".

Adolescentes fugindo de casa eram o assunto do momento em 1967. Como parte da criação de uma sociedade alternativa, o guru da contracultura Timothy Leary incitou seus seguidores a "desertarem", abandonarem a escolarização e o emprego formal. Como resultado, torrentes de jovens foram na direção de São Francisco, centro do *Flower Power*. O FBI anunciou 90 mil fugitivos naquele ano – um recorde.

Com apenas a matéria de jornal para se basear, Paul escreveu uma música comovente sobre uma jovem fugindo de uma casa claustrofobicamente respeitável em busca de diversão e romance nos agitados anos 1960. O que ele não sabia na época era o grau de exatidão dessa especulação. Ele também não fazia ideia de que tinha conhecido a garota em questão apenas três anos antes.

A fugitiva da história era Melanie Coe, filha de John e Elsie Coe, que viviam em Stamford Hill, norte de Londres. As únicas diferenças entre a história dela e a cantada na música são que ela conheceu um homem em um cassino, em vez de "na loja de carros", e que ela saiu de casa de tarde, enquanto os pais estavam no trabalho, em vez de pela manhã enquanto dormiam. "O impressionante sobre a música era quanto ele acertou sobre a minha vida", diz Melanie. "Falava dos pais dizendo 'we gave her everything money could buy'[78], o que era verdade no meu caso. Eu tinha dois anéis de diamante, um casaco de pele, roupas de seda e *cashmere* feitas à mão e até um carro."

SHE'S LEAVING HOME
Autoria: Lennon/McCartney
Duração: 3' 35''
Lanç. no Reino Unido: álbum *Sgt Pepper's Lonely Hearts Club Band*, 1º de junho de 1967
Lanç. nos EUA: álbum *Sgt Pepper's Lonely Hearts Club Band*, 2 de junho de 1967

199

Melanie continua: "Depois, havia um verso que falava 'after living alone for so many years'[79], o que realmente me tocou porque eu era filha única e sempre me senti sozinha. Nunca tive diálogo com nenhum dos meus pais. Era uma batalha constante. Eu saí porque não conseguia mais encará-los. Ouvi a música quando foi lançada e pensei que era sobre alguém como eu, mas nunca sonhei que na verdade fosse sobre mim. Eu me lembro de pensar que não tinha fugido com um homem do mercado de automóveis, então não podia ser eu! Eu devia estar na casa dos vinte quando minha mãe disse ter visto Paul na televisão, e ele tinha dito que a música era sobre uma matéria de jornal. Foi quando comecei a dizer aos meus amigos que era sobre mim".

O caso de Melanie é exemplar do conflito de gerações do fim da década de 1960. Melanie desejava uma liberdade da qual tinha ouvido falar, mas que não tinha encontrado em casa. O pai dela, um executivo de sucesso, e a mãe, cabeleireira, tinham um casamento insosso e frágil. Eles não tinham religião, e as coisas mais importantes da vida eram respeitabilidade, asseio e dinheiro. "Minha mãe não gostava de nenhum dos meus amigos. Eu não podia levar ninguém para casa. Ela não gostava que eu saísse. Eu queria atuar, mas ela não me deixou ir para a escola de teatro. Ela queria que eu fosse dentista. Ela não gostava de como eu me vestia. Ela não queria que eu fizesse nada que eu queria. Meu pai era fraco. Ele acatava qualquer coisa que minha mãe dissesse, mesmo que discordasse", conta Melanie.

Melanie Coe, vista à esquerda dos Beatles em *Ready Steady Go!*, em 1963, é a adolescente fugitiva que se tornou tema de "She's Leaving Home".

Foi através da música que Melanie encontrou consolo. Aos 13 anos, ela começou a frequentar os clubes do West End de Londres e, quando o lendário programa de televisão ao vivo *Ready Steady Go!* começou, no fim de 1963, ela se tornou uma dançarina regular nele. Os pais dela muitas vezes vasculhavam os clubes e a arrastavam de volta para casa. Se chegasse tarde, apanhava. "Quando saía, podia ser eu mesma. Aliás, nos clubes eu era encorajada a ser eu mesma e a me divertir. Dançar era a minha paixão. Eu era louca pela música da época e mal podia esperar até que o próximo single saísse. Quando a música diz 'Something was denied'[80], esse algo sou eu. Eu não podia ser *eu*. Eu estava procurando diversão e carinho. Minha mãe não era nada carinhosa. Ela nunca me beijava", Melanie conta.

Em 4 de outubro de 1963, Melanie ganhou um concurso de mímica no *Ready Steady Go!*. Por coincidência, era a primeira vez que os Beatles estavam no programa, e ela recebeu o prêmio das mãos de Paul McCartney. Cada um dos Beatles deu a ela uma mensagem autografada. "Passei o dia nos estúdios ensaiando, então estive perto dos Beatles a maior parte do tempo. Paul não estava a fim de muito papo, e John parecia distante, mas passei um tempo conversando com George e Ringo", ela conta.

Sair de casa levou Melanie aos braços de David, um crupiê que conheceu em um clube. Eles alugaram um apartamento em Sussex Gardens, perto da Paddington Station, e enquanto davam um passeio uma tarde viram a foto dela na primeira página de um jornal vespertino. "Voltei imediatamente para o apartamento e coloquei óculos escuros e um chapéu", ela conta. "A partir daquele momento, vivi com pavor de ser encontrada. Eles conseguiram me achar depois de uns dez dias, porque acho que deixei escapar onde meu namorado trabalhava. Falaram com o chefe dele, que me persuadiu a ligar para eles. Quando eles ligaram para ir me ver, me enfiaram na parte de trás do carro e me levaram para casa."

Para fugir dos pais, Melanie se casou aos 18 anos. O casamento não durou muito mais do que um ano, e, por volta dos 21, ela tinha se mudado para os EUA para viver em um *ashram* e tentar trabalhar como atriz. Hoje Melanie vive na Espanha com dois filhos e o namorado. Ela compra e vende joias de Hollywood dos anos 1950. "Se eu fosse viver minha vida de novo, não escolheria fazer tudo igual. O que eu fiz foi muito perigoso, mas tive sorte. Acho que é bom ser imortalizada em uma música, mas teria sido ainda melhor se tivesse sido por ter feito alguma coisa, em vez de por ter fugido de casa", ela comenta.

BEING FOR THE BENEFIT OF MR KITE!

Em janeiro de 1967, os Beatles foram ao Knole Park, perto de Sevenoaks, em Kent, fazer um filme promocional de "Strawberry Fields Forever". "Havia um antiquário perto do hotel onde estávamos", conta Tony Bramwell, ex-funcionário da Apple. "John e eu fomos passear, ele viu um cartaz de circo vitoriano emoldurado e o comprou."

Impresso em 1843, o cartaz orgulhosamente anunciava que o Circus Royal de Pablo Fanque apresentaria "a maior noite da temporada" em Town Meadows, Rochdale, Lancashire. A produção seria "em benefício do sr. Kite" e apresentaria "o sr. J. Henderson, o famoso saltador", que "apresentaria seus extraordinários saltos de trampolim e cabriolas sobre homens e cavalos, por entre argolas, por entre jarreteiras e, por último, por entre uma barrica em chamas. Nessa área da profissão, o sr. H desafia o mundo". Dizia-se que os srs. Kite e Henderson garantiam ao público que "a produção da noite, que levou alguns dias de preparação, seria uma das mais esplêndidas já produzidas na cidade".

John começou a escrever uma música usando as palavras do cartaz, que estava em sua sala de música, e Pete Shotton o viu apertando os olhos na direção do texto enquanto fazia a melodia ao piano. John mudou alguns fatos para encaixar na música. No cartaz, o sr. Henderson se oferecia para desafiar o mundo, não o sr. Kite: os Henderson não tinham saído da Pablo Fanque's Fair, Kite é que tinha saído do Wells's Circus. Para rimar com "don't be late", John mudou eventos de Rochdale para Bishopsgate e para rimar com "will all be there", ele transformou o circo em feira (fair). O cavalo original se chamava Zanthus, em vez de Henry.

Para John, Pablo Fanque, o sr. Kite e os Henderson não eram nada além de nomes coloridos em um cartaz, mas os registros revelam que,

BEING FOR THE BENEFIT OF MR KITE!
Autoria: Lennon/McCartney
Duração: 2' 37''
Lanç. no Reino Unido: álbum *Sgt Pepper's Lonely Hearts Club Band*, 1º de junho de 1967
Lanç. nos EUA: álbum *Sgt Pepper's Lonely Hearts Club Band*, 2 de junho de 1967

150 anos antes, eram grandes astros no mundo do circo. O sr. Kite era William Kite, filho de um dono de circo, James Kite, e um artista completo. Em 1810 ele formou o Kite's Pavilion Circus e trinta anos depois estava com o Wells's Circus. Acredita-se que tenha trabalhado no circo de Pablo Fanque de 1843 a 1845.

Pablo Fanque era um artista de muitos talentos que se tornou o primeiro negro dono de circo na Inglaterra. Seu verdadeiro nome era William Darby e ele nasceu em Norwich, em 1796, filho de John e Mary Darby. Passou a se chamar Pablo Fanque na década de 1830.

Os Henderson eram John (equilibrista, adestrador, artista do trampolim e palhaço) e sua esposa Agnes, filha do dono de circo Henry Hengler. Eles viajaram por toda a Europa durante os anos 1840 e 1850. As cabriolas que o sr. Henderson realizava no chão duro eram cambalhotas, "jarreteiras" eram faixas seguradas entre duas pessoas, e "trampolim" era, naqueles tempos, um trampolim de madeira, não uma cama elástica.

Na época, John considerou "Being For The Benefit Of Mr Kite!" uma música descartável, e disse a Hunter Davies: "Eu estava só seguindo meus impulsos porque precisávamos de uma música nova para *Sgt Pepper* naquele momento". Em 1980, ele reviu radicalmente sua opinião e disse a David Sheff, que o entrevistava para a *Playboy*: "É tão cosmicamente bonito... A canção é pura, como uma pintura, uma aquarela pura".

203

John ao lado do cartaz vitoriano que forneceu quase todos os nomes e frases usados em Being For The Benefit of Mr Kite!".

WITHIN YOU
WITHOUT YOU

George se interessou pelo pensamento oriental depois de descobrir a cítara em 1965, e, ao estudar o instrumento com Ravi Shankar, fez a primeira declaração explícita de sua recém-descoberta filosofia em "Within You Without You".

Escrita como a recordação de uma conversa, a música revela a visão de que o individualismo ocidental – a ideia de que cada um de nós tem seu próprio ego – se baseia em uma ilusão que encoraja a separação e a divisão. Para nos aproximarmos e acabarmos com a "distância entre nós", precisamos abrir mão dessa ilusão de ego e perceber que somos essencialmente "um só". Apesar de a visão expressada em "Within You Without You" ter sido extraída de ensinamentos hindus, ela ressoou entre os adeptos do ácido daquela época. Através de uma destruição do ego quimicamente induzida, os usuários de ácido muitas vezes sentiam como se tivessem sido absorvidos por uma "consciência cósmica". A frase sobre ganhar o mundo, mas perder a alma, foi tirada de um alerta feito por Jesus e registrado em dois dos evangelhos (Mateus 16:26, Marcos 8:36).

George começou a compor a música depois de um jantar na casa de Klaus Voormann, artista e músico alemão que ele conheceu em Hamburgo e que havia feito a capa de *Revolver*. Voormann estava morando em Londres, era casado com Christine Hargreaves, atriz de *Coronation Street*, e tocava baixo com Manfred Mann. Tony King e Pattie Harrison também estavam presentes. King, que trabalharia na Apple, conhecia os Beatles desde sua chegada a Londres em 1963. Ele recorda: "Klaus tinha um harmônio de pedal, e George entrou na sala ao lado e começou a mexer nele. Saíram uns grunhidos horríveis, e, até o fim da noite, ele estava começando a cantar fragmentos para nós. É inte-

WITHIN YOU
WITHOUT YOU
Autoria: Harrison
Duração: 5'05"
Lanç. no Reino Unido: álbum *Sgt Pepper's Lonely Hearts Club Band*, 1º de junho de 1967
Lanç. nos EUA: álbum *Sgt Pepper's Lonely Hearts Club Band*, 2 de junho de 1967

"Within You Without You" foi a primeira vez que George colocou os ensinamentos do mentor Ravi Shankar em uma canção.

ressante que a gravação final de 'Within You Without You' tenha tido o mesmo grunhido que eu ouvi no harmônio, porque John uma vez me disse que o instrumento em que você compõe uma música determina o som da música. Uma composição ao piano soa totalmente diferente de uma feita ao violão".

A lembrança que King tem dessa noite é a de uma típica noitada de descolados dos anos 1960, com baseados queimando e ideias cósmicas flutuando: "Estávamos todos conversando sobre o muro de ilusão e sobre o amor que fluía entre nós, mas ninguém sabia do que estava falando. Foi um pouco ridículo na verdade. Era como se, de uma hora para outra, fôssemos sábios. Todos nós sentimos que tínhamos captado o significado do universo".

"Quando conheci George, em 1963, ele era o senhor Diversão, passava as noites todas na rua. Então, de repente, ele descobriu o LSD e a religião indiana e ficou muito sério. Os fins de semana divertidos, em que comíamos carne e torta de fígado e ficávamos sentados rindo, se transformaram em fins de semana bem sérios, com todo mundo eufórico falando sobre o significado do universo. Nunca foi a minha, mas nós todos nos envolvemos com isso porque éramos jovens, facilmente influenciáveis e andávamos com pessoas famosas. Eu lembro quando os artistas holandeses Simon e Marijke, que haviam pintado a fachada da loja da Apple, estavam na casa de George. Eu me enchi de tudo e fui para o bar. Assim que passei pela entrada da casa de George,

"Essas vibrações que a ioga, os cânticos cósmicos e coisas assim trazem são uma viagem", disse George em um modo tipicamente cármico.

Simon e Marijke vieram flutuando em metros de *chiffon* e disseram 'uhhh, aonde você vai, cara?'. Eu disse a eles que ia tomar uma Guinness. Eles disseram 'Oh. Fale algo bonito para nós'."

Em uma entrevista para o *International Times*, em 1967, George declarou: "Somos todos um. A compreensão da reciprocidade do amor humano é incrível. É uma boa vibração, que faz você se sentir bem. Essas vibrações que a ioga, os cânticos cósmicos e coisas assim trazem são uma viagem. Uma viagem que te leva pra qualquer lugar. Não tem nada a ver com remédios. É só você na sua cabeça, a compreensão. É uma viagem. Te leva direto para o plano astral".

Nenhum dos outros Beatles estava presente quando "Within You Without You" foi gravada. George e Neil Aspinall tocavam tamburas enquanto músicos de estúdio tocavam diversos instrumentos incluindo *dilruba*, tabla, violino e violoncelo. "Não foi difícil organizar os músicos indianos para a gravação", lembra George Martin. "Difícil foi escrever uma partitura para os violoncelos e violinos, de modo que os músicos ingleses conseguissem tocar como os indianos. O tocador de *dilruba*, por exemplo, estava fazendo todo tipo de movimento, então tive de orquestrar isso para as cordas e instruir os músicos a seguirem-no."

"A risada bem no final da faixa era de George Harrison. Ele simplesmente achou que seria uma boa ideia se expressar", lembra Martin.

WHEN I'M SIXTY-FOUR

Paul afirmou que a melodia de "When I'm Sixty-Four" foi composta ao piano em Forthlin Road, Liverpool, "quando eu tinha uns 15 anos". Isso a situa em 1957 ou 1958, pouco depois de ele ter se juntado a John em The Quarry Men. Por volta de 1960, Paul estava tocando uma versão dela em shows quando o amplificador quebrou. Na época, ele achava que era uma "música de cabaré", escrita em respeito à música da década de 1920 e 1930, que seu pai tocava quando era jovem.

Em meio ao psicodelismo, o que era moda na juventude de Jim McCartney estava voltando, e fazia sentido que Paul tirasse a poeira dessa música de adolescência. O pastiche dos anos 1920 "Winchester Cathedral" tinha sido um sucesso no Reino Unido com o The New Vaudeville Band em setembro de 1966, e *Bonnie and Clyde*, filme que deu início a uma febre pelas roupas dos anos 1930, foi lançado em 1967.

Apesar de a música ter sido escrita com seu pai em mente, foi uma coincidência que ele estivesse com 64 anos quando ela foi lançada.

WHEN I'M SIXTY-FOUR
Autoria: Lennon/McCartney
Duração: 2' 37''
Lanç. no Reino Unido: álbum *Sgt Pepper's Lonely Hearts Club Band*, 1º de junho de 1967
Lanç. nos EUA: álbum *Sgt Pepper's Lonely Hearts Club Band*, 2 de junho de 1967

"Meu pai provavelmente só tinha 56 quando eu a escrevi. A idade para aposentadoria na Inglaterra é 65, então talvez eu tenha pensado que 64 fosse um bom prelúdio. O mais provável é que 64 simplesmente funcionasse melhor como número", disse Paul.

A canção foi escrita como uma carta de um jovem sem muitas habilidades sociais que parece estar tentando conquistar uma garota que mal conhece. O tom oficial da carta ("drop me a line, stating point of view"[81]) cria uma imagem convincente de um jovem cavalheiro formal que quer tudo por escrito antes de assinar na linha pontilhada.

"Era uma espécie de pastiche", diz George Martin. "Era uma paródia das coisas antigas. A letra era levemente gozadora. Também tinha algo da música de seu pai, porque Jim McCartney tinha sido músico nos anos 1920. Paul sempre teve um respeito secreto por esse tipo de música antiga."

John afirmou que não teria sequer sonhado em escrever nada parecido com "When I'm Sixty-Four". "John torcia o nariz para muitas coisas", diz Martin. "Mas fazia parte do processo de colaboração dos dois. Eles tendiam a ser rivais. Nunca foram Rodgers e Hart. Estavam mais para Gilbert e Sullivan. Um fazia uma coisa, e o outro dizia 'tá, eu posso fazer melhor', ia lá e fazia melhor. Ao mesmo tempo, estava pensando 'estava bom pra cacete. Queria ter feito isso'."

Paul escreveu "When I'm Sixty-Four" quando tinha 15 anos e fez dela uma afetuosa homenagem ao pai.

LOVELY RITA

Um amigo americano estava visitando Paul e, ao ver uma guarda de trânsito, uma inovação inglesa da época, comentou "Estou vendo que vocês têm policiais femininas de trânsito[82] aqui hoje em dia". Paul ficou intrigado com a aliteração da expressão "meter maid" e começou a fazer experiências no piano na casa de seu pai. "Achei ótimo. Tem de ser 'Rita meter maid' e depois 'lovely Rita meter maid'. Eu estava pensando que devia ser uma canção de ódio... mas depois pensei que seria melhor amá-la", diz Paul. Daí veio a ideia para uma música sobre um trabalhador tímido que, ao receber uma multa por estacionamento irregular, seduz a policial de trânsito em uma tentativa de se livrar da multa. "Fiquei imaginando que tipo de pessoa eu seria para me apaixonar pela policial de trânsito", Paul comentou.

Alguns anos depois, uma policial de trânsito chamada Meta Davies, em Londres, declarou ter inspirado a música. Não que ela tivesse sido seduzida por um Beatle, mas, em 1967, ela autuou um certo P. McCartney que teria perguntado sobre seu nome incomum. "O carro dele estava estacionado em um parquímetro com o tempo expirado. Tive de emitir uma multa de dez xelins na época. Eu tinha acabado de colocá-la no para-brisa quando Paul apareceu. Ele olhou para a multa e leu minha assinatura, que era por extenso porque havia outra M Davies na mesma unidade. Quando eu estava indo embora, ele virou para mim e perguntou 'seu nome é Meta mesmo?'. Eu disse que sim. Ele disse 'seria um bom nome de música'. Você se importa se eu usá-lo? Foi isso. Ele foi embora", diz Meta.

Pode ser que Paul já tivesse escrito "Lovely Rita" e estivesse galanteando Meta, mesmo que ela fosse 22 anos mais velha que ele e mãe de uma adolescente. "Nunca fui fã dos Beatles", ela admite. "Mas era impossível não ouvir a música deles. A minha filha costumava esperar fora do Abbey Road Studios para vê-los."

LOVELY RITA
Autoria: Lennon/ McCartney
Duração: 2' 42''
Lanç. no Reino Unido: álbum *Sgt Pepper's Lonely Hearts Club Band*, 1º de junho de 1967
Lanç. nos EUA: álbum *Sgt Pepper's Lonely Hearts Club Band*, 2 de junho de 1967

GOOD MORNING,
GOOD MORNING

Paul dominou *Sgt Pepper* porque John tinha se tornado um Beatle preguiçoso. Ele raramente se aventurava longe de casa, dava pouca atenção aos negócios e não se inspirava mais em arte contemporânea, mas nas questões da vida doméstica – jornais, idas à escola, programação diurna da TV.

"Good Morning, Good Morning" era um resumo correto dessa situação e uma admissão de que ele não tinha mais o que dizer. Era uma música sobre sua vida indolente – o resultado de muitas drogas, um casamento frio e dias medidos por refeições, pelas horas de sono e por programas de televisão como *Meet The Wife*. "Quando ele estava em casa, passava muito tempo deitado na cama com um bloco de anotações", lembra Cynthia. "Quando se levantava, sentava ao piano ou ia de um cômodo ao outro ouvindo música, abobalhado com a televisão e lendo jornais. Ele basicamente estava se desligando de tudo o que estava acontecendo. Estava pensando sobre as coisas. As coisas com que ele estava envolvido fora de casa eram bastante dinâmicas."

Enquanto ficava sentado nesse estado, sons estranhos e trechos de conversa traziam ideias. Foi um comercial de televisão dos cereais de milho Kellogg's que deu a John o título e o refrão de "Good Morning, Good Morning". O comercial em preto e branco não trazia nada além de cereais de milho sendo colocados em uma tigela. O jingle de quatro versos dizia: "Bom dia, bom dia, O melhor para você toda manhã. Café da manhã alegre, Kellogg's Corn Flakes, Crocante e cheio de diversão".

"Walk by the old school"[83] era uma referência ao ato de levar Julian para Heath House e é provável que a pessoa que ele esperava que "turn up at a show"[84] fosse Yoko Ono, que ele tinha conhecido em novembro de 1966. O "show" seria, então, uma exposição de arte, não uma apresentação.

GOOD MORNING, GOOD MORNING
Autoria: Lennon/McCartney
Duração: 2'41''
Lanç. no Reino Unido: álbum *Sgt Pepper's Lonely Hearts Club Band*, 1º de junho de 1967
Lanç. nos EUA: álbum *Sgt Pepper's Lonely Hearts Club Band*, 2 de junho de 1967

A DAY IN THE LIFE

Para "She Said, She Said" John mesclou duas canções inacabadas, mas essa foi a primeira vez que ele juntou uma canção inacabada sua com uma de Paul para criar a faixa mais ambiciosa do álbum.

A canção de John tinha surgido de sua interminável leitura de jornal. Os "4 mil buracos em Blackburn, Lancashire" foram tirados da coluna "Far And Near" de 17 de janeiro de 1967 no *Daily Mail*, que falava de uma pesquisa da Blackburn City Council sobre buracos na rua que mostrava que havia 1/26 buraco para cada morador da cidade. Quando John precisou de uma rima para "small" para terminar a frase "now they know how many holes it takes to fill…"[85], seu antigo amigo de escola Terry Doran sugeriu "the Albert Hall".

Paul dominou *Sgt Pepper's Lonely Hearts Club Band* porque John tinha se acomodado em uma vida de apatia.

A banda posa com a capa de *Sgt Pepper* na casa de seu empresário Brian Epstein, em Londres, em 22 de maio de 1967.

O filme sobre o exército inglês ganhando a guerra obviamente era *Como ganhei a guerra*, que não estrearia até outubro de 1967, mas já tinha sido mais do que comentado na imprensa.

O homem que "blew his mind out in a car"[86] era Tara Browne, um amigo irlandês dos Beatles e homem famoso da alta sociedade que morreu em um acidente de carro em 18 de dezembro de 1966. O relatório do legista foi publicado em janeiro de 1967. "Eu não estava copiando o acidente", John disse a Hunter Davies. "Tara não arrebentou a cabeça. Mas pensei nisso quando estava escrevendo o verso." Os detalhes do acidente na música – não ver o farol e uma multidão se formando no local – foram inventados. Paul, que colaborou com versos nessa parte da música, na época não sabia que John tinha Tara Browne em mente. Ele achava que estava escrevendo sobre um "político drogado". Browne estava andando de carro por Redcliffe Gardens em Earls Court depois da meia-noite quando um Volkswagen surgiu em seu caminho vindo de uma rua lateral. Ele desviou, e seu Lotus Elan colidiu com um furgão estacionado. Ele foi dado como morto assim que chegou ao hospital local. A autópsia revelou que sua morte foi resultado de "lacerações no cérebro provocadas por fraturas no crânio". Sua passageira, a modelo Suki Potier, escapou com escoriações e em estado de choque.

Tara Browne, bisneto do cervejeiro Edward Cecil Guinness e filho do Lord Oranmore and Browne, fazia parte da jovem elite aristocrática que adorava se misturar com astros do pop. Apesar de ter apenas 21 anos quando morreu, ele teria herdado uma fortuna de um milhão de libras aos 25 e seu atestado de óbito o descreve como um homem "de meios independentes" com uma residência londrina em Eaton Row, Belgravia. Depois de estudar em Eton, Browne se casou aos 18 anos e foi pai de dois garotos antes de se separar da esposa e começar a se relacionar com Suki Potier. Ele frequentava casas noturnas londrinas como Sibylla's e Bag O'Nails e era muito próximo de Paul e Mike McCartney e do Rolling Stone Brian Jones. Em seu 21º aniversário, ele levou os Lovin' Spoonful para a casa de seus parentes em County Wicklow, Irlanda. Mick Jagger, Mike McCartney, Brian Jones e John Paul Getty estavam entre os convidados. Paul estava com Browne quando tomou LSD pela primeira vez, em 1966.

A canção inacabada de Paul, uma composição leve e alegre sobre sair da cama e ir para a escola, foi encaixada entre a segunda e a terceira estrofes da música de John. "Era uma canção completamente diferente, mas acabou combinando", disse Paul. "Eu estava apenas lembrando como era correr pela rua para pegar o ônibus da escola, fumar um cigarro e ir para a aula... era uma reflexão sobre os meus tempos de escola. Eu fumava um Woodbine (um cigarro inglês barato e sem filtro) e aí alguém falava, e eu começava a sonhar."

As referências a fumar um cigarro, sonhos e "turn-ons" significou que a música foi banida do rádio em muitos países. Houve até quem estivesse convencido de que os buracos em Blackburn, assim como os buracos que Paul estava ansioso para consertar, eram os de seringas de um usuário de heroína.

Em 1968, Paul admitiu que "A Day In The Life" era o que chamava de "canção para deixar ligado". "Era a única no álbum escrita como uma provocação deliberada", ele disse. "Mas o que nós queremos é deixar você ligado na verdade, não na maconha." George Martin comenta: "Havia uma referência à maconha nela, mas 'Fixing A Hole' não era sobre heroína e 'Lucy In The Sky With Diamonds' não era sobre LSD. Na época, eu tinha uma forte suspeita de que 'went upstairs and had a smoke'[87] era uma referência às drogas. Eles costumavam desaparecer e dar um trago, mas nunca o faziam na minha frente. Sempre iam ao bar, e Mal Evans costumava ficar de guarda."

A DAY IN THE LIFE
Autoria: Lennon/McCartney
Duração: 5' 33"
Lanç. no Reino Unido: álbum *Sgt Pepper's Lonely Hearts Club Band,* 1º de junho de 1967
Lanç. nos EUA: álbum *Sgt Pepper's Lonely Hearts Club Band,* 2 de junho de 1967

MAGICAL
MYSTERY TOUR

Quando *Sgt Pepper* ficou para trás, os Beatles imediatamente mergulharam na gravação da trilha sonora para dois filmes muito diferentes – *Yellow Submarine* e *Magical Mystery Tour*.

Yellow Submarine, um projeto de animação de longa-metragem, não foi iniciado pelo grupo, mas eles acabaram se envolvendo no desenvolvimento do filme. Os Beatles ficaram felizes em se ver como personagens de desenho animado e fizeram contribuições para a narrativa, além das quatro canções originais. O roteiro foi feito por uma equipe, da qual Erich Segal, autor do romance best-seller *Love Story*, fazia parte. *Yellow Submarine*, uma fantasia psicodélica, fala de um reino feliz chamado Pepperland que é dominado pelos malignos Blue Meanies. Os *fab four* saem de Liverpool para salvá-lo em um submarino amarelo e acabam dominando os Meanies pelo poder combinado do Amor e da Música.

Magical Mystery Tour foi um longa-metragem experimental de cinquenta minutos para a televisão em cores. Começou como um projeto de Paul, mas o grupo todo se engajou em todos os aspectos da produção. Eles financiaram, dirigiram, escolheram os atores e escreveram o roteiro, além de atuar.

Junto com o single "All You Need Is Love"/"Baby You're A Rich Man", as músicas desse período são as mais psicodélicas da carreira dos Beatles. *Magical Mystery Tour* foi lançado nos EUA como disco em novembro de 1967 e na Inglaterra como um EP duplo em dezembro. A trilha sonora de *Yellow Submarine*, que incluía um lado orquestral de George Martin, só foi lançada em janeiro de 1968, pouco depois de *The Beatles*.

Esse eclético punhado de canções seria uma despedida apropriada para 1967, ano do Verão do Amor, antes das sóbrias reflexões de 1968.

O álbum duplo *Magical Mystery Tour* foi a trilha sonora de um longa-metragem experimental para televisão que não agradou a crítica.

O novo ano marcou um período renovado de composição para os Beatles, no qual a prioridade era colocar a vida em ordem.

Magical Mystery Tour, visto na televisão britânica pela primeira vez em 26 de dezembro de 1967, foi um fracasso de crítica, o que consequentemente fez com que sua distribuição fosse limitada nos EUA. A música obteve muito mais sucesso, o EP duplo inglês chegou ao número 2 na parada de singles, e o álbum americano chegou ao número 1.

Yellow Submarine estreou em julho de 1968 nos EUA e foi um sucesso comercial. O álbum, que trazia outros artistas além dos Beatles, chegou à posição de número 3 na Inglaterra e número 2 nos EUA.

ALL YOU NEED IS LOVE

No começo de 1967, os Beatles foram abordados pela BBC para participar do que seria a primeira conexão global ao vivo da televisão: um programa de 125 minutos transmitido para 26 países com contribuições de redes nacionais da Europa, Escandinávia, América do Norte, América Central, Japão e Austrália.

Para celebrar a ocasião, os Beatles foram convidados a escrever uma música simples que fosse compreendida pelos telespectadores de todas as nacionalidades. Eles começaram a escrever em maio, com Paul e John trabalhando em canções diferentes, até que "All You Need Is Love", de John, emergiu como a escolha natural. A música não era simples só na melodia e na letra, ela também captava perfeitamente o espírito da juventude internacional no verão de 1967. Era a época em que a Guerra do Vietnã estava em sua fase mais intensa, e a "geração do amor" demonstrava sua oposição fazendo uma série de protestos pacíficos. "Era uma canção inspirada, e eles realmente queriam transmitir uma mensagem ao mundo", diz Brian Epstein. "O bom dela é

ALL YOU NEED IS LOVE
Autoria: Lennon/McCartney
Duração: 3' 48"
Lanç. do single no Reino Unido: 7 de julho de 1967
Posição na parada britânica: 1
Lanç. do single nos EUA: 17 de julho de 1967
Posição na parada americana: 1

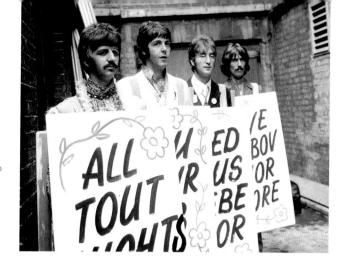

O apelo dos Beatles pelo amor universal estreou em um programa de televisão de 1967 e foi transmitido simultaneamente em 26 países.

que não tem como ser mal interpretada. É uma mensagem clara dizendo que o amor é tudo."

Ao clamar pelo amor universal, "All You Need Is Love" ampliou a mensagem que John tentou transmitir com "The Word", de 1965. Ele estava fascinado com o poder dos slogans para unir as pessoas e estava determinado a criar algo com a atemporalidade de "We Shall Overcome" (uma canção do sindicato trabalhista popularizada nos anos 1960 pelo cantor folk Pete Seeger). Quando, em 1971, perguntaram a ele se músicas como "Give Peace A Chance" e "Power To The People" eram canções de cunho político, John respondeu: "Claro. E 'All You Need Is Love' também... Sou um artista revolucionário. Minha arte é dedicada à mudança".

Os espectadores de *Our World* viram em 25 de junho de 1967 uma recriação de uma gravação dos Beatles: parte das músicas tinha sido pré-gravada no dia 14 de junho e outra parte foi adicionada e mixada instantaneamente durante a transmissão. No estúdio número um de Abbey Road criaram um clima de festa, e convidaram Mick Jagger, Marianne Faithfull, Eric Clapton e Keith Moon para segurarem balões, cartazes e participarem do refrão. George Martin enfatizou a mensagem de unidade internacional abrindo a música com compassos de "La Marseillaise" (França) e fechando com trechos de "In The Mood" (EUA), de um dos Concertos de Brandenburgo (Alemanha) e de "Greensleeves" (Inglaterra).

O single se tornou o hino do Verão do Amor. "Disseram que nós seríamos vistos gravando a música pelo mundo todo ao mesmo tempo", conta Paul. "Então tínhamos uma mensagem para o mundo — amor. Precisamos de mais amor no mundo."

BABY, YOU'RE A RICH MAN

Assim como em "A Day In The Life", duas canções inacabadas foram costuradas para criar "Baby, You're A Rich Man", que começa com a parte de John, originalmente intitulada "One Of The Beautiful People", e muda de marcha para o refrão "rich man" de Paul.

"The Beautiful People"[88] era um termo que se aplicava aos hippies modernos que, com seus cabelos compridos, seu amor livre e suas drogas, criaram uma alternativa para a sociedade "careta". Eles não mediam o uso da palavra "lindo" [beautiful] em suas conversas para descrever qualquer coisa que aprovassem. "No fundo da minha cabeça, em algum lugar... tem algo que me diz que tudo é lindo", declarou Paul, chapado, em uma entrevista ao *International Times* em janeiro de 1967. "Em vez de me opor a coisas como 'eu não gosto daquele programa de televisão', ou 'não, eu não gosto de teatro', eu realmente sei que está tudo maravilhoso, que tudo é maravilhoso, e que nada é ruim, se eu conseguir pensar em tudo isso como maravilhoso."

Em 1967, São Francisco era vista como a cidade das pessoas lindas porque foi lá que o movimento hippie teve projeção na mídia pela primeira vez, e também foi lá que os primeiros *happenings* psicodélicos e as primeiras "reuniões tribais" ao ar livre aconteceram. Mesmo tendo se apresentado na cidade em 1964, 1965 e 1966, os Beatles só conseguiram explorá-la em 1967. Paul foi o primeiro a visitá-la, quando apareceu em um ensaio do Jefferson Airplane e tocou violão. George foi o próximo, em 7 de agosto, quando foi a Haight Ashbury, distrito de São Francisco onde surgiram os jornais *underground*, os pôsteres de arte psicodélica, as comunidades, os locais para consumo de drogas e as legiões de gente exótica na rua. A irmã de Pattie, Jenny, estava morando na região. "Você é o nosso líder, George", um hippie gritou quando

**BABY, YOU'RE
A RICH MAN**
Autoria: Lennon/
McCartney
Duração: 3' 03''
**Lanç. do single no
Reino Unido:** 7
de julho de 1967,
como lado B de
''All You Need Is
Love''
**Lanç. do single
nos EUA:** 17 de
julho de 1967,
como lado B de
''All You Need Is
Love''

o Beatle passou pela esquina da Haight com a Masonic, ao lado de
Pattie, Neil Aspinall e Derek Taylor. "Você sabe das coisas."

George ficou surpreso com a reação daqueles que entregavam flores,
poemas, pôsteres e drogas a ele. "É você que deveria estar se liderando", ele disse aos seus futuros seguidores. "Vocês não devem seguir
líderes – eu ou qualquer outro." Quando chegou ao parque, George
sentou na grama, ouviu a música de outras pessoas e depois começou
a cantar "Baby, You're A Rich Man".

O homem rico da parte de Paul supostamente é o empresário Brian
Epstein e, em uma versão demo da canção, John o calunia cantando
"baby, you're a rich fag Jew"[89]. "A questão era", disse John, "pare de
reclamar. Você é um homem rico, e todos nós somos ricos."

Paul pode ter usado o
empresário dos
Beatles, Brian Epstein,
como o "rico" de
"Baby You're A Rich
Man".

HELLO
GOODBYE

Alistair Taylor, assistente de Brian Epstein, se lembra de ter perguntado a Paul como ele escrevia suas músicas, e Paul o levou à sua sala de jantar para fazer uma demonstração em um *harmonium* entalhado à mão. Ele disse a Taylor para gritar o oposto de tudo o que ele cantasse enquanto tocava as notas. E assim foi – preto e branco, sim e não, pare e vá, olá e tchau. "Não tenho nenhuma lembrança da música", Taylor conta. "Você precisa lembrar que as melodias eram tão comuns em torno dos Beatles quanto os insetos na primavera. Alguns se tornam belas borboletas, outros secam e morrem. Eu imagino se Paul realmente inventou aquela música enquanto tocava ou se ela já estava passando pela cabeça dele. Seja como for, pouco tempo depois, ele chegou ao escritório com uma fita demo de um novo single – 'Hello Goodbye'."

A última parte da gravação, em que os Beatles repetem "hela, hey, aloha", surgiu espontaneamente no estúdio ("aloha" é uma forma de cumprimento afetuoso no Havaí).

Mesmo que "Hello Goodbye" não fosse nada além de um jogo de palavras transformado em música, no clima místico de 1967, esperava-se de Paul uma interpretação mais profunda. Em uma entrevista para a *Disc*, ele tentou, gentilmente, oferecer uma explicação: "A resposta para tudo é simples. É uma canção sobre tudo e nada... se você tem preto, também tem que ter branco. Essa é a coisa impressionante da vida".

"Hello Goodbye" foi lançada como single em novembro de 1967 e chegou ao topo das paradas tanto na Inglaterra quanto nos EUA. O refrão "aloha" do final foi usado no filme *Magical Mystery Tour*.

George manifestou seu ressentimento com a configuração financeira da editora Northern Songs em "Only A Northern Song".

HELLO GOODBYE
Autoria: Lennon/McCartney
Duração: 3' 31"
Lanç. do single no Reino Unido: 24 de novembro de 1967
Posição na parada britânica: 1
Lanç. do single nos EUA: 27 de novembro de 1967
Posição na parada americana: 1

ONLY A NORTHERN SONG

Gravada originalmente em fevereiro de 1967 como a contribuição de George para *Sgt Pepper's Lonely Hearts Club Band*, "Only A Northern Song" surgiu em *Yellow Submarine*. A letra era sarcástica com relação aos arranjos comerciais dos Beatles. As músicas do grupo eram publicadas pela Northern Songs Ltd. John e Paul tinham 30% das ações, e Ringo e George tinham direito a apenas 1,6% cada. Isso significava que John e Paul, além de serem os principais compositores da banda, se benefi- ciavam mais uma vez como acionistas principais da editora. No que diz respeito à Northern Songs, George era apenas um compositor con- tratado.

Em "Only A Northern Song", George reclama que não importava o que ele escrevesse porque a maior parte do dinheiro ia para o bolso de outras pessoas. Só depois que o grupo se desfez ele se expressou publicamente sobre como se sentia mal com a pouca atenção do grupo com suas composições.

"No começo era ótimo [ter uma música em cada álbum], era 'nossa, eu também estou participando!'. Depois de um tempo, comecei [a me ressentir disso], especialmente quando tinha boas músicas. Às vezes as minhas eram melhores que as deles, e tínhamos de gravar umas oito deles antes mesmo que *ouvissem* uma das minhas", comentou George.

Não é surpresa que George, que em 1964 declarou "segurança é a única coisa que quero. Dinheiro para não fazer nada, dinheiro caso queira fazer alguma coisa", tenha sido o Beatle menos disposto a ressuscitar o grupo.

22[

ONLY A NORTHERN SONG

Autoria: Harrison
Duração: 3' 27''
Lanç. no Reino Unido: álbum *Yellow Submarine*, 17 de janeiro de 1969
Lanç. nos EUA: álbum *Yellow Submarine*, 13 de janeiro de 1969

ALL TOGETHER NOW

"All Together Now" foi escrita no estúdio em maio de 1967, e Paul foi seu principal compositor. A ideia era que fosse outra "Yellow Submarine", e John ficou satisfeito quando ouviu as torcidas de futebol da Inglaterra cantando a música.

Um dos efeitos do psicodelismo era a renovação do interesse pela inocência da infância, e as rimas infantis começaram a afetar o trabalho pós-*Pepper* dos Beatles. Iona Opie, folclorista e editora do *The Oxford Dictionary of Nursery Rhymes*, acredita que, quando as frases soam tão familiares, atraem mais a memória compartilhada: "Não posso distinguir nenhuma influência particular em 'All Together Now'", ela afirma. "Existem tantas rimas de ABC e há diversas rimas como 'one, two, three, four, Mary at the cottage door...'[90] que estão muito próximas. A música parece ter saído de um inconsciente universal".

Paul confirma tê-la tirado das músicas para criança ("É uma cantiga de brincadeira"), mas diz que também estava brincando com o significado de "all together now"[91], que podia tanto ser um convite para que todos cantassem em uníssono quanto um slogan para a unidade mundial.

Paul Horn se lembra da música sendo cantada enquanto eles estavam na Índia, mas em vez de "H, I, J, I love you", era "H, I, Jai Guru Dev", em homenagem ao mestre espiritual do Maharishi.

Paul, Ringo e George posam com um display de papelão de John no lançamento para a imprensa do filme de animação *Yellow Submarine* em julho de 1968.

ALL TOGETHER NOW
Autoria: Lennon/McCartney
Duração: 2' 13"
Lanç. no Reino Unido: álbum *Yellow Submarine*, 17 de janeiro de 1969
Lanç. nos EUA: álbum *Yellow Submarine*, 13 de janeiro de 1969

HEY BULLDOG

"Hey Bulldog" foi gravada em 11 de fevereiro de 1968, quando os Beatles estavam no Abbey Road para fazer um filme promocional de "Lady Madonna". Paul sugeriu que em vez de perder tempo fingindo gravar "Lady Madonna", eles gravassem algo novo, e John levou uma letra inacabada que tinha escrito para *Yellow Submarine*. Ele explicou aos outros como imaginava a música e todos começaram a dar sugestões para a letra. Um verso que John tinha escrito – "Some kind of solitude is measured out in news" – foi lido errado e saiu "Some kind of solitude is measured out in you"[92]. Eles decidiram deixar assim.

O buldogue do título nem mesmo existia antes da gravação. A letra original falava de uma rã, mas, para animar o grupo, Paul começou a latir no final da música. Por causa disso, a canção foi rebatizada.

Erich Segal, autor de *Love Story* e um dos roteiristas de *Yellow Submarine*, afirmou anos mais tarde que "Hey Bulldog" tinha sido escrita para ele porque o buldogue era o mascote da Yale University, onde dava aulas sobre os clássicos!

HEY BULLDOG
Autoria: Lennon/McCartney
Duração: 3' 14''
Lanç. no Reino Unido: álbum *Yellow Submarine*, 17 de janeiro de 1969
Lanç. nos EUA: álbum *Yellow Submarine*, 13 de janeiro de 1969

IT'S ALL
TOO MUCH

George era o Beatle que mais falava sobre suas viagens de LSD de um modo espiritual. "It's All Too Much", gravada em maio de 1967, era, segundo George, "sobre as descobertas que apareceram de maneira pueril durante e depois de algumas experiências com LSD e que foram posteriormente confirmadas na meditação".

Através das imagens de sóis prateados e do curso do tempo, a música tenta articular a sensação da identidade pessoal sendo engolida por uma força benigna. Três meses depois da gravação, George conheceu o Maharishi Mahesh Yogi e passou a ver sua experiência com o LSD como um sinal, não como um destino. "LSD não é a resposta. Não traz nada. Ele permite que você veja um monte de possibilidades que talvez você nunca tivesse notado antes, mas não é a resposta. Ele pode ajudá-lo a ir de A a B, mas quando chega a B você vê C e vê que, se quiser viajar de verdade, precisa estar limpo. Existem maneiras especiais de viajar sem drogas – ioga, meditação e todas essas coisas", ele afirmou em setembro de 1967.

Paul ao lado do ônibus que teve grande destaque no especial para televisão *Magical Mystery Tour*.

IT'S ALL TOO MUCH
Autoria: Harrison
Duração: 6' 28''
Lanç. no Reino Unido: álbum *Yellow Submarine*, 17 de janeiro de 1969
Lanç. nos EUA: álbum *Yellow Submarine*, 13 de janeiro de 1969

MAGICAL MYSTERY TOUR

Ao voltar para casa em 11 de abril de 1967 depois de visitar Jane Asher em Denver por ocasião do 21º aniversário dela, Paul começou a trabalhar em uma ideia para um especial de televisão dos Beatles. O grupo sentia que havia superado o formato "brincalhão" que tinha feito deles um enorme sucesso no cinema, e Paul estava interessado em fazer filmes por conta própria com uma câmera 8mm e compor trilhas eletrônicas.

Encorajado pelo clima experimental da época, ele começou a imaginar um filme sem roteiro em que os personagens e as locações fossem escolhidos com antecedência, mas a história fosse improvisada diante da câmera. O plano de Paul era colocar os Beatles junto com uma coleção diversificada de atores e personagens peculiares em uma estranha viagem de ônibus pelo interior da Inglaterra.

Como Hunter Davies escreveu no *Sunday Times* um dia antes de *Magical Mystery Tour* ser exibido na televisão: "[Eles decidiram que o filme] seria Mágico, para que pudessem realizar qualquer ideia que tivessem, e Misterioso, de modo que nem a banda nem o resto dos passageiros

---

MAGICAL MYSTERY TOUR
Autoria: Lennon/McCartney
Duração: 2'51"
Lanç. no Reino Unido: EP "Magical Mystery Tour", 8 de dezembro de 1967
Lanç. nos EUA: álbum *Magical Mystery Tour*, 27 de novembro de 1967

soubessem qual seria a próxima parada... 'A coisa toda será um mistério para todos', Paul disse aos outros Beatles, 'inclusive para nós'".

Houve duas inspirações principais por trás de *Magical Mystery Tour*. A primeira era o hábito da classe trabalhadora inglesa, a "mystery tour", uma viagem de ônibus de um dia em que apenas o motorista conhecia o destino. A segunda era a ideia do escritor americano Ken Kesey de dirigir pelos EUA um ônibus com uma pintura psicodélica. A placa na frente do ônibus de Kesey dizia "Furthur" (sic) e a de trás, "Caution. Weird load"[93]. O ônibus estava cheio de "malucos" da contracultura que Kesey alimentava com música alta e quantidades impressionantes de drogas só para ver o que ia acontecer. O motorista era Neal Cassady, modelo para Dean Moriarty em *On The Road*, de Jack Kerouac. Tom Wolfe acabou contando a história dessas aventuras em *The Electric Kool-Aid Acid Test*.

Os Beatles conheciam as atividades de Kesey e, mais tarde, quando o selo Apple foi fundado, ele visitou o escritório em Savile Row para gravar um álbum falado. Em 25 de abril, Paul chegou aos estúdios da Abbey Road apenas com o título da canção, o primeiro verso e uma ideia geral da melodia. Ele disse que queria que sua nova música fosse como um comercial para o programa de televisão, que informasse aos espectadores o que os aguardava. Mal Evans foi enviado para encontrar alguns pôsteres de *mystery tours* reais de onde eles pudessem extrair expressões, mas, depois de visitar estações de ônibus, voltou de mãos vazias. Quando os acompanhamentos foram gravados, Paul pediu que todos gritassem palavras relacionadas às *mystery tours*, que Mal anotou. Surgiram "convite", "reserva", "viagem de uma vida" e "satisfação garantida!", mas não era suficiente, então a faixa vocal foi preenchida com palavras sem sentido até que Paul voltasse dois dias depois com a letra completa.

A letra de Paul era uma mistura do falatório comum em feiras e quermesses e referências contemporâneas às drogas. Para a maioria do público "roll up, roll up"[94] era o convite do apresentador do circo. Para Paul era também um convite para enrolar um baseado. A Magical Mystery Tour ia "take you away"[95] em uma jornada. Até mesmo "dying to take you away"[96] era uma referência consciente ao *Livro Tibetano dos Mortos*.

A faixa foi usada na sequência de abertura, feita com cenas com um trecho falado que declarava: "Quando um homem compra uma passagem para uma *magical mystery tour*, sabe o que esperar. Nós garantimos a ele a viagem de uma vida, e é isso o que ele recebe – a incrível Magical Mystery Tour".

"De cabeça!" George e Paul fazem uma pausa nas filmagens no set de *Magical Mystery Tour*.

FOOL ON
THE HILL

Paul começou a trabalhar em "Fool On The Hill" em março de 1967, enquanto estava compondo "With A Little Help From My Friends", e só gravaria a música em setembro daquele ano.

Hunter Davies observou Paul cantando e tocando "uma música bonita e muito lenta sobre um homem tolo sentado na colina", enquanto John ouvia olhando inexpressivamente pela janela para a Cavendish Avenue. "Paul cantou muitas vezes, substituindo por 'la-la' as palavras que ainda não tinha resolvido. Quando terminou, John disse que era melhor ele escrever a letra para não esquecer. Paul disse que estava tudo bem. Ele não ia esquecer", comenta Davies.

A música é sobre um *idiot savant*[97], alguém que todos consideram um tolo, mas que, na verdade, é um visionário incompreendido. Paul estava pensando em gurus como o Maharishi Mahesh Yogi, que muitas vezes eram ridicularizados, e em um ermitão italiano sobre quem leu algo certa vez. Ele surgiu de uma caverna no final dos anos 1940 e descobriu ter perdido a Segunda Guerra Mundial inteira. Alistair Taylor relata em seu livro *Yesterday* uma experiência que, dizem, contribuiu com a imagem do tolo parado na colina criada por Paul.

Taylor recorda uma caminhada que fez com Paul e a cachorra Martha pela manhã em Primrose Hill. Eles viram o sol nascer antes de perceberem que Martha tinha desaparecido. "Nós nos viramos para ir embora, e, de repente, ele estava atrás de nós. Era um homem de meia-idade, muito bem vestido com uma capa de chuva com cinto. Nada de mais, você pode pensar, mas ele surgiu atrás de nós do topo da colina em silêncio absoluto", escreveu Taylor.

Tanto Paul quanto Taylor estavam certos de que ele não estava lá segundos antes porque estavam vasculhando a área à procura da

---

FOOL ON THE HILL
Autoria: Lennon/McCartney
Duração: 3' 00''
Lanç. no Reino Unido: EP "Magical Mystery Tour", 8 de dezembro de 1967
Lanç. nos EUA: álbum *Magical Mystery Tour*, 27 de novembro de 1967

---

cachorra. Ele parecia ter surgido como um milagre. Os três trocaram cumprimentos, o homem comentou algo sobre a paisagem e foi embora. Quando olharam em volta, ele tinha desaparecido. "Não havia sinal dele. Ele sumiu do topo da colina como se tivesse sido levado pelo vento! Ninguém poderia ter corrido para se esconder atrás das árvores mais próximas, que eram tão finas, no tempo em que viramos as costas, e ninguém conseguiria ter corrido para o outro lado da colina", diz Taylor.

O que atiçava o mistério era que logo antes de o homem surgir, Paul e Taylor, entusiasmados com a linda vista de Londres e com o nascer do sol, estavam divagando sobre a existência de Deus. "Paul e eu tivemos a mesma sensação estranha de que algo especial tinha acontecido. Sentamos no banco um pouco trêmulos, e Paul disse 'que diabos você acha que foi isso? Que estranho. Ele estava aqui, não estava? Nós falamos com ele?'."

Taylor continua: "De volta a Cavendish, passamos o resto da manhã falando sobre o que vimos, ouvimos e sentimos. Parece uma fantasia provocada pelo ácido dizer que tivemos uma experiência religiosa em Primrose Hill naquela manhã, mas nenhum de nós tinha tomado nada. Uísque e coca-cola foram as únicas coisas em que tocamos na noite anterior. Nós dois sentimos que tínhamos vivenciado uma experiência mística, mas nenhum dos dois quis nomear, nem mesmo para o outro, o que ou quem vimos no topo da colina naqueles breves segundos".

Na *Magical Mystery Tour*, a canção foi usada sobre uma sequência em que Paul contempla Nice do alto de uma colina.

FLYING

Os Beatles tinham gravado duas faixas instrumentais anteriores – "Cry For A Shadow", na Alemanha, em 1961, e a inédita "12-Bar Original", em 1965. "Flying" foi a única música instrumental a ser lançada em um disco dos Beatles.

Usada como música incidental em *Magical Mystery Tour*, "Flying" surgiu em uma jam de estúdio. Originalmente intitulada "Aerial Tour Instrumental", ela conta com uma base rítmica simples. As cenas do filme em que imagens de nuvens são acompanhadas por "Flying" foram originalmente feitas por Stanley Kubrick para *2001 – Uma odisseia no espaço*, mas não chegaram a ser aproveitadas pelo diretor.

FLYING
Autoria: Harrison/Lennon/McCartney
Duração: 2' 16''
Lanç. no Reino Unido: EP "Magical Mystery Tour", 8 de dezembro de 1967
Lanç. nos EUA: álbum *Magical Mystery Tour*, 27 de novembro de 1967

George esperando para filmar a sequência de "Blue Jay Way" em *Magical Mystery Tour*.

BLUE JAY WAY

BLUE JAY WAY
Autoria: Harrison
Duração: 3' 56''
Lanç. no Reino Unido: EP "Magical Mystery Tour", 8 de dezembro de 1967
Lanç. nos EUA: álbum *Magical Mystery Tour*, 27 de novembro de 1967

"Blue Jay Way" foi escrita por George em agosto de 1967 durante a viagem à Califórnia que fez com Pattie, Neil Aspinall e Alex Mardas. Ao chegar a Los Angeles no dia 1.º de agosto, eles foram levados para um pequeno chalé com piscina alugado em Blue Jay Way, uma rua no alto de Hollywood Hills, acima da Sunset Boulevard. Ele pertencia a Robert Fitzpatrick, advogado do mercado musical que estava de férias no Havaí.

Derek Taylor, antigo assessor de imprensa dos Beatles que estava trabalhando em Los Angeles como publicitário, ia visitá-los em sua primeira noite na cidade, mas se perdeu nos estreitos *canyons* e se atrasou. Havia um pequeno órgão Hammond no canto da sala, e George passou o tempo compondo uma música sobre estar preso em uma casa em Blue Jay Way enquanto seus amigos estão perdidos na neblina.

Blue Jay Way era famosa pela dificuldade da localização – era possível estar próximo geograficamente e, ainda assim, separado por um desfiladeiro. "Quando chegamos lá, a música estava praticamente pronta", diz Derek Taylor. "Claro, na época, eu me senti muito mal. Lá estavam essas duas pessoas terrivelmente cansadas da viagem, e nós estávamos duas horas atrasados."

Taylor se divertiu com as interpretações dadas à música. Um crítico achou que o verso em que George pede que seu convidado não demore ["be long", separado] era um conselho para os jovens não pertencerem ["belong", junto] à sociedade. Outro aclamado musicólogo acreditava que, quando George disse que seus amigos tinham se perdido ["lost their way"], queria dizer que uma geração inteira tinha perdido a direção. "É só uma música", disse Taylor.

YOUR MOTHER SHOULD KNOW

"Your Mother Should Know", de Paul, pode ter sido escrita em maio de 1967, enquanto ele e John estavam trabalhando em músicas para o especial de televisão *Our World*. Da mesma forma que "When I'm Sixty-Four", era um tributo à música que seu pai gostava de cantar na Jim Mac's Jazz Band quando era jovem. Jim McCartney formou sua própria banda de *ragtime* em 1919 e tocou em toda Liverpool, apresentando músicas como "Birth Of The Blues" e "Stairway To Paradise". Um dia, Paul fez uma surpresa para o pai ao gravar uma das composições dele sob o título "Walking In The Park With Eloise", com o pseudônimo Country Hams.

Paul escreveu "Your Mother Should Know" na Cavendish Avenue e acha que foi por conta da influência de sua tia Gin e seu tio Harry, que estavam com ele na época. Era o tipo de música de que eles teriam gostado. Paul também estava pensando em "a mamãe sabe o que é melhor", um lamento para aqueles que já não tinham mais os pais por perto.

"Your Mother Should Know", no entanto, foi parar em *Magical Mystery Tour* em uma cena em que os quatro Beatles, vestindo fraques brancos, descem uma escada e encontram grupos de dançarinos.

É possível que Paul e John tenham escrito "Your Mother Should Know" em maio de 1967.

YOUR MOTHER SHOULD KNOW
Autoria: Lennon/McCartney
Duração: 2' 29''
Lanç. no Reino Unido: EP "Magical Mystery Tour", 8 de dezembro de 1967
Lanç. nos EUA: álbum *Magical Mystery Tour*, 27 de novembro de 1967

I AM THE WALRUS

A natureza desajeitada, incoerente, de "I Am The Walrus" deve muito ao fato de a música ser um amálgama de pelo menos três ideias de John, nenhuma das quais parecia suficiente para resultar em uma música inteira. A primeira, que surgiu quando John ouviu uma distante sirene da polícia de sua casa em Weybridge, começou com as palavras "Mis-ter c-ity police-man"[98] e se encaixava no ritmo da sirene. A segunda era uma melodia pastoral sobre seu jardim em Weybridge. A terceira era uma canção *nonsense* sobre sentar em um cereal de milho.

John disse a Hunter Davies, que ainda estava pesquisando para a biografia oficial dos Beatles na época: "Não sei como tudo vai terminar. Talvez elas acabem sendo diferentes partes da mesma música". De acordo com Pete Shotton, o catalisador foi a carta de um aluno da Quarry Bank School que mencionava que seu professor de inglês estava analisando as músicas dos Beatles em classe. A carta foi enviada por Stephen Bayley, que recebeu uma resposta com data de 1º de setembro de 1967 (que foi leiloada pela Christie's de Londres em 1992). Isso divertiu John, que decidiu confundir as pessoas com uma música cheia de sinais desconcertantes e incoerentes. Ele pediu a Shotton para lembrá-lo de uma rima boba de parquinhos, que as crianças da época adoravam. John anotou: "Yellow matter custard, green slop pie, All mixed together with a dead dog's eye, Slap it on a butty, ten foot thick, Then wash it all down with a cup of cold sick"[99].

John começou a inventar imagens absurdas ("semolina pilchards, elementary penguins"[100]) e palavras sem sentido ("texpert, crabalocker") antes de começar a juntar versos de abertura que tinha escrito durante uma viagem de ácido. Depois ele juntou com as três canções inacabadas que já tinha mostrado a Hunter Davies. "Deixe os filhos da

John zombava de Allen Ginsberg, chamado de "pinguim elementar" na tipicamente ácida "I Am The Walrus".

puta analisarem essa", ele supostamente teria dito a Shotton quando terminou. Quando a *Playboy* pediu que explicasse "I Am the Walrus" cerca de 13 anos depois, John comentou que, se Dylan podia fazer qualquer coisa na época, ele tinha decidido que também podia "escrever esta merda".

A única parte séria da letra, aparentemente, era o início, com sua visão de unidade por trás de todas as coisas.

O "elementary penguin" que cantava "Hare Krishna" era John zombando de Allen Ginsberg que, na época, cantava o mantra Hare Krishna em eventos públicos. A morsa veio do poema de Lewis Carroll "The Walrus and the Carpenter".

O "eggman" supostamente era uma referência ao vocalista dos Animals, Eric Burdon, que tinha o hábito estranho de quebrar ovos sobre suas conquistas femininas enquanto fazia sexo e ficou conhecido entre seus colegas músicos como o "homem ovo". Marianne Faithfull acredita que "semolina pilchard" era uma referência ao inspetor Norman Pilcher, da polícia metropolitana, que ficou famoso por perseguir os astros do pop por porte de drogas.

A gravação de "I Am The Walrus" começou em 5 de setembro. Durou, com várias pausas, o mês inteiro – George Martin estava tentando encontrar o equivalente do fluxo de imagens e jogo de palavras da letra com os violinos, violoncelos, trompetes, clarinete e o coro de dezesseis vozes, além dos próprios Beatles. Em 29 de setembro, alguns trechos de Shakespeare (*Rei Lear* Ato IV Cena VI) de uma transmissão da BBC entraram na música.

I AM THE WALRUS
Autoria: Lennon/McCartney
Duração: 4' 37''
Lanç. do single no Reino Unido: 24 de novembro de 1967 como lado B de "Hello Goodbye"
Lanç. do single nos EUA: 27 de novembro de1967 como lado B de "Hello Goodbye"

LADY MADONNA

"Lady Madonna" foi o primeiro single a mostrar que o caminho para os Beatles a partir dali era o retorno ao rock'n'roll básico dos primeiros tempos do grupo. Depois de *Sgt Pepper's Lonely Hearts Club Band* e *Magical Mystery Tour*, presumia-se que o avanço musical significaria mais complexidade, mas, mais uma vez, os Beatles contrariaram as expectativas. O riff principal foi tirado do piano de Johnny Parker na faixa instrumental "Bad Penny Blues", do trompetista de jazz Humphrey Lyttelton e banda, produzida por George Martin, que, em 1956, foi sucesso na Inglaterra. "Perguntamos a George como eles fizeram o som de 'Bad Penny Blues' e George nos contou que eles usaram escovinhas. Eu fiz o mesmo, e a faixa era só com escovinhas e piano; depois decidimos que precisávamos de um ritmo de jazz, então colocamos um", diz Ringo. Lyttelton não se importou nem um pouco, uma vez que Parker tinha tirado o riff de Dan Burley, que afirmou: "Não dá para cobrar direitos

---

LADY MADONNA
Autoria: Lennon/McCartney
Duração: 2' 18''
Lanç. do single no Reino Unido: 15 de março de 1968
Posição na parada britânica: 1
Lanç. do single nos EUA: 18 de março de 1968
Posição na parada americana: 4

por uma harmonia, e isso foi tudo o que eles pegaram emprestado. Eu fiquei muito lisonjeado. Apesar de nenhum dos Beatles gostar de jazz tradicional, todos conheciam e gostavam de 'Bad Penny Blues' porque tinha um quê de blues e de *skiffle*, em vez de ser um jazz tradicional". (Dan Burley and His Skiffle Boys, formado em 1946, era a origem da descrição de *skiffle music*, aplicada pela primeira vez ao estilo folk-blues-country de Lonnie Donegan na Inglaterra no começo dos anos 1950.)

Paul queria que a música fosse uma celebração à maternidade e começava com uma imagem da Virgem Maria, mas depois passou a levar todas as mães em consideração. "Como elas fazem?", ele perguntou em uma entrevista à *Musician* em 1986. "Um bebê no peito – como elas arrumam tempo de alimentá-lo? Onde arrumam dinheiro? Como vocês fazem isso que as mulheres fazem?"

O cantor Richie Havens se lembra de estar com Paul em um clube em Greenwich Village quando uma garota se aproximou e perguntou se "Lady Madonna" tinha sido escrita sobre os EUA. Paul respondeu: "Não. Eu estava lendo uma revista africana e vi uma africana com um bebê. Embaixo da foto estava escrito 'Mountain Madonna'. Mas eu disse: não, Lady Madonna, e escrevi a música".

Lançada como single em março de 1968, "Lady Madonna" chegou ao número 1 na Inglaterra, mas ficou no 4º lugar nos EUA.

Depois do psicodelismo de *Magical Mystery Tour*, "Lady Madonna" marcou a volta dos Beatles às origens do rock'n'roll.

THE INNER LIGHT

Em 29 de setembro de 1967, John e George foram os convidados de David Frost no programa de televisão noturno e ao vivo *The Frost Report*. O tema era meditação transcendental e incluía uma entrevista com o Maharishi Mahesh Yogi, filmada anteriormente, no mesmo dia, no aeroporto de Londres.

Na plateia convidada no estúdio em Wembley, norte de Londres, estava o especialista em sânscrito Juan Mascaró, professor de Cambridge. No mês seguinte, Mascaró escreveu a George anexando uma cópia de *Lamps Of Fire*, uma coletânea de ensinamentos espirituais de várias tradições editada por ele. Ele sugeriu que George considerasse transformar versos de Tao Te Ching em música, em especial um poema intitulado "The Inner Light".

No prefácio de *Lamps Of Fire*, publicado em 1958, Mascaró escreveu: "As passagens deste livro são lanternas de fogo. Algumas brilham mais, outras, menos, mas todas se fundem em uma grande lanterna chamada por São João da Cruz de 'lanterna do ser de Deus'".

"The Inner Light", lado B de "Lady Madonna", foi a primeira composição de George a entrar em um single.

THE INNER LIGHT
Autoria: Harrison
Duração: 2' 36"
Lanç. do single no Reino Unido: 15 de março de 1968, como lado B de "Lady Madonna"
Lanç. do single nos EUA: 18 de março de 1968, como lado B de "Lady Madonna"

HEY JUDE

Quando John e Yoko foram morar juntos, era de se esperar que os trâmites de divórcio entre John e Cynthia começassem. Um acordo provisório foi estabelecido através do qual Cynthia e Julian podiam ficar em Kenwood enquanto John e Yoko firmavam residência em um apartamento em Montagu Square, no centro de Londres.

Paul sempre manteve uma relação próxima com Julian, filho de John, que na época tinha 5 anos, e, para demonstrar apoio à mãe e ao filho durante o rompimento, ele foi dirigindo de sua casa em St John's Wood até Weybridge levando uma única rosa vermelha. Paul costumava usar o tempo que passava no carro para trabalhar em músicas novas e, nesse dia, com a incerteza sobre o futuro de Julian em mente, ele começou a cantar "Hey Julian" e improvisar uma letra sobre o tema do conforto e da segurança. Em algum momento, durante a viagem de uma hora, "Hey Julian" se tornou "Hey Jules", e Paul criou o trecho "Hey Jules, don't make it bad, Take a sad song and make it better"[101]. Foi só depois, ao desenvolver a letra, que ele transformou Jules em Jude, por achar que Jude soava mais forte. Ele já tinha gostado do nome Jud quando viu o musical *Oklahoma*.

A música foi se tornando menos específica e John achou que a música era dedicada a ele, encorajando-o a sair dos Beatles e construir um novo futuro com Yoko ("You were made to go out and get her…"[102]). Paul acreditava que, se era dedicada a alguém, era a si mesmo.

A melodia conduziu a letra, o som teve prioridade sobre o significado. Um verso em particular – "the movement you need is on your shoulder"[103] – deveria ser apenas um tapa-buraco. Quando Paul tocou a música para John, comentou que aquela parte precisava ser substituída e que ele parecia estar cantando sobre seu papagaio. "Esse pro-

Profusão de fantasias no lançamento de *Magical Mystery Tour* de 1967.

vavelmente é o melhor verso da música", disse John. "Deixe aí. Eu sei o que significa."

Julian Lennon cresceu conhecendo a história por trás de "Hey Jude", mas só em 1987 ouviu os fatos diretamente de Paul, quando o encontrou em Nova York. "Foi a primeira vez que nós sentamos e conversamos. Ele me contou que vinha pensando na minha situação todos aqueles anos atrás, no que eu estava passando e pelo que eu ainda teria de passar no futuro. Paul e eu passávamos bastante tempo juntos – mais do que meu pai e eu. Talvez Paul gostasse mais de crianças na época. Tivemos uma grande amizade, e parece haver muito mais fotos daqueles tempos em que estou brincando com Paul do que com meu pai", conta Julian.

"Eu nunca quis saber realmente a verdade sobre como meu pai era e como ele era comigo", ele admite. "Mantive minha boca fechada. Muita coisa negativa foi dita sobre mim, como quando ele disse que eu tinha saído de uma garrafa de uísque em um sábado à noite. Coisas assim. É muito difícil lidar com isso. Eu pensava, cadê o amor nisso tudo? Foi muito prejudicial psicologicamente, e por anos isso me afetou. Eu costumava pensar, como ele pôde dizer isso sobre o próprio filho?"

Julian não se atém à letra de "Hey Jude" há algum tempo, mas acha difícil fugir dela. Ele está em um restaurante e a música toca, ou ela surge no rádio do carro quando está dirigindo. "Ela me surpreende toda vez que a escuto. É muito estranho pensar que alguém escreveu uma música sobre você. Ainda me emociona", ele diz.

"Hey Jude" foi o single de maior sucesso de toda a carreira dos Beatles. Chegou ao topo das paradas no mundo todo e, antes do fim de 1967, mais de 5 milhões de cópias tinham sido vendidas.

HEY JUDE
Autoria: Lennon/McCartney
Duração: 7' 08"
Lanç. do single no Reino Unido: 30 de agosto de 1968
Posição na parada britânica: 1
Lanç. do single nos EUA: 26 de agosto de 1968
Posição na parada americana: 1

THE BEATLES

The Beatles, ou *The White Album*, como é mais conhecido, confundiu público e crítica com sua simplicidade. Era como se o grupo tivesse decidido tomar o caminho inverso e fazer exatamente o oposto de *Sgt Pepper*. Título comprido? Vamos chamá-lo só de *The Beatles*. Capa multicolorida? Vamos usar branco. Mixagens e *overdubs* incríveis? Vamos usar violões acústicos em muitas faixas. Temas sobrenaturais? Vamos cantar sobre cowboys, porcos, chocolates e sexo na estrada.

A mudança, em parte, se devia ao interesse dos Beatles pelos ensinamentos do guru indiano Maharishi Mahesh Yogi. Pattie Harrison tinha assistido a uma palestra dele em fevereiro de 1967 e, seis meses depois, encorajou George e o resto da banda a irem ouvi-lo falar no Hilton Hotel em Park Lane, Londres. Como resultado desse encontro, todos eles embarcaram para um curso de dez dias de meditação transcendental na University College, Bangor, em North Wales.

Lá, em 27 de agosto de 1967, um domingo, descobriram que Brian Epstein tinha sido encontrado morto em seu apartamento. A perda de Epstein, empresário deles desde o começo, no início de 1962, e que acabou se tornando uma figura paterna, pode muito bem ter deixado os Beatles ainda mais abertos à orientação do Maharishi, que eles foram visitar na Índia em fevereiro de 1968.

A viagem para a Índia trouxe não apenas calma e autorreflexão para suas vidas sobrecarregadas, mas também refez a amizade musical. Paul Horn, flautista americano que estava lá na mesma ocasião, acredita que a meditação foi um grande estímulo para eles. "Você descobre mais sobre si mesmo em níveis mais profundos quando está meditando", ele afirma. "Veja como eles ficaram produtivos em um período relativamente curto. Eles estavam no Himalaia, longe das pressões e

O tempo passado na Índia sob a orientação do Maharishi Mahesh Yogi deu aos Beatles o fôlego para escrever o sucessor de *Sgt Pepper*.

longe do telefone. Quando você se envolve demais com a vida, a criatividade acaba suprimida. Quando você consegue ficar quieto, ela começa a vir à tona de novo."

Quando voltaram da Índia, os Beatles disseram ter trazido trinta músicas que usariam em seu próximo álbum. De fato, havia trinta composições em *The Beatles*, mas nem todas tinham sido escritas na viagem, e algumas da leva indiana (como "Sour Milk Sea" e "Circles", de George) nunca foram gravadas pelos Beatles. Talvez fosse mais correto dizer que cerca de metade do álbum foi escrito ou pelo menos iniciado enquanto estavam fora. Como não tinham acesso a guitarras nem teclados, muitas dessas canções eram acústicas.

Mais tarde, John se referiria a *The Beatles* como o primeiro disco não reprimido depois da grande fase reprimida da banda que, de acordo com ele, começou com *Rubber Soul* e terminou com *Magical Mystery Tour* e *Yellow Submarine*. *The Beatles* foi lançado como álbum duplo em novembro de 1968 e chegou ao número 1 nos dois lados do Atlântico.

BACK IN THE USSR

Havia uma rivalidade amigável entre os Beatles e os Beach Boys, e entre 1965 e 1968 cada lançamento de uma banda acabava instigando a outra a fazer melhor, a fazer mais sucesso. Quando Brian Wilson ouviu *Rubber Soul*, declarou que ouvir um álbum de tamanha variedade e consistência mexeu com ele. "Aquilo me abalou tanto que fiquei determinado a fazer o mesmo – um álbum inteiro que fosse incrível", ele conta. A resposta foi *Pet Sounds*, a coroação dos Beach Boys, que continha "Sloop John B", "Caroline No", "Wouldn't It Be Nice" e "God Only Knows". Quando ouviu *Pet Sounds*, Paul ficou igualmente impressionado, e a influência dos rivais pode ser ouvida em *Revolver* e *Sgt Pepper*.

Apesar da admiração mútua, os dois grupos tinham pouco contato. Carl Wilson e Mike Love viram os Beatles tocar em Portland, Oregon, em 22 de agosto de 1965, e foram convidados ao camarim depois do show. Brian Johnson estava presente no Waldorf Hotel, em Londres, quando John e Paul ouviram *Pet Sounds* em abril de 1966, e, em abril de 1967, Paul deu uma passada no estúdio em Los Angeles, onde Brian Wilson trabalhava na faixa "Vegetables", dos Beach Boys.

O contato mais prolongado só aconteceu em fevereiro de 1968, quando os quatro Beatles e suas parceiras viajaram para Rishikesh, Índia, para estudar meditação transcendental com o Maharishi Mahesh Yogi. Outros três músicos profissionais participavam do mesmo curso – o cantor escocês Donovan, o flautista americano Paul Horn e o Beach Boy Mike Love. Eles acabaram passando muito tempo juntos, conversando, tocando e compondo.

Uma das músicas que surgiu desse encontro é "Back In The USSR", escrita por Paul como um pastiche dos Beach Boys e de Chuck Berry. A gênese da canção foi um comentário de Love para Paul feito duran-

Os Beach Boys e os Beatles lutaram constantemente para superar uns aos outros.

te um café da manhã. "Não seria divertido fazer uma versão soviética de 'Back In The USA'?", Love sugeriu, referindo-se ao single chauvinista de 1959 em que Berry declara como está feliz por voltar aos civilizados EUA, com seus cafés, *drive-ins*, arranha-céus, hambúrgueres e *juke boxes*. Os Beach Boys tinham usado "Back In The USA" e "Sweet Sixteen", de Berry, como inspiração para "California Girls" e "Surfin' USA", em que exaltam as virtudes das garotas e das praias locais.

Paul seguiu a sugestão de Love e criou uma paródia que fazia pela USSR o que Berry tinha feito pelos EUA, e pelas mulheres soviéticas o que os Beach Boys tinham feito pelas garotas da Califórnia.

Após uma década de canções que faziam poesia com lugares como Memphis, Chicago e Nova Orleans, era surpreendente ouvir Moscou no rock'n'roll. "Eu simplesmente gostei da ideia de garotas da Geórgia falando de lugares como a Ucrânia como se fossem a Califórnia", disse Paul. Em homenagem a Love, a gravação final dos Beatles imitou os *backing vocals* dos Beach Boys.

Em uma entrevista de rádio em novembro de 1968, Paul declarou: "Na minha cabeça, é só sobre um espião (russo) que ficou muito tempo nos EUA e se tornou muito americano, mas quando volta para a União Soviética diz 'deixe para desfazer minha mala amanhã, querida, desligue o telefone', e tudo o mais, mas para mulheres russas".

"Back In The USSR" perturbou os americanos conservadores porque, em tempos de Guerra Fria e conflito no Vietnã, parecia celebrar o inimigo. Depois de admitir o uso de drogas, os rapazes de cabelo comprido estavam abraçando o comunismo? O ativista antirrock ame-

"Back In The USSR" levou alguns comentaristas americanos de direita a taxarem os Beatles de comunistas subversivos.

ricano David A. Noebel, autor de *Communism, Hypnotism and the Beatles*, mesmo não tendo conseguido encontrar as carteirinhas da banda de membros do partido, jurava que eles estavam promovendo a causa revolucionária do socialismo. "John Lennon e os Beatles eram parte integrante do meio revolucionário e receberam grandes elogios da imprensa comunista, especialmente pelo *White Album*, que continha 'Back In The USSR' e 'Piggies'. Um trecho de 'Back In The USSR' deixou os anticomunistas sem palavras: 'You don't know how lucky you are boy/Back in the USSR'[104]", ele escreveu.

Tivesse feito uma pesquisa mais cuidadosa, Noebel teria descoberto que o discurso oficial soviético era que os Beatles eram a prova da decadência do capitalismo. Assim como os nazistas declararam que o jazz e a pintura abstrata eram "degenerados", os comunistas atacaram o maligno rock'n'roll e promoveram o folk, que enaltecia as virtudes do Estado. Os jovens da União Soviética ficavam tão animados com a música dos Beatles quanto os jovens do lado ocidental da cortina de ferro, mas tinham de se contentar com gravações piratas, contrabandos e transmissões de rádio dos EUA e da Inglaterra. Em 1988, com a Guerra Fria prestes a se transformar em mais um episódio da história mundial, Paul fez um tributo aos fãs soviéticos gravando um álbum de *standards* do rock pela gravadora oficial do governo, Melodia. Em maio de 2003 ele fez um show na Praça Vermelha e teve uma reunião particular no Kremlin com Vladimir Putin, que contou a ele que ouvia os Beatles na adolescência. "Era muito popular. Mais do que popular, era um sopro de ar fresco, uma janela para o mundo lá fora", ele disse a Paul.

"'Back In The USSR' é uma canção de política de boa vizinhança. Eles gostam de nós por lá. Mesmo que os chefes no Kremlin não gostem, os garotos gostam", Paul disse em 1968.

BACK IN THE USSR
Autoria: Lennon/McCartney
Duração: 2' 43''
Lanç. no Reino Unido: álbum *The Beatles*, 22 de novembro de 1968
Lanç. nos EUA: álbum *The Beatles*, 25 de novembro de 1968

DEAR PRUDENCE

Prudence era Prudence Farrow (irmã mais nova da atriz americana Mia Farrow), que fez o mesmo curso que os Beatles na Índia. A música era um apelo para que ela saísse de seus períodos de meditação excessivamente longos e relaxasse com o resto do grupo.

No final da versão demo de "Dear Prudence", John continua tocando violão e diz: "Ninguém tinha como saber que mais cedo ou mais tarde ela ficaria completamente desvairada sob os cuidados do Maharishi Mahesh Yogi. Todas as pessoas em volta estavam muito preocupadas porque ela estava enlouquecendo. Então nós cantamos para ela". Depois, John explicaria que Prudence tinha ficado levemente "maluca", ela estava trancada em seu quarto meditando havia três semanas, "tentando chegar a Deus mais rápido do que qualquer um".

Paul Horn, o flautista americano, diz que Prudence era uma pessoa extremamente sensível e que, ao mergulhar direto em profunda meditação, contrariando a orientação do Maharishi, tinha se permitido entrar em um estado catatônico. "Ela estava totalmente pálida e não reconhecia ninguém. Não reconheceu nem o próprio irmão, que estava no curso conosco. A única pessoa a quem ela demonstrou algum sinal de reconhecimento foi o Maharishi. Todos estavam muito preocupados, e o Maharishi designou uma enfermeira em tempo integral para ela."

Prudence, cujo alojamento ficava no mesmo prédio que os quatro Beatles e suas parceiras, nega que estivesse louca, mas concorda que era mais fanática por meditação que a banda. "Eu meditava desde 1966 e tinha tentado fazer o curso em 1967, então foi como a realização de um sonho para mim. Estar naquele curso era mais importante do que qualquer coisa no mundo. Eu estava muito empenhada em fazer o máximo de meditação possível, para que pudesse adquirir o máximo de experiência para dar aulas. Sei que deve ter parecido estranho por-

DEAR PRUDENCE
Autoria: Lennon/ McCartney
Duração: 3' 56''
Lanç. no Reino Unido: álbum *The Beatles*, 22 de novembro de 1968
Lanç. nos EUA: álbum *The Beatles*, 25 de novembro de 1968

que eu sempre corria de volta para o quarto depois das palestras e refeições para meditar. Era tudo tão fascinante para mim. John, George e Paul queriam ficar tocando e se divertindo, e eu voava para o quarto. Eles eram muito sérios sobre o que estavam fazendo, mas não eram tão fanáticos quanto eu. A música que John escreveu só dizia 'venha brincar conosco. Saia e se divirta'", ela diz.

Ela acabou aceitando o convite e conheceu bem os Beatles. O Maharishi a colocou no grupo de discussão depois das aulas com John e George. Ele achava que os dois seriam bons para ela. "Nós falamos sobre as coisas pelas quais estávamos passando. Estávamos questionando a realidade, fazendo perguntas sobre quem éramos e o que estava acontecendo. Eu gostei deles, e acho que eles gostaram de mim", ela conta.

Apesar de a música ter sido escrita na Índia e de Prudence ter ouvido várias *jam sessions* com os Beatles, Mike Love e Donovan, John nunca tocou a música para ela. "Foi George que me falou da música", diz. "No fim do curso, quando estavam indo embora, ele comentou que tinham escrito uma música sobre mim, mas eu só ouvi quando ela foi lançada no álbum. Fiquei lisonjeada. Foi um gesto lindo."

Prudence hoje é casada e vive na Flórida, onde dá aulas de meditação. Em outubro de 1983, Siouxie and the Banshees estiveram no Top 10 britânico com sua versão de "Dear Prudence".

GLASS ONION

Em uma época de mudanças sociais tão rápidas e intensas, os Beatles muitas vezes eram vistos como profetas, e cada música era ouvida e analisada em busca de símbolos e alusões. Quem era o homem-ovo em "I Am The Walrus"? O chá de "Lovely Rita" era mesmo de maconha? "Henry The Horse" era gíria para heroína?

Talvez os Beatles tivessem se exposto a isso ao misturar poesia com *nonsense*. John era o que mais gostava de confundir seu ponto de vista, talvez por causa da insegurança. No entanto, por volta de 1968, ele estava tentando escrever de forma mais direta, e a maior parte do material produzido na Índia era menos complicado. Quando um aluno de sua antiga escola escreveu pedindo que ele explicasse o que estava por trás de suas letras, John respondeu que seu trabalho era feito para divertir e fazer rir. "Eu faço para mim primeiro", ele disse. "O que quer que as pessoas entendam depois é válido, mas não tem necessariamente de corresponder aos meus pensamentos sobre o assunto, OK? Isso vale para as 'criações' de qualquer um, arte, poesia, música etc. O mistério e essa merda toda que se constrói em torno das formas de arte precisam ser rompidos."

"Glass Onion" era uma resposta jocosa àqueles que analisavam sua obra em busca de significados ocultos. Ele começou a fazer a música usando imagens de algumas das canções mais enigmáticas dos Beatles – "Strawberry Fields Forever", "There's A Place", "Within You Without You", "I Am The Walrus", "Lady Madonna", "The Fool On The Hill" e "Fixing A Hole". Em "Glass Onion", ele afirmou de brincadeira que a morsa em "I Am The Walrus" na verdade era Paul (em algumas culturas, a morsa era o símbolo da morte, o que foi entendido como uma confirmação para quem acreditava que Paul tinha morrido em um acidente de carro em 1966 e sido substituído por um sósia). No final, ele inventou quatro imagens para que seus fãs "literatos" analisassem – tulipas curvadas para trás, uma cebola de vidro, a Cast-Iron Shore

GLASS ONION
Autoria: Lennon/ McCartney
Duração: 2' 17''
Lanç. no Reino Unido: álbum *The Beatles*, 22 de novembro de 1968
Lanç. nos EUA: álbum *The Beatles*, 25 de novembro de 1968

Derek Taylor, assessor de imprensa da Apple, viu arranjos de flores estranhos em um restaurante em Londres.

[uma praia de ferro fundido] e um ganzepe. As tulipas dobradas para trás, explica Derek Taylor, antigo assessor de imprensa da Apple, eram uma referência a um arranjo de flores específico de Parkes, um restaurante da moda de Londres nos anos 1960: "Você sentava à mesa e de repente percebia que as flores eram tulipas com as pétalas totalmente curvadas para trás, de modo que era possível ver o lado de dentro e o estame. Era isso que John tentava dizer ao falar em ver como a outra metade vive. Ele estava falando de como a outra parte da flor vive, mas também de como a outra metade da sociedade vivia."

Havia explicações simples para as outras referências desconcertantes: a Cast-Iron Shore era o nome da praia de Liverpool (também conhecida como Cassie), o ganzepe era um entalhe que se faz nas tábuas para lhes encaixar outra peça de madeira e que vai estreitando da base para cima, e "Glass Onion" era o nome que John queria usar para The Iveys, banda que assinou contrato com a Apple em julho de 1968.

Os Iveys não gostaram do nome e, em vez disso, passaram a se chamar de Badfinger, por causa de "Badfinger Boogie", título original de "With A Little Help From My Friends".

OB-LA-DI OB-LA-DA

Paul ouviu as palavras "Ob-la-di Ob-la-da" serem pronunciadas pela primeira vez pelo nigeriano Jimmy Scott, músico de conga que ele conheceu no clube Bag o'Nails, no Soho, em Londres. Um personagem extravagante e inesquecível com seus óculos escuros e roupas africanas, Scott era famoso pelas frases de efeito. Sua esposa, Lucrezia, diz que "ob la di, ob la da" é uma tradução fonética de algo que o pai costumava dizer a ele na língua urhobo, usada pelo povo warri no meio-oeste da Nigéria. "Tinha um significado especial que ele nunca contou a ninguém", ela diz. "Nem mesmo os Beatles sabiam o que significava. Uma vez perguntei a Paul o que significava, e ele disse que achava que era 'Comme ci, comme ça', mas não é isso. Para Jimmy, era como uma filosofia que ele carregou a vida toda."

Jimmy Anonmuogharan Scott Emuakpor nasceu em Sapele, Nigéria, e foi para a Inglaterra nos anos 1950, e lá trabalhou nos clubes de jazz do Soho. Ele tocou com Georgie Fame and the Blue Flames na década de 1960, foi músico de apoio de Stevie Wonder na turnê de 1965 pela Inglaterra e, depois, formou a própria Ob-la-di Ob-la-da Band. Compôs a trilha de algumas das cenas de dança no filme She (1965), de Robert Day, estrelado por Ursula Andress, Peter Cushing e Christopher Lee. Lucrezia diz que a expressão era bastante conhecida porque nos shows ele dizia "Ob la di", o público gritava "Ob la da", e depois Scott respondia "life goes on"[105]. O fato de Paul ter usado o seu lema como base de uma música gerou polêmica. "Ele ficou incomodado quando fiz a música com a expressão porque queria receber direitos. Eu falei, 'qual é, Jimmy. É só uma expressão. Se você tivesse escrito a música, poderia receber uma parte'", Paul disse à Playboy em 1984.

"Ob-la-di Ob-la-da" é citada com o primeiro exemplo de ska branco. Mesmo sendo uma frase em urhobo, a música que Paul compôs em torno dela e os personagens inventados eram da Jamaica. Quando gravou os vocais, Paul cometeu um erro ao cantar Desmond, em vez de Molly, "stayed at home and did his pretty face"[106]. Como os outros Beatles gostaram da escorregadela, ela foi mantida. Paul amava a música e queria que fosse um single. John sempre a detestou.

Jimmy Scott tocou congas na gravação (5 de julho de 1968) – única ocasião em que trabalhou com os Beatles. Lucrezia se lembra de ter sido chamada para ouvir uma gravação em playback e levar um papel timbrado da Ob-la-di Ob-la-da Band para mostrar a Paul como soletrar a frase. Naquele mesmo ano, Jimmy apareceu no álbum *Beggars Banquet*, dos Rolling Stones, e, em 1969, no show gratuito dos Stones no Hyde Park. Na mesma época, ele foi preso e levado para a prisão de Brixton para aguardar julgamento por não pagar pensão para a ex-mulher. Scott pediu à polícia para contatar o escritório dos Beatles e ver se Paul acertaria sua monstruosa dívida com o processo. Paul o fez, com a condição de que Jimmy retirasse a queixa contra ele por causa da música.

Scott deixou a Inglaterra em 1969 e só voltou em 1973, quando mergulhou no projeto Pyramid Arts no leste de Londres, dando oficinas de música africana e percussão. Em 1983, ele se juntou ao Bad Manners e ainda estava com o grupo quando morreu em 1986. "Tínhamos acabado de fazer uma turnê pelos EUA e ele pegou pneumonia", recorda Doug Trendle, também conhecido como Buster Bloodvessel, vocalista do Bad Manners. "Quando ele voltou para a Inglaterra, foi revistado no aeroporto por ser nigeriano. Eles o deixaram nu por duas horas. No dia seguinte, ele foi levado para o hospital e morreu. Ninguém tem muita certeza sobre quantos anos ele tinha, porque Scott mentiu a idade quando tirou seu primeiro passaporte britânico. Devia ter uns 64 anos."

OB-LA-DI OB-LA-DA
Autoria: Lennon/McCartney
Duração: 3' 08''
Lanç. no Reino Unido: álbum *The Beatles*, 22 de novembro de 1968
Lanç. nos EUA: álbum *The Beatles*, 25 de novembro de 1968

Marmalade viu sua versão de "Ob-la-di Ob-la-da" chegar ao topo da parada britânica no final de 1968.

Em julho de 1986, um show com o Bad Manners, Hi Life International, The Panic Brothers e Lee Perry and the Upsetters foi montado no Town and Country Club, em Londres, para angariar fundos para o Jimmy Scott Benevolent Fund. Ele deixou pelo menos doze filhos de dois casamentos. "Jimmy era um homem essencialmente musical, charmoso, irresistível e tinha o dom da lábia", Lucrezia escreveu no programa do evento beneficente. "Se a vida às vezes parecia um tédio, não deveria ser, porque as histórias que ele contava eram uma fonte interminável de diversão."

Paul, que manteve contato com Jimmy, também contribuiu com uma citação: "Ele era um grande amigo. Nos anos 1960, costumávamos nos encontrar em vários clubes e ficávamos conversando até a hora de fechar. Ele tinha uma atitude muito positiva em relação à vida, e foi um prazer trabalhar com ele".

Duas versões britânicas de "Ob-la-di Ob-la-da" foram gravadas, e uma, do grupo escocês Marmalade, chegou ao número 1.

WILD HONEY PIE

A letra mais curta e repetitiva dentre todas as criadas pelos Beatles, "Wild Honey Pie" surgiu de uma cantoria espontânea em Rishikesh. "Era só um fragmento de uma música instrumental sobre a qual não sabíamos quase nada. Mas Pattie Harrison gostou muito dela, então decidimos mantê-la no álbum", diz Paul.

Pura coincidência, Mike Love tinha sido coautor de uma faixa dos Beach Boys intitulada "Wild Honey" pouco tempo antes.

WILD HONEY PIE
Autoria: Lennon/McCartney
Duração: 0' 52''
Lanç. no Reino Unido: álbum *The Beatles*, 22 de novembro de 1968
Lanç. nos EUA: álbum *The Beatles*, 25 de novembro de 1968

Os Beatles no Hyde Park, em Londres, em 1967. A identidade do cavalheiro continua desconhecida.

THE CONTINUING STORY OF BUNGALOW BILL

Bungalow Bill, diz a letra, foi caçar tigre com seu elefante e sua arma. Em caso de acidentes, ele sempre levava a mãe[107]. Escrita por John na Índia, a música conta a história verídica de Richard Cooke III, um jovem universitário americano que foi visitar a mãe, Nancy, no curso em Rishikesh.

John descreveu Bungalow Bill como o clássico americano saxão teimoso e filhinho da mamãe[108], e Cooke concorda que era uma descrição correta dele na época em que conheceu os Beatles. Cooke tinha mais de 1,80 m, vestia branco e cortava o cabelo feito reco. "Os outros Beatles foram muito legais comigo, mas John estava sempre distante", ele conta. Eles eram a síntese da contracultura, e eu era o bom moço americano, o típico atleta universitário. Não havia muito para nos conectar.

A caça ao tigre a que a canção se refere aconteceu a três horas de Rishikesh. Cooke e sua mãe viajaram de elefante e depois se esconderam em uma árvore sobre uma plataforma de madeira para esperar a chegada do tigre.

"Rik ficou sentado, e eu fiquei em pé ao lado dele. Não demorou muito até eu ver um vulto preto e amarelo. Dei um grito, Rik virou e deu um tiro que atravessou a orelha do tigre", Nancy recorda.

"Foi bem emocionante atirar em um tigre, mas o texano que organizou a caça veio até mim e disse 'você atirou, mas não diga uma palavra. Até onde o mundo sabe, você não atirou nesse tigre'. Ele queria voltar para casa com a pele e as garras como troféu", relembra Cooke.

Foi quando eles chegaram ao *ashram* que Cooke começou a sentir remorso e questionar se matar o animal traria um 'carma ruim'. Ele e a mãe tiveram um encontro com o Maharishi, do qual John e Paul também participaram. "Eles estavam lá por acaso quando tive essa conversa com o Maharishi. Minha mãe é uma pessoa muito falante e estava contando animadamente sobre a morte do tigre. O Maharishi parecia bastante consternado que uma seguidora sua pudesse sair e fazer algo assim. Foi a única vez que eu o vi quase bravo", conta Cooke.

"Rik disse que estava se sentindo mal por causa daquilo e achava que nunca mais ia matar um animal. O Maharishi disse 'você teve o desejo, Rik, e agora não tem mais?'. Então John perguntou 'você não acha que isso é destruir a vida?', e eu disse 'éramos nós ou o tigre. Ele estava pulando exatamente onde nós estávamos'", diz Nancy. Na música, ficou "if looks could kill it would have been us instead of him"[109].

Bungalow Bill era uma alusão a Buffalo Bill, o nome artístico do cowboy americano William Frederick Cody (1846–1917), que, no pós-guerra, virou herói de uma história em quadrinhos para jovens. Tornou-se "Bungalow" porque toda acomodação em Rishikesh era em bangalôs. Ian MacDonald comenta em *Revolution In The Head* que a música parece ser baseada em "Stay As Sweet As You Are", que foi escrita por Mack Gordon e Henry Revel e foi usada no filme de 1934 *College Rhythm*.

Cooke não sabia nada sobre "Bungalow Bill" até começar a receber cartões-postais dizendo "Hey Bungalow Bill. What did you kill?"[110] dos amigos, que o reconheceram na música. Hoje, ele se divide entre o Havaí e o Oregon e trabalha como fotógrafo para a revista *National Geographic*. Sua mãe, Nancy, vive em Beverly Hills, Califórnia.

THE CONTINUING STORY OF BUNGALOW BILL
Autoria: Lennon/McCartney
Duração: 3' 14''
Lanç. no Reino Unido: álbum *The Beatles*, 22 de novembro de 1968
Lanç. nos EUA: álbum *The Beatles*, 25 de novembro de 1968

WHILE MY GUITAR GENTLY WEEPS

WHILE MY GUITAR GENTLY WEEPS

Autoria: Harrison

Duração: 4' 45''

Lanç. no Reino Unido: álbum *The Beatles*, 22 de novembro de 1968

Lanç. nos EUA: álbum *The Beatles*, 25 de novembro de 1968

George estava lendo o *I Ching*, o livro chinês das mudanças, e decidiu aplicar os princípios do acaso às suas composições. Na casa de seus pais, ele pegou um livro da estante com o intuito de escrever uma música baseada nas primeiras palavras que encontrasse. As palavras foram "gently weeps".[1]

A gravação teve início em julho de 1968, mas ele achou que os demais Beatles não estavam demonstrando interesse pela música. Em setembro, ele trouxe seu amigo Eric Clapton para tocar guitarra solo enquanto tocou guitarra base.

Firme em sua fase mística, George usou o princípio chinês do acaso do *I Ching* enquanto escreveu "While My Guitar Gently Weeps".

HAPPINESS IS
A WARM GUN

Para esta canção, John costurou três composições que já tinha começado, mas não pareciam ir a lugar algum. A primeira era uma série de
imagens aleatórias de uma noite de ácido com Derek Taylor, Neil Aspinall e Pete Shotton na casa que Taylor estava alugando. Taylor conta:
"John disse que tinha escrito metade de uma música e queria que nós
ajudássemos com frases. Primeiro, ele queria saber como descrever
uma garota muito esperta, e eu lembrei de uma expressão de meu pai
que dizia: 'She's not a girl who misses much'[112]. Parece um elogio
fraco, mas em Merseyside, naqueles dias, não havia nada melhor".

"Depois eu contei a história de um sujeito que Joan, minha esposa,
e eu conhecemos no Carrick Bay Hotel na Isle of Man. Já era tarde da
noite, nós estávamos bebendo no bar, e um cara que gostava de conhecer turistas e de bater papo de repente nos disse: 'Sabe, eu gosto de
usar luvas de pele. Elas dão uma sensação diferente quando saio com
minha namorada'. Depois disse: 'Não quero entrar em detalhes'. E não
perguntamos. Mas isso gerou o verso 'she's well acquainted with the
touch of the velvet hand'[113]. 'Like a lizard on a window pane',[114] para
mim, era o símbolo de um movimento bem rápido. Muitas vezes,
quando morávamos em Los Angeles, era só olhar para cima que vía-
mos pequenas lagartixas correndo na janela."

Taylor continua: "'The man in the crowd with multicoloured mirrors on his hobnail boots'[115] veio de algo que li no jornal sobre um
torcedor de futebol de Manchester City que foi preso pela polícia por
colocar espelhos na biqueira do sapato para poder ver por baixo da
saia das garotas. Achamos que era uma maneira incrivelmente complicada e tortuosa de obter um prazer barato, então se tornou 'multicoloured mirrors' e 'hobnail boots' para encaixar na melodia. Um

pouco de licença poética. A parte de 'lying with his eyes while his hands were working over time'[116] veio de outra matéria, sobre um homem que sempre andava de capa e tinha mãos de plástico. Ele as apoiava no balcão das lojas enquanto, sob a capa, roubava coisas e as enfiava em um saco que estava enrolado na cintura".

"Não sei de onde saiu 'soap impression of his wife'[117], mas a parte de comer algo e depois doar para o 'National Trust' veio de uma conversa que tivemos sobre os horrores de andar em lugares públicos em Merseyside, onde você sempre se deparava com evidências de que pessoas haviam defecado atrás de arbustos e em antigos abrigos antiaéreos. Doar o que você comeu para o National Trust (organização britânica que visa manter as belezas do interior do país) é o que hoje chamaríamos de 'defecar em áreas públicas do National Trust'. Quando John juntou tudo, criou camadas de imagens. Era como uma grande confusão de cores", Taylor conclui.

A segunda parte começa com "I need a fix"[118] e veio da relação com Yoko, que tinha um papel maternal e, alguns dizem, dominador na vida de John. Durante quase toda a relação, ele se referia a ela como "Mother". Essa também era uma época em que ele estava envolvido com heroína, uma droga que mais tarde teria um custo alto para ele.

A parte final foi inspirada por algo que George Martin mostrou a John em uma revista americana sobre armas. Havia uma chamada na capa que dizia "Felicidade é uma arma quente na mão…", um trocadilho óbvio com o livro de 1962 do cartunista do Peanuts Charles Schulz, *Happiness is a Warm Puppy*. A justaposição aparentemente bizarra de assassinato e prazer instigou a imaginação de John na época. "Eu pensei, que coisa fantástica de dizer", John comentou. "Uma arma quente significa que você acabou de atirar em alguma coisa."

A letra e a melodia dessa parte imitam "Angel Baby", de Rosie and the Originals (1960), uma música que John amava. O jornalista da *Rolling Stone* Jonathan Cott o entrevistou em 18 de setembro de 1968 e escreveu que "John tocava a versão de Rosie and the Originals de 'Give Me Love'", que era o lado B de "Angel Baby". Cinco dias depois, John começou a gravar "Happiness is a Warm Gun".

Em sua cópia da partitura, ele escreveu "dirty old man" perto da primeira parte, "the junkie", da segunda, e "the gunman (satire of 50's R + R)", da terceira. Sexo, drogas e rock'n'roll![119]

HAPPINESS IS A WARM GUN

Autoria: Lennon/McCartney

Duração: 2'43"

Lanç. no Reino Unido: álbum *The Beatles*, 22 de novembro de 1968

Lanç. nos EUA: álbum *The Beatles*, 25 de novembro de 1968

MARTHA MY DEAR

O nome Martha veio da *sheepdog* de dois anos de Paul, mas a música é um apelo a uma garota que sempre foi musa do cantor: ele pede que ela se lembre dele porque ainda acredita que nasceram um para o outro. Em janeiro de 1968, Paul e Jane Asher anunciaram que se casariam naquele ano, mas Paul começou a sair com outras garotas enquanto Jane estava fora atuando, e, em julho, ela cancelou o noivado.

"Nós ainda nos vemos e nos amamos, mas não deu certo", Jane declarou. "Talvez sejamos namorados de infância que se encontram de novo e se casam aos 70 anos."

A música começou com um exercício de piano para as duas mãos. Ao explicar o surgimento da música em 1968, ele afirmou: "Basicamente eu crio uma melodia e algumas palavras surgem na minha cabeça. Nesse caso, acabou sendo 'Martha My Dear'. Elas são significam nada. Eu nem tento fazer comentários sérios. Você pode analisar o que quiser, mas é só uma música. Sou eu cantando para a minha cachorra!".

"Martha My Dear" foi gravada em outubro de 1968, e a essa altura a namorada de Paul era Linda Eastman. Jane começou um relacionamento com o cartunista Gerald Scarfe no começo dos anos 1970, e eles se casaram em 1981.

Paul e Jane Asher se separaram em 1968, mas continuaram amigos próximos e mantiveram contato.

MARTHA MY DEAR
Autoria: Lennon/McCartney
Duração: 2' 28''
Lanç. no Reino Unido: álbum *The Beatles*, 22 de novembro de 1968
Lanç. nos EUA: álbum *The Beatles*, 25 de novembro de 1968

I'M SO TIRED

Durante a permanência dos Beatles em Rishikesh, havia palestras de noventa minutos todos os dias e boa parte do tempo restante era ocupada pela meditação. Esperava-se que os alunos aumentassem seus períodos de meditação conforme a técnica melhorasse. Uma pessoa do curso afirmou ter feito uma sessão de 42 horas.

John descobriu que essa vida de calma e de autoassimilação significava que ele não conseguia dormir à noite e, consequentemente, começou a ficar muito cansado durante o dia.

"I'm So Tired", escrita depois de três semanas na Índia, também era sobre as coisas de que ele estava começando a sentir falta. A Academia de Meditação não tinha álcool nem drogas, e a cabeça de John estava voltada para seus amados cigarros e a possibilidade de beber. Às vezes, algum amigo levava um pouco de vinho clandestinamente.

Yoko era de quem ele mais sentia falta. O casal ainda não tinha começado uma relação de fato porque John não sabia como terminar seu casamento. Ele contemplou brevemente a ideia de convidá-la para ir à Índia, mas se deu conta de que as complicações de ter Cynthia e Yoko no mesmo local seriam grandes demais.

I'M SO TIRED
Autoria: Lennon/McCartney
Duração: 2' 03''
Lanç. no Reino Unido: álbum *The Beatles*, 22 de novembro de 1968
Lanç. nos EUA: álbum *The Beatles*, 25 de novembro de 1968

259

BLACKBIRD

Existem várias versões em torno da verdadeira história da criação de "Blackbird". Uma versão é que Paul acordou cedo um dia em Rishikesh para ouvir um melro-preto cantar, pegou o violão para transcrever o canto do pássaro e criou a música. Também há quem diga que, inspirado pelas notícias dos conflitos raciais nos EUA, ele traduziu o esforço das minorias raciais, que começavam a se impor, para a imagem de um pássaro com as asas quebradas tentando voar.

A madrasta de Paul, Angie McCartney, afirma que a música foi escrita para a mãe dela, Edie Stopforth. Ela diz ter uma cópia de um take de estúdio em que Paul diz "esta é para Edie" antes da gravação. "Minha mãe estava morando comigo e com Jim depois de uma longa doença", ela conta. "Durante esse período, Paul nos visitou e ficou algum tempo sentado na cama da minha mãe. Ela disse a ele que sempre ouvia um pássaro cantar à noite. Paul acabou levando um gravador para o quarto dela e gravou o som desse pássaro.

Paul afirmou que a melodia não foi inspirada pelo canto de um melro, mas pela sua lembrança da Bourrée de Bach em mi menor (da Suíte para Alaúde n.º 1 – BWV 996), que ele aprendeu na adolescência em um manual de violão. Em parte, ele estava pensando na situação racial dos EUA e a escreveu como um encorajamento para as mulheres negras oprimidas.

Apesar de ter sido escrita em 1968, é difícil afirmar com precisão o mês exato, uma vez que Paul afirmou tê-la composto na sua fazenda na Escócia, e não na Índia. É provável que ele a tenha começado na Índia, influenciado por Donovan, e terminado entre seu retorno em 26 de março e a gravação das fitas demo na casa de George no fim de maio. Isso torna mais provável a hipótese de que a letra tenha vindo na sequência da morte de Martin Luther King, em 4 de abril.

BLACKBIRD

Autoria: Lennon/McCartney

Duração: 2' 18"

Lanç. no Reino Unido: álbum *The Beatles*, 22 de novembro de 1968

Lanç. nos EUA: álbum *The Beatles*, 25 de novembro de 1968

No dia 11 de junho, ele a tocou em um filme promocional da Apple dirigido por Tony Bramwell.

O termo "blackbird" para se referir a pessoas de origem africana é usado desde a época do mercado de escravos, sempre de forma pejorativa. Nos anos 1960, as campanhas pelos direitos humanos se apropriaram dele e o transformaram em algo positivo. Um musical sobre direitos humanos, *Fly Blackbird*, com músicas de Bernard Jackson e James Hatch, estreou na off-Broadway em 1962 e ganhou o prêmio Obie de Melhor Musical.

No verão de 1968, Paul cantou uma versão acústica de "Blackbird" para fãs reunidos na porta de sua casa. Margo Bird, ex-Apple Scruff (nome dado ao grupo de fãs que costumavam se reunir na frente dos escritórios da Apple em Savile Row), recorda: "Acho que havia uma garota com ele, Francie Schwartz. Nós estávamos do lado de fora, e era óbvio que ela não iria embora. Ele tinha uma sala de música na parte superior da casa, abriu o caixilho da janela, sentou na beira e tocou para nós. Foi no começo da manhã".

Paul gosta de citar "Blackbird" como prova de que suas melhores canções vêm espontaneamente, quando letra e música transbordam como se surgissem sem nenhum esforço consciente da parte dele.

A letra de "Blackbird" foi, em parte, um reflexo do assassinato do ativista de direitos humanos americano Martin Luther King.

PIGGIES

George falou de "Piggies" como um "comentário social", mas a música foi um pouco além da simples zombaria da classe média ao chamá-la de "porcos". "Pigs" era uma expressão de escárnio na Inglaterra da década de 1960 e geralmente ficava reservada à polícia. Os porcos também foram os animais escolhidos por George Orwell em *Revolução dos bichos* para representar os líderes tiranos.

A canção ficou famosa em 1971 quando foi revelado que Charles Manson, o autointitulado líder da infame "família Manson", interpretou a letra como um alerta para que o *establishment* branco se preparasse para uma rebelião. Na mente perturbada de Manson, a sugestão de que os porcos precisavam de "uma bela surra"[120] foi especialmente significativa.

De acordo com testemunhas, essa era uma das frases preferidas de Manson, e ele a citou muitas vezes antes de ser preso pelo envolvimento em assassinatos, vistos por muitos como um capítulo final e sombrio para a era hippie.

A pista que acabou ligando os oito assassinatos – cinco dos quais aconteceram na casa da estrela do cinema Sharon Tate, dois na de Leno LaBianca e um na de Gary Hinman – foram as palavras "pig", "pigs" ou "piggy" escritas com o sangue das vítimas. Os LaBianca chegaram a ser atacados com garfos e facas, aparentemente porque os utensílios são mencionados no último verso.

George ficou horrorizado com a interpretação equivocada de Manson para uma canção que ele considerava bem tranquila e comentou que o verso "damn good whacking" foi sugestão de sua mãe quando ele procurava algo para rimar com "backing" e "lacking". "Não tinha nada a ver com policiais americanos nem com vadias californianas", ele afirmou.

Depois de assassinar oito pessoas em 1971, Charles Manson, obcecado pelos Beatles, usou o sangue das vítimas para escrever "Pig" nas paredes.

PIGGIES
Autoria: Harrison
Duração: 2' 04"
Lanç. no Reino Unido: álbum *The Beatles*, 22 de novembro de 1968
Lanç. nos EUA: álbum *The Beatles*, 25 de novembro de 1968

ROCKY RACCOON

"Rocky Raccoon" era um faroeste musical que Paul escreveu na Índia. Ela se passa nas montanhas da Dakota (provavelmente por causa da música de Doris Day "Black Hills of Dakota", do filme *Ardida como pimenta*) e conta a história do jovem Rocky, cuja namorada, Nancy Magill, foge com Dan. Rocky persegue Dan e tenta atirar nele, mas seu oponente é mais rápido. Depois disso, Rocky é atendido em seu quarto de hotel por um médico cheirando a gim. "Estávamos sentados no telhado da casa do Maharishi, curtindo, quando escrevi essa. Comecei a fazer os acordes, o título originalmente era 'Rocky Sassoon'. Depois John, Donovan e eu começamos a criar a letra. Ela veio bem rápido e acabou se tornando 'Rocky Raccoon' porque soava mais caubói", conta Paul.

A semelhança com "The Shooting of Dan McGrew" (1907), um poema de Robert Service que também conta uma história de amor e vingança com personagens parecidos, é mais que mera coincidência. Nas duas obras há um tiroteio em um *saloon*. A *femme fatale* no caso de Rocky é descrita no verso "she called herself Lil…but everyone knew her as Nancy". No caso de Dan McGrew, a moça é "known as Lou"[121].

A Apple-Scruff Margo Bird ouviu dizer que o personagem do médico foi extraído da vida real: "Um dia, perto do final de 1966, Paul caiu de um quadriciclo que ele tinha. Ele estava um pouco chapado naquela hora e cortou a boca e lascou o dente. O médico que veio atendê-lo estava cheirando a gim e, por causa do mau estado, não fez um trabalho lá muito bom na hora de suturar. Foi por isso que Paul ficou com um calombo no lábio por um tempo e deixou o bigode crescer para cobri-lo".

ROCKY RACCOON

Autoria: Lennon/McCartney

Duração: 3' 32''

Lanç. no Reino Unido: álbum *The Beatles*, 22 de novembro de 1968

Lanç. nos EUA: álbum *The Beatles*, 25 de novembro de 1968

DON'T PASS ME BY

"Don't Pass Me By" foi a primeira música completa de Ringo para os Beatles. Até então, suas únicas participações nas composições da banda tinham sido os títulos de "A Hard Day's Night" e "Tomorrow Never Knows", além de alguma contribuição musical em "Flying" e "What Goes On".

Quando perguntaram em dezembro de 1967 se ele tinha aspirações como compositor, Ringo respondeu: "Eu tento. Tenho um violão e um piano e toco alguns acordes, mas são só 'chinga-lingas'. Para mim, nenhuma melodia boa sai dali".

A verdade era que ele estava tentando fazer os Beatles gravarem "Don't Pass Me By" havia anos. Durante uma entrevista de rádio na Nova Zelândia durante a turnê de junho de 1964 pela Austrália, era possível ouvir Ringo pedindo aos demais: "Cantem a música que eu escrevi, só para fazer propaganda". Em resposta ao pedido, Paul disse no programa: "Ringo escreveu uma música chamada 'Don't Pass Me By'. Uma melodia linda. É a primeira vez que ele se aventura em uma composição".

Depois que Paul e John cantaram uma estrofe, alguém perguntou ao baterista mais sobre a música: "Foi escrita como um country, mas ouvir Paul e John cantarem com esse quê de blues mexeu comigo. Se os Beatles vão gravá-la? Eu não sei. Acho que não, na verdade. Eu fico tentando empurrá-la para eles toda vez que vamos gravar".

Ela continuaria fora dos sets dos álbuns do grupo por mais cinco anos. "Infelizmente nunca há tempo suficiente para encaixar a música de Ringo em um álbum", Paul explicou em 1964. "Ele nunca a terminou."

Ringo passou quatro anos tentando persuadir seus parceiros de banda a incluirem "Don't Pass Me By" em um álbum dos Beatles.

DON'T PASS ME BY
Autoria: Starr
Duração: 3' 50"
Lanç. no Reino Unido: álbum *The Beatles*, 22 de novembro de 1968
Lanç. nos EUA: álbum *The Beatles*, 25 de novembro de 1968

WHY DON'T WE DO IT IN THE ROAD?

Um dos pontos fortes da parceria de Lennon e McCartney era que, embora o ato de se sentar para criar uma música do zero juntos estivesse ficando cada vez mais raro, eles se instigavam a ir além no que estava se tornando um trabalho cada vez mais solo.

Às vezes eles tentavam se superar compondo com um estilo mais associado com o outro. *The White Album* continha a sensível "Julia" e a sentimental "Goodnight", de John, à Paul, e as audaciosas "Helter Skelter" e "Why Don't We Do In The Road?", de Paul, no melhor estilo John. "Why Don't We Do It In The Road?" aborreceu John porque Paul a gravou com Ringo em um estúdio separado em Abbey Road, e o estilo escolhido por Paul – uma letra maliciosa com arranjos escassos – era próximo do estilo a que ele, John, estava associado.

Paul teve a ideia na Índia quando viu dois macacos copulando a céu aberto. Ele ficou impressionado pela maneira aparentemente descomplicada como os animais se acasalam em comparação com as regras, rituais e hábitos do sexo humano.

"Os Beatles sempre foram um grupo de rock", Paul explicou em novembro de 1968. "É que não somos só rock'n'roll. É por isso que fazemos 'Ob-la-di ob-la-da' uma hora e depois fazemos esta. Quando nos apresentávamos em Hamburgo, não tocávamos rock a noite toda porque havia muitos executivos velhos e gordos chegando – e executivos velhos e magros também –, e eles nos pediam para tocar mambo ou samba. Eu não costumo escrever uma música e pensar: 'Certo, essa vai ser sobre algo específico'. As palavras acabam surgindo. Eu não me obrigo a falar sobre nada sério. São apenas palavras que acompanham a melodia. E você pode ler o que quiser nelas."

WHY DON'T WE DO IT IN THE ROAD?

Autoria: Lennon/McCartney
Duração: 1'41''
Lanç. no Reino Unido: álbum *The Beatles*, 22 de novembro de 1968
Lanç. nos EUA: álbum *The Beatles*, 25 de novembro de 1968

I WILL

Paul demorou 67 takes para acertar "I Will" em 16 de setembro de 1968. Ringo tocou pratos e maracas, e John marcou o ritmo com um pedaço de madeira. Foi a primeira das músicas de Paul sobre Linda, e ele ainda estava fazendo acréscimos e mudando versos durante a gravação.

Não é uma surpresa que haja certa ansiedade na letra, provocada, sem dúvida, pela descoberta de que Linda e a filha dela chegariam a Londres na semana seguinte. Até então, Paul só havia encontrado Linda em Londres na época de *Sgt Pepper* e em duas visitas aos EUA depois disso, mas obviamente acreditava saber o suficiente sobre ela para se sentir confiante em oferecer seu amor "forever and forever"[122].

Paul havia começado a música na Índia, mas, descontente com a letra original, ele a jogou fora e começou tudo de novo.

I WILL
Autoria: Lennon/ McCartney
Duração: 1'46''
Lanç. no Reino Unido: álbum *The Beatles*, 22 de novembro de 1968
Lanç. nos EUA: álbum *The Beatles*, 25 de novembro de 1968

"I Will", primeira música de Paul sobre sua futura esposa, Linda, foi escrita pouco antes de ela se mudar para Londres.

JULIA

JULIA
Autoria: Lennon/
McCartney
Duração: 2' 54"
**Lanç. no Reino
Unido:** álbum
The Beatles, 22
de novembro de
1968
Lanç. nos EUA:
álbum *The Beatles*,
25 de novembro
de 1968

Embora muitas músicas de John tenham vindo do trauma de perder a mãe na adolescência, "Julia" foi a primeira vez que ele tratou do tema diretamente em uma canção dos Beatles.

Julia Stanley nasceu em Liverpool em 1914 e se casou com Frederick Lennon em 1938. John foi o único filho que tiveram juntos. Quando John tinha 5 anos, Julia deu à luz ao filho de outro homem, e John ficou aos cuidados da irmã de Julia, Mimi. Sua mãe era atraente e nada convencional. Ela ensinou John a tocar banjo e foi com ela que John ouviu os primeiros discos de Elvis Presley.

A morte repentina em um acidente de carro, em 1958, ocorreu bem quando John se reaproximava da mãe – ele estava começando a usar a casa de Julia em Blomfield Road para ensaiar com The Quarry Men porque sua tia Mimi não gostava de música alta em casa.

Apesar de "Julia" ser para sua mãe, também era uma mensagem cifrada para o seu novo amor, Yoko Ono. A "ocean child"[123], que John diz que o está chamando, claramente é uma referência a Yoko, cujo nome significa "filha do oceano" em japonês. "Foi na Índia que ela começou a escrever para mim. Ela escrevia coisas como 'eu sou uma nuvem. Me procure no céu'. Fiquei muito entusiasmado com as cartas", John afirmou.

Os primeiros dois versos da música foram tirados de *Sand And Foam*, uma coleção de provérbios do libanês místico Kahlil Gibran publicada pela primeira vez em 1927. Gibran escreveu: "Half of what I say is meaningless; but I say it so the other half may reach you"[124]. O resto da música, John afirmou, teve ajuda da própria Yoko quando eles se reencontraram na Inglaterra, porque, além de ser artista e cineasta, ela era uma poetisa minimalista.

BIRTHDAY

As músicas dos Beatles feitas na Índia eram criadas para o violão porque esse era o único instrumento que tinham no *ashram*.

Mas "Birthday" foi escrita nos estúdios de Abbey Road em 18 de setembro de 1968. Paul tocou a melodia básica ao piano. John diz que Paul estava pensando em "Happy, Happy Birthday", um *hit* de 1957 nos EUA, de Tuneweavers, mas queria produzir algo contemporâneo e rock'n'roll. Além disso, faltavam apenas seis dias para o aniversário de 26 anos de Linda Eastman, e Paul sabia que ela chegaria em Londres na semana seguinte, a tempo da comemoração.

Ele entrou no estúdio no fim da tarde e trabalhou no acorde básico de teclado, cujo início era baseado na introdução de "Just A Little Bit" (1960), de Rosco Gordon. Depois, George, John e Ringo acrescentaram os acompanhamentos. Durante a noite, os quatro fizeram uma pausa e foram para a casa de Paul assistir à estreia de *The Girl Can't Help It* (1956) na televisão, estrelado por Jayne Mansfield e com música de Fats Domino, Gene Vincent, The Treniers, The Platters, Little Richard e Eddie Cochran.

Provavelmente inspirados por essa dose de rock das antigas, os Beatles voltaram para o estúdio por volta das onze da noite e concluíram os vocais. Todos incluíram versos, e Yoko Ono e Pattie Harrison ajudaram com os *backings*. "Nós criamos a letra no estúdio", conta Paul. "É uma das minhas faixas favoritas do álbum porque foi instantânea. E é boa para dançar."

A opinião de John, emitida voluntariamente doze anos depois, é exatamente a que se esperaria dele: "É uma porcaria".

Paul escreveu "Birthday" em 1968 para comemorar o 26º aniversário de Linda.

BIRTHDAY
Autoria: Lennon/ McCartney
Duração: 2'42''
Lanç. no Reino Unido: álbum *The Beatles*, 22 de novembro de 1968
Lanç. nos EUA: álbum *The Beatles*, 25 de novembro de 1968

YER BLUES

"Yer Blues" era a música mais desesperada que John já tinha escrito e representava um grito de socorro angustiado para Yoko. John sentia que estava em uma encruzilhada da vida: sua carreira ativa como Beatle estava quase acabando, seu empresário estava morto, e ele agora cogitava terminar seu casamento.

Ele era leal a Cynthia e, ainda assim, sabia que em Yoko havia encontrado seu par artístico e intelectual. Ela era, ele diria posteriormente, a garota que sempre sonhou encontrar, a garota que imaginava quando escreveu "Girl".

Durante o período em Rishikesh, John e Cynthia ficavam separados muitas vezes porque tinham rotinas de meditação diferentes, e foi só no voo de Nova Délhi para Londres que John falou a Cynthia sobre suas escapadas nos seis anos de casamento. Ela ficou chocada: "Nunca imaginei que ele tivesse sido infiel durante nossa vida de casados. Ele não tinha me dito nada. É claro que eu sabia que fazer turnês no exterior e estar cercado por todas as tentações que um homem pode querer seria impossível de resistir. Mas, mesmo assim, a minha cabeça não aceitava o inevitável. Não havia nada de concreto, nenhum sinal".

John afirmaria mais tarde que o dilema da separação deu a ele ímpetos de suicídio. Na música, ele se compara ao Mr Jones, testemunha central em "Ballad Of A Thin Man", de Dylan. Musicalmente, "Yer Blues" era um indício da direção que ele tomaria em sua carreira pós-Beatles.

YER BLUES
Autoria: Lennon/
McCartney
Duração: 4' 01"
**Lanç. no Reino
Unido:** álbum
The Beatles, 22
de novembro de
1968
Lanç. nos EUA:
álbum *The Beatles*,
25 de novembro
de 1968

269

MOTHER NATURE'S SON

Paul e John escreveram suas músicas depois de ouvir uma palestra do Maharishi sobre a unidade do homem com a natureza, mas "Mother Nature's Son", de Paul, seria a escolhida para entrar no disco.

A canção de John, "A Child Of Nature", fazia observações semelhantes sobre o sol, o céu, o vento e as montanhas, mas, enquanto Paul ficcionalizou sua reação ao escrever na voz de um personagem, "um pobre rapaz do campo", John escreveu sobre si mesmo "na estrada para Rishikesh".

John gravou uma demo de "A Child Of Nature" em maio de 1968, mas os Beatles não a gravaram. Três anos depois, com uma nova letra, ela se tornou "Jealous Guy".

Paul sempre foi um amante do campo e, quando escreveu "Mother Nature's Son", estava pensando em uma música que ouviu quando era mais novo, "Nature Boy" (1947), popularizada por Nat "King" Cole. Embora tenha começado a escrever na Índia, Paul concluiu a música na casa de seu pai.

O sucesso de Nat "King" Cole de 1947 "Nature Boy" estava na cabeça de Paul quando ele compôs "Mother Nature's Son".

MOTHER NATURE'S SON
Autoria: Lennon/McCartney
Duração: 2' 48"
Lanç. no Reino Unido: álbum *The Beatles*, 22 de novembro de 1968
Lanç. nos EUA: álbum *The Beatles*, 25 de novembro de 1968

EVERYBODY'S GOT SOMETHING TO HIDE EXCEPT ME AND MY MONKEY

Inicialmente batizada "Come On, Come On", ela foi construída a partir do título. John afirmou que era uma clara referência à sua relação com Yoko: "Era só um belo verso que transformei em canção. Todos pareciam estar paranoicos, com exceção de nós dois, que estávamos loucos de amor... todos à nossa volta pareciam meio tensos".

Foi só após a volta da Índia que a amizade se transformou em um *affair*, e Cynthia soube do que estava acontecendo. Yoko começou a ir às gravações do novo álbum, o que incomodou muito os demais Beatles. A imprensa britânica também achou difícil aceitar Yoko e essa versão blasé de John. Isso acabaria influenciando em sua mudança para os EUA. "Na Inglaterra, eles acham que eu sou alguém que ganhou o jogo e fugiu com uma princesa japonesa", ele afirmou uma vez. "Nos EUA, eles a tratam com respeito. Eles a tratam como a artista séria que ela é."

O rápido "come on, come on, come on..." do refrão é parecido com o que ficou conhecido como "refrão gorgolejado" da faixa "Virgin Forest", do Fugs, lançada em *The Fugs' Second Album* (1966). Barry Miles, na época à frente da Indica Bookshop, fornecia aos Beatles os últimos lançamentos alternativos dos EUA, incluindo o trabalho de The Fugs.

271

EVERYBODY'S GOT SOMETHING TO HIDE EXCEPT ME AND MY MONKEY

Autoria: Lennon/McCartney

Duração: 2' 24''

Lanç. no Reino Unido: álbum *The Beatles*, 22 de novembro de 1968

Lanç. nos EUA: álbum *The Beatles*, 25 de novembro de 1968

SEXY SADIE

"Sexy Sadie" parece ser uma canção sobre uma garota que engana os homens, só para fazê-los de bobos, mas ela foi escrita sobre o Maharishi Mahesh Yogi, depois que John se desiludiu com ele. Ciente de que jamais poderia gravar uma música difamatória chamada Maharishi, ele a intitulou "Sexy Sadie", mas na gravação demo ele solta uma série de obscenidades endereçadas ao verdadeiro alvo.

Havia duas razões para que os Beatles decidissem partir de Rishikesh. Disseram a eles que o Maharishi só estava interessado no dinheiro do grupo, e pairava um rumor de que ele teria investido sexualmente nas mulheres que faziam o curso. Isso os enervou, e os Beatles disseram ao guru que estavam indo embora. Pressionado a explicar sua decisão, John teria dito: "Bem, se você é tão cósmico, deve saber o porquê".

Paul Horn, que se lembra da partida deles, acredita que a ruptura era inevitável: "Esses cursos eram feitos para pessoas que tinham uma formação sólida em meditação. Os Beatles não tinham experiência, e acho que estavam esperando um milagre. George estava realmente envolvido, mas Ringo não estava nada interessado em filosofia oriental. John sempre foi cético em relação a tudo. Paul era tranquilo e teria acompanhado qualquer decisão".

"O grande rebuliço aconteceu porque algumas pessoas estavam mais interessadas nos Beatles do que em aprender a meditar e se tornaram parasitas. Uma mulher estava realmente interessada nos Beatles e começou com toda essa bobagem sobre o Maharishi dar em cima dela. Houve muitos boatos e ciúmes, e ela se voltou contra os Beatles falando isso sobre o Maharishi. No fim das contas, era hora de eles irem para casa. A situação toda foi só um catalisador."

A relação da banda com o Maharishi não terminou bem, e John despejou seu rancor em "Sexy Sadie".

SEXY SADIE
Autoria: Lennon/McCartney
Duração: 3' 15''
Lanç. no Reino Unido: álbum *The Beatles*, 22 de novembro de 1968
Lanç. nos EUA: álbum *The Beatles*, 25 de novembro de 1968

HELTER SKELTER

"Helter Skelter" veio da resenha muito elogiosa de um jornal especializado em música sobre um single novo do The Who. Paul achou que o single não condizia com os termos tão elogiosos da crítica e se propôs o desafio de escrever algo que pudesse ser legitimamente descrito daquela forma.

O single, "I Can See For Miles", foi lançado em outubro de 1967 e resenhado por Chris Welch na *Melody Maker*. "Esqueça Happy Jack sentado na Isle of Man", escreveu Welch. "Essa maratona épica de pratos profanos e guitarras blasfemas marca o retorno do The Who como uma força alucinada. Gravada nos EUA, trata-se de uma composição de Pete Townshend cheia do mistério e da ameaça de Townshend."

É impossível saber ao certo o que essa crítica queria dizer porque Paul a descreveu de maneiras diferentes ao longo dos anos. Em 1968, ele disse que a resenha dizia "o grupo realmente enlouquece com o eco, os gritos e tudo", mas, vinte anos depois, ele declarou que o texto descrevia o single do Who como "o rock'n'roll mais alto e rouco, a coisa mais sórdida que já tinham feito". No entanto, o efeito que a resenha provo-

---

HELTER SKELTER
Autoria: Lennon/McCartney
Duração: 4' 29''
Lanç. no Reino Unido: álbum *The Beatles*, 22 de novembro de 1968
Lanç. nos EUA: álbum *The Beatles*, 25 de novembro de 1968

cou em Paul continuava o mesmo: "Eu pensei 'que pena. Eu gostaria de fazer algo assim'. Depois fui ouvir a música e não achei nada disso. Era direta e sofisticada. Então fizemos essa. Eu gosto de barulho".

Apesar de o texto falar em "pratos profanos" e das "guitarras blasfemas", "I Can See For Miles" tem uma melodia clara. Paul queria escrever algo que realmente "enlouquecesse as pessoas" e, quando gravaram "Helter Skelter" pela primeira vez, em julho de 1968, os Beatles o fizeram em um take de quase uma hora. "Do nada", eles voltaram a ela em setembro e produziram uma versão mais curta. No final, Ringo pode ser ouvido gritando "I've got blisters on my fingers"[125].

A maioria dos ouvintes britânicos sabia que "helter skelter" era um escorregador em espiral, mas Charles Manson, que ouviu o *White Album* em dezembro de 1968, achou que os Beatles estavam alertando os EUA sobre um conflito racial que estava "coming down fast"[126]. Na imaginação de Manson, os Beatles eram os quatro anjos mencionados no Livro das Revelações do Novo Testamento, que, através de suas músicas, estavam dizendo a ele e a seus seguidores que se preparassem para o holocausto que estava por vir fugindo para o deserto.

Manson se referiu a essa futura rebelião como "Helter Skelter", e os rabiscos feitos com sangue dessas palavras na cena de um dos assassinatos foram outra pista fundamental para a subsequente investigação policial. Foi por causa da importância da canção que Vincent Bugliosi, promotor de Los Angeles que atuou no julgamento de Manson, intitulou seu livro sobre os assassinatos como *Helter Skelter*, que se tornou um best-seller.

O assassino Charles Manson achou que "Helter Skelter" era um alerta para os EUA sobre um iminente conflito racial.

LONG LONG LONG

Mais que qualquer outro Beatle, George se inspirava para compor ao ouvir outras músicas. Os acordes de "Long Long Long" foram sugeridos pela misteriosa canção de Bob Dylan "Sad Eyed Lady Of The Lowlands". Ele ficou fascinado com o movimento de ré para mi menor, para lá e de volta a ré e queria escrever algo parecido. Ele rabiscou a letra nas páginas vazias de uma agenda semanal de 1968 e a chamou de "It's Been A Long Long Long Time", que se tornou o título provisório.

"Long Long Long" soa como uma simples canção de amor, mas, de acordo com George, o "você" em questão aqui é Deus. George foi o primeiro Beatle a demonstrar interesse pela religião oriental e o único a mantê-lo depois que os demais se desiludiram com o Maharishi após a visita à Índia. No entanto, George mudou seus vínculos, se distanciou do Maharishi e da meditação transcendental e aderiu publicamente à Sociedade Internacional para a Consciência de Krishna. Mais tarde, transformou o mantra Hare Krishna em um single de sucesso.

LONG LONG LONG
Autoria: Harrison
Duração: 3' 04''
Lanç. no Reino Unido: álbum *The Beatles*, 22 de novembro de 1968
Lanç. nos EUA: álbum *The Beatles*, 25 de novembro de 1968

REVOLUTION

O Verão do Amor foi seguido pela Primavera da Revolução. Em março de 1968, milhares de pessoas marcharam em frente à Embaixada Americana, em Londres, para protestar contra a Guerra do Vietnã. Em maio, estudantes fizeram uma manifestação em Paris. Ao contrário de Mick Jagger, que participou de uma marcha, John assistiu a esses eventos de sua casa. Ele começou a trabalhar em "Revolution" na Índia e a terminou em casa, quando Cynthia estava na Grécia. Ele a mostrou para Paul como um single em potencial, mas Paul disse que não era suficientemente comercial.

A recusa de John em concordar com a política revolucionária fez com que os militantes condenassem sua "traição".

Não era a canção de um revolucionário, e sim de alguém pressionado pelos revolucionários a declarar sua aliança. John, o Beatle de maior consciência política e mais esquerdista, tinha se tornado alvo de grupos leninistas, trotskistas e maoístas, que achavam que ele devia apoio às suas causas.

"Revolution" foi a resposta de John a essas facções e as informava de que, apesar de compartilhar do desejo por mudança social, ele acreditava que a única revolução que valia a pena surgiria da mudança interna, em vez da violência revolucionária. No entanto, ele nunca teve certeza absoluta de sua posição e limitou suas apostas na versão lenta da música lançada no álbum. Depois de admitir que a destruição pode vir com a revolução, ele cantou "you can count me out/in", [127] claramente incerto de qual lado do debate assumir. Na versão mais rápida, gravada seis semanas depois e lançada como lado B de "Hey Jude", ele omitiu a palavra "in".

Essa omissão provocou muita aflição na imprensa alternativa. A revista americana *Ramparts* a chamou de "traição", e o *New Left Review*, de "um grito de medo lamentável de um burguês mesquinho". A revista *Time*, por outro lado, dedicou um artigo inteiro à música que dizia que ela "criticava ativistas radicais mundo afora".

A natureza do dilema de John foi revelada em uma troca de correspondência publicada na revista da Keele University. Em uma carta aberta, o estudante John Hoyland afirmou sobre "Revolution": "Essa gravação não é mais revolucionária que *Mrs Dale's Diary* [uma novela de rádio da BBC]. Para mudar o mundo, precisamos entender o que há de errado com ele. E depois, destruí-lo. Impiedosamente. Não é crueldade nem loucura. É uma das formas mais intensas de amor. Porque o que estamos combatendo é o sofrimento, a pressão, a humilhação – o imenso custo da infelicidade causado pelo capitalismo. E todo 'amor' que não se oponha a essas coisas é meloso e irrelevante. Não existe uma revolução polida".

Em sua resposta, John escreveu: "Não me lembro de ter dito que 'Revolution' era revolucionária. Dane-se Mrs Dale. Ouça as três versões de 'Revolution' – 1, 2 e 9 – e depois tudo de novo, caro John (Hoyland). Você diz 'para mudar o mundo, precisamos entender o que há de errado com ele. E depois, destruí-lo. Impiedosamente'. Você obviamente está em um movimento de destruição. Vou dizer o que há de errado com ele – as pessoas. Então, você quer destruí-las? Impiedosamente? Até que você/nós mude/mudemos a sua/nossa cabeça – não há nenhuma chance. Cite uma revolução bem-sucedida. Quem fodeu o comunismo, o cristianismo, o budismo etc.? Cabeças doentes, e nada mais. Você acha que todos os inimigos usam um distintivo do capitalismo para que você possa atirar neles? É um tanto ingênuo, John. Você parece achar que é só uma luta de classes".

Ao ser entrevistado por jornalistas da revista, John Lennon declarou: "Tudo o que estou dizendo é que acho que vocês devem fazer isso mudando a cabeça das pessoas, e eles estão dizendo que devemos destruir o sistema. No entanto, essa coisa de destruição do sistema existe faz tempo. O que ela conseguiu? Os irlandeses fizeram, os russos fizeram, e os franceses fizeram. Aonde isso os levou? A lugar nenhum. É a velha história. Quem vai comandar essa destruição? Quem vai assumir o controle? Vão ser os maiores destruidores. Eles vão chegar primeiro e, como na Rússia, vão assumir o controle. Eu não sei qual é a resposta, mas acho que são as pessoas".

É uma posição que John manteria. Em 1980, ele disse que "Revolution" continuava sendo a expressão de sua visão política. "Não contem comigo se for para a violência. Não esperem me ver nas barricadas, a não ser que seja com flores."

REVOLUTION

Autoria: Lennon/McCartney

Duração: 4' 15''

Lanç. do single no Reino Unido: 30 de agosto de 1968, como lado B de "Hey Jude"

Lanç. do single nos EUA: 26 de agosto de 1968, como lado B de "Hey Jude"

HONEY PIE

"Honey Pie" era um tributo de Paul para seu pai, Jim McCartney. "Meu pai sempre tocou músicas antigas ótimas como essa, e eu gostava delas. Eu gostaria de ter sido compositor nos anos 1920 porque gosto dessa coisa de fraque e cartola", Paul declarou.

Assim como acreditou que "Helter Skelter" tinha sido escrita para ele pessoalmente, Charles Manson voltou a encontrar instruções em "Honey Pie". Afinal, ela era endereçada às pessoas nos EUA, convidando-as a revelar a magia de sua "Hollywood song". Manson vivia perto de Los Angeles. Não era óbvio?

SAVOY TRUFFLE

George tornou-se amigo de Eric Clapton desde que os dois se conheceram em 1966, e "Savoy Truffle" era uma canção divertida sobre o amor de Clapton por chocolate. O hábito contribuiu para a deterioração dos dentes de Clapton, e George resolveu alertar o amigo de que, mais um chocolate com recheio cremoso, ele teria de extrair os dentes.

A letra é feita com os nomes exóticos dados a cada chocolate do sortimento da Mackintosh Good News, como Creme Tangerine, Montelimar, Ginger Sling e Coffee Dessert. Savoy Truffle era um dos nomes originais, ao passo que Cherry Cream e Coconut Fudge foram inventados para se encaixar na música.

Derek Taylor ajudou em um trecho sugerindo o título de um filme que tinha acabado de ver, *You Are What You Eat*, feito por dois de seus amigos americanos, Alan Pariser e Barry Feinstein. Não deu muito certo, então George mudou para "you know that what you eat you are"[128].

HONEY PIE
Autoria: Lennon/McCartney
Duração: 2'41''
Lanç. no Reino Unido: álbum *The Beatles*, 22 de novembro de 1968
Lanç. nos EUA: álbum *The Beatles*, 25 de novembro de 1968

SAVOY TRUFFLE
Autoria: Harrison
Duração: 2'54''
Lanç. no Reino Unido: álbum *The Beatles*, 22 de novembro de 1968
Lanç. nos EUA: álbum *The Beatles*, 25 de novembro de 1968

CRY BABY CRY

CRY BABY CRY
Autoria: Lennon/
McCartney
Duração: 3'01"
**Lanç. no Reino
Unido:** álbum
The Beatles, 22
de novembro de
1968
Lanç. nos EUA:
álbum *The Beatles*,
25 de novembro
de 1968

Em 1968, quando Hunter Davies terminava a biografia da banda, John disse a ele: "Tenho outra [canção] aqui, poucas palavras, acho que foram tiradas de uma propaganda: 'Cry baby cry, Make your mother buy'[129]. Eu estava tocando no piano. Deixei para lá agora. Ela vai vir se eu realmente quiser". Donovan se lembra de John trabalhando nela na Índia. "Acho que as imagens foram sugeridas pelas minhas músicas de contos de fadas. Tínhamos nos aproximado muito na troca de vibrações musicais."

Parcialmente baseada na rima infantil "Sing A Song Of Sixpence" e, através da propaganda, pela provocação dos parquinhos "Cry, baby, cry,/ Stick a finger in your eye/ And tell your mother it wasn't I"[130], a canção inclui personagens criados por John, como a Duquesa de Kirkaldy e o Rei de Marigold. Kirkaldy fica em Fife, Escócia, e era lá que John costumava fazer uma parada a caminho de Durness quando ia passar férias em família durante sua infância.

279

O envolvimento total de John com o psicodelismo se estendia à pintura de seu Rolls-Royce.

REVOLUTION 9

"Revolution 9" não era nem uma canção de Lennon e McCartney nem uma gravação dos Beatles, e sim um amálgama de oito minutos e quinze segundos de sons gravados, que John e Yoko mixaram juntos.

Originalmente, "Revolution" chegava a dez minutos, e mais da metade consistia em John e Yoko gritando e gemendo sobre uma série de sons dissonantes, criados para simular os barulhos de uma revolução. Posteriormente, eles decidiram cortar a seção caótica e usá-la como base de outra faixa, que se transformou em "Revolution 9".

Nesse momento, fitas caseiras de manifestações populares foram trazidas, e outros efeitos sonoros foram encontrados no acervo da EMI. Os três estúdios da Abbey tiveram de ser utilizados. John operou os *faders* para criar a mistura.

Com tantos sons sobrepostos, é quase impossível identificar todos os barulhos e comentários individualmente. Mark Lewisohn, que estudou a gravação em quatro pistas, dividiu a gravação em: coro, violinos ao contrário, sinfonia ao contrário, *overdub* de orquestra de "A Day In The Life", vidro estilhaçando, aplauso, ópera, mellotron ao contrário,

REVOLUTION 9
Autoria: Lennon/McCartney
Duração: 8' 22''
Lanç. no Reino Unido: álbum *The Beatles*, 22 de novembro de 1968
Lanç. nos EUA: álbum *The Beatles*, 25 de novembro de 1968

A colagem sonora de "Revolution 9" incluía uma gravação de John e Yoko gritando a palavra "right".

murmúrio, frases faladas por John e George e uma fita cassete de Yoko e John gritando a palavra "right", extraída de "Revolution".

A fita mais memorável (que gerou parte do título) foi a voz bem audível entoando "Number 9, Number 9". Aparentemente ela foi descoberta em um acervo de fitas, pode ter sido retirada do acervo da Royal Academy of Music.

Mais uma vez, Charles Manson achou que John estava falando diretamente com ele através da confusão e considerou o número 9 uma referência ao capítulo 9 das Revelações, com sua visão do apocalipse. Manson achou que John estava gritando "rise", em vez de "right", e interpretou isso como uma incitação para que a comunidade negra fizesse um levante contra a classe média branca. "Rise" tornou-se umas das expressões-chave de Manson e foi encontrada escrita com sangue em uma das cenas dos assassinatos.

Paul estava nos EUA quando "Revolution 9" foi feita e ficou decepcionado com sua inclusão em *The Beatles*, especialmente porque ele vinha fazendo colagens sonoras em sua casa desde 1966 e percebeu que John passaria a ser visto como o inovador.

GOOD NIGHT

"Good Night" é, certamente, a canção mais melosa de John. Se fosse de Paul, John a teria considerado uma "porcaria", mas seu comentário final foi que a música talvez fosse "exagerada".

John afirmou tê-la escrito para Julian como uma canção de ninar, assim como, 12 anos depois, ele escreveria "Beautiful Boy" para seu segundo filho, Sean. A melodia parece ter sido "inspirada" em "True Love", de Cole Porter, canção do musical *High Society* que se tornou um sucesso com Bing Crosby e Grace Kelly.

Julian não sabia que John havia escrito a música para ele até ser entrevistado para este livro. Isso provavelmente se deve ao fato de seus pais terem se separado poucas semanas depois da sua composição.

GOOD NIGHT
Autoria: Lennon/McCartney
Duração: 3' 11''
Lanç. no Reino Unido: álbum *The Beatles*, 22 de novembro de 1968
Lanç. nos EUA: álbum *The Beatles*, 25 de novembro de 1968

DON'T LET
ME DOWN

DON'T LET ME DOWN
Lanç. do single no Reino Unido: 11 de abril de 1969, como lado B de "Get Back"
Lanç. do single nos EUA: 5 de maio de 1969, como lado B de "Get Back

John sempre manifestou seu medo de ser "let down" (decepcionado) por aqueles em quem confiava. Para esta, e outras canções em que confessava a sua preocupação em ser rejeitado, ele se inspirou em outro tema dos Beatles, "If I Fell".

Escrita sobre Yoko e lançada como lado B de "Get Back" em abril de 1969, essa antiga angústia foi manifestada como um grito atormentado depois de encontrar alguém que o amava mais do que qualquer outra pessoa já tinha feito. Influenciado pela arte minimalista de Yoko, ele cortou tudo que era perfumaria, reduzindo seu apelo à forma de um telegrama urgente.

28.

John e Yoko em 1968 deixando a corte de Marylebone, onde admitiram posse de resina de *cannabis*.

LET IT BE

Comprometidos em completar um último filme para a United Artists, mas sem inclinações para repetir *Help!* ou *A Hard Day's Night*, os Beatles cumpriram seu contrato com *Let It Be*, um documentário colorido de oitenta minutos do grupo nos ensaios no Twickenham Film Studios, nas gravações no Apple Studios e ao vivo no topo do escritório da Apple em Londres. Essas três sequências foram filmadas em janeiro de 1969, mas o filme só estreou em maio de 1970, quando uma caixa com o álbum e um livro foi preparada para o lançamento. O álbum só foi disponibilizado separadamente em novembro de 1970.

O plano era fazer um álbum chamado *Get Back* e filmar o processo de gravação para um documentário para televisão. Havia a possibilidade de incluir uma apresentação ao vivo e uma série de locais foi considerada – o Roundhouse em Londres, a catedral de Liverpool, o QE2, Tripoli, o Taiti e um anfiteatro romano na Tunísia.

O filme e o álbum resultantes exigiram concessões. Em vez de ser um documentário sobre criatividade musical, *Let It Be* se tornou um disco de desintegração musical. Para terminá-lo, Paul assumiu as rédeas, pressionando e estimulando quando necessário, enquanto John e George se amuaram, revelando abertamente seu ressentimento.

Conflitos por causa do álbum contribuíram para o rompimento do grupo. O americano Allan Klein, que tinha se tornado empresário deles, não estava satisfeito com a qualidade das fitas que o engenheiro Glyn Johns tinha editado, então trouxe outro americano, o produtor Phil Spector, para reforçar a produção. Quando Paul ouviu o que Spector fez com "The Long And Winding Road" pediu que sua forma original fosse restaurada. Depois que seu pedido foi ignorado, Paul anunciou sua saída dos Beatles.

285

Os Beatles e Yoko ouvindo *Let It Be*. Se antes todos ficavam juntos, eles agora se sentavam separados, mal conseguindo esconder as diferenças.

Let It Be é um disco fragmentário. Como foi o último álbum lançado, muitas vezes presume-se que tenha sido o último a ser gravado. Mas, depois das brigas que caracterizaram *Let It Be*, os Beatles gravaram *Abbey Road*, que George Martin ainda considera o seu favorito.

Quando *Let It Be* foi lançado, os Beatles tinham se desfeito. Paul já tinha lançado seu primeiro álbum solo, apesar de o grupo só ter acabado oficialmente em dezembro de 1970, depois do processo de Paul. *Let It Be* chegou ao topo da parada de álbuns na Inglaterra e nos EUA depois do lançamento em maio de 1970. Os pedidos antecipados de quase 4 milhões de cópias nos EUA foram os maiores até então. Em 2003, ele foi relançado sem as contribuições de Spector e reintitulado *Let It Be… Naked*. A ordem das músicas foi refeita, "I've Got A Feeling" (originalmente um lado B de "Get Back") foi adicionada e "Dig It" e "Maggie Mae" foram deixadas de fora. O plano era restaurar o álbum ao formato que os quatro Beatles haviam planejado originalmente.

TWO OF US

Executada no documentário por John e Paul com violões, "Two Of Us" soa como uma música da adolescência dos dois em Liverpool. Mas "nós dois" não eram Paul e John, e sim Paul e Linda. Para Paul, uma das coisas mais atraentes em sua nova namorada era o olhar despretensioso e tranquilo que ela tinha em relação a tudo. Em uma vida restringida por horários e obrigações contratuais, ele se deliciava em estar com alguém que parecia totalmente despreocupada, alguém com quem podia esquecer que era um Beatle.

Pouco depois de se conhecerem em Londres no outono de 1968, Linda ensinou a Paul as alegrias de se perder completamente. Ela o levava de carro pela estrada sem nenhum destino e com o propósito único de chegar a quilômetros de distância de lugar nenhum. Para um Beatle, que ouvia o tempo todo onde e quando deveria estar, era um retorno emocionante à liberdade. Linda explica: "Quando eu era criança, adorava me perder. Eu dizia ao meu pai – vamos nos perder. Mas parecia que nunca era possível se perder completamente. Todas as placas acabavam levando de volta a Nova York ou aonde quer que estivéssemos! Então, quando me mudei para a Inglaterra para ficar com Paul, colocávamos Martha na parte de trás do carro e saíamos de Londres. Assim que chegávamos à estrada, eu dizia 'vamos nos perder', e continuávamos a dirigir sem olhar as placas. Daí vem o verso da música 'two of us going nowhere'[131]".

Ela continua: "Paul escreveu 'Two Of Us' naqueles dias. É sobre nós. Nós simplesmente entramos em algum bosque e paramos o carro. Eu fui caminhar enquanto Paul ficou sentado no carro escrevendo. Ele também fala de cartões-postais porque costumávamos trocar cartões".

Encantado com a natureza tranquila da adorável Linda, Paul escreveu "Two Of Us".

TWO OF US
Autoria: Lennon/McCartney
Duração: 3' 36''
Lanç. no Reino Unido: álbum *Let It Be*, 8 de maio de 1970
Lanç. nos EUA: álbum *Let It Be*, 18 de maio de 1970

DIG A PONY

Grande parte de "Dig A Pony" foi composta em estúdio, e a letra faz bem pouco sentido. Ela chegou a se chamar "Con A Lowry" (possivelmente uma referência a um tipo de órgão usado no estúdio), mas John mudou o título para "Dig A Pony", "porque 'I con a Lowry' não era boa para cantar... precisa ter Ps e Ds, sabe".

Da mesma forma, o verso "I do a road hog" começava "I dig a skylight" e depois "I did a groundhog"[132]. "Precisava ser mais duro", John argumentou. "Não me importa que skylight fosse mais bonito." O refrão foi tirado de outra música que John tinha escrito para Yoko chamada "All I Want Is You". A lista original de músicas do álbum usava esse título em vez de "Dig A Pony".

Em janeiro de 1969, quando ela foi gravada, John explicou o grande segredo desse processo de composição: "Eu simplesmente vou fazendo". Em setembro de 1980, ele concluiu laconicamente "(só) mais um lixo".

DIG A PONY
Autoria: Lennon/McCartney
Duração: 3'54''
Lanç. no Reino Unido: álbum *Let It Be*, 8 de maio de 1970
Lanç. nos EUA: álbum *Let It Be*, 18 de maio de 1970

ACROSS THE UNIVERSE

"Across The Universe", canção mais antiga de *Let It Be*, foi gravada em fevereiro de 1968 e chegou ao público pela primeira vez em um álbum beneficente para o World Wildlife Fund em dezembro de 1969.

David Bowie gravou uma versão de "Across The Universe" para o álbum *Young Americans*. John tocou guitarra.

É uma música sobre escrever músicas, ou pelo menos sobre os mistérios do processo criativo. John muitas vezes se referia a ela como uma de suas canções dos Beatles favoritas por causa da pureza da letra. As palavras surgiram quando ele estava na cama em Kenwood. Ele estava discutindo com Cynthia e, quando deitou e tentou dormir, a expressão "pools of sorrow, waves of joy"[133] apareceu para ele e não foi embora até que ele se levantou e começou a escrever. "Aquilo me tirou da cama. Eu não queria escrever. Estava levemente irritado e não conseguia dormir", disse John.

Escrita depois de conhecer o Maharishi Mahesh Yogi na Inglaterra, mas antes de estudar com ele na Índia, o refrão fala no Guru Dev, que era o guru do Maharishi. John queria que os Beatles a lançassem como single enquanto estivessem na Índia, mas a música perdeu para "Lady Madonna". David Bowie depois fez uma versão cover dela para o álbum *Young Americans* (1975), da qual John participou tocando guitarra.

ACROSS THE UNIVERSE
Autoria: Lennon/McCartney
Duração: 3' 48"
Lanç. no Reino Unido: álbum *Let It Be*, 8 de maio de 1970
Lanç. nos EUA: álbum *Let It Be*, 18 de maio de 1970

I ME MINE

Ao aprofundar seu envolvimento com o pensamento oriental, George tentou conciliar sua posição de estrela do rock com as exigências religiosas de abandonar o ego para obter a iluminação.

Sua crença era que a nossa preocupação com o ego – o que "eu" quero, o que pertence a "mim", o que é "meu" – é o que impede nossa absorção pela consciência universal, em que não há dualidade nem ego. "Não há nada que não faça parte do todo completo", George afirmou. "Quando os pequenos 'eus' se fundem no grande 'Eu', então você está realmente feliz!"

A melodia de valsa de "I Me Mine" foi inspirada em "Kaiserwalzer", de Johann Strauss II, um trecho de sessenta segundos usado como música de fundo em um documentário da BBC2, *Europa: The Titled and the Unentitled* na noite anterior. A versão era da Orquestra Filarmônica de Viena conduzida por Willi Boskovsky. George viu o programa e fez a música a partir do que lembrou.

I ME MINE
Autoria: Harrison
Duração: 2' 25''
Lanç. no Reino Unido: álbum *Let It Be*, 8 de maio de 1970
Lanç. nos EUA: álbum *Let It Be*, 18 de maio de 1970

DIG IT

Creditada aos quatro Beatles, "Dig It" começou como uma composição oscilante de John chamada "Can You Dig It" que consistia em variações do título sobre um riff.

A versão lançada em *Let It Be* era um excerto de uma *jam* muito mais longa em que todos os Beatles inventaram versos na hora, daí o crédito de composição compartilhado.

Durante as gravações, eles passaram muito tempo só conversando e lendo jornais, o que pode explicar as referências ao FBI e à CIA. Transcrições de conversas de estúdio revelam George falando do guitarrista de blues B. B. King e o diferenciando de Freddie King, outro "blueseiro". Matt Busby era o destemido empresário do Manchester United, um dos times de futebol mais populares e bem-sucedidos da Inglaterra. Busby apareceu no noticiário doze dias antes da gravação porque tinha anunciado sua aposentadoria depois de 24 anos com o time.

DIG IT
Autoria:
Harrison/Lennon/
McCartney/Starr
Duração: 0' 50''
**Lanç. no Reino
Unido:** álbum *Let
It Be*, 8 de maio de
1970
Lanç. nos EUA:
álbum *Let It Be*, 18
de maio de 1970

George estava adorando dizer quem era quem no blues durante a gravação de "Dig It".

LET IT BE

LET IT BE
Autoria: Lennon/
McCartney
Duração: 4' 03''
**Lanç. do single no
Reino Unido:** 6 de
março de 1970
**Posição na parada
britânica:** 2
**Lanç. do single nos
EUA:** 11 de março
de 1970
**Posição na parada
americana:** 1

Lançada como single em março de 1970, "Let It Be" parecia ter sido gravada como o canto do cisne dos Beatles, mas a canção datava de janeiro de 1969. Ninguém fazia ideia de que aquele seria o último single.

Paul tinha escrito "Let It Be" a partir da sua sensação geral de desespero, uma vez que os Beatles começavam, aos poucos, a ruir. O documentário tinha começado como um registro de um ensaio seguido de uma apresentação ao vivo, mas foi o registro de um grupo dando os últimos suspiros.

A essa altura, John preferia passar seu tempo com Yoko, cuja presença no estúdio não era bem-vinda por todos. George já havia deixado o grupo uma vez e estava desestimulado diante da maneira como suas composições eram instantaneamente rejeitadas. Até mesmo Ringo tirou umas férias quando o clima ficou realmente ruim durante a gravação de *The White Album*.

Paul estava claramente tentando assumir o papel de líder porque sentia que sem organização e disciplina ninguém chegaria mais a lugar nenhum. "Acho que estamos muito pra baixo desde que o sr. Epstein morreu", é possível ouvir Paul dizendo no filme. "É por isso que estamos cansados do grupo. Não há nada nele de que podemos tirar proveito. Tem sido um peso. A única maneira de não ser um peso é os quatro pensarem 'devemos transformá-lo em algo de bom novamente ou deixar pra lá?'"

Mesmo que o papel de Paul tenha sido necessário, não fez dele mais querido. Os demais começaram a se ressentir do seu papel de organizador. "Let It Be" foi escrita como uma resposta a toda essa pressão: "Eu a escrevi quando todos esses problemas comerciais começaram a me cansar", Paul afirmou. "Eu estava passando por um 'momento pesado' e foi a minha maneira de exorcizar os fantasmas."

I'VE GOT A FEELING

"I've Got A Feeling" foi novamente o resultado de duas músicas inacabadas coladas uma na outra. Desta vez, "I've Got A Feeling", de Paul, e
"Everybody Had A Hard Year", de John. A primeira, totalmente otimista, foi presumivelmente escrita para Linda só para dizer que ela era a
garota que Paul sempre procurara. A canção de John era uma litania
em que todo verso começava com a palavra "everybody".

John realmente tinha tido um ano difícil. Seu casamento com Cynthia tinha acabado, ele estava separado de Julian, seu filho, Yoko tinha
sofrido um aborto espontâneo, ele tinha sido preso sob a acusação de
porte de drogas e calculava que sua fortuna pessoal tinha diminuído
para cerca de 50 mil libras.

Durante a filmagem de Let It Be, John reviu "Everybody Had A Hard
Year" e disse, meio de brincadeira, que tinha começado a escrevê-la
na noite anterior. Se isso fosse verdade, a origem dela seria janeiro de
1969, mas há um filme na BBC, feito em dezembro de 1968, em que
John canta essa música com violão no jardim de sua casa em Ascot.

I'VE GOT A FEELING

Autoria: Lennon/McCartney
Duração: 3' 37''
Lanç. no Reino Unido: álbum *Let It Be*, 8 de maio de 1970
Lanç. nos EUA: álbum *Let It Be*, 18 de maio de 1970

THE LONG AND WINDING ROAD

THE LONG AND WINDING ROAD

Autoria: Lennon/McCartney

Duração: 3' 37''

Lanç. no Reino Unido: álbum *Let It Be*, 8 de maio de 1970

Lanç. nos EUA: álbum *Let It Be*, 18 de maio de 1970

Assim como "Yesterday", "The Long And Winding Road" evoca a perda sem descrever uma situação específica. As imagens de vento e chuva sugerem sentimentos de abandono na natureza, enquanto a estrada longa e tortuosa que leva à "porta dela" é o sinal de esperança.

As imagens na verdade vêm da experiência de Paul em High Park, sua fazenda na Escócia, que estava exposta a ventos fortes e era frequentemente açoitada pela chuva. A estrada longa e tortuosa é a B842, mais de quarenta quilômetros de curvas e desvios que passam pela costa leste de Kintyre até Campbeltown, a cidade mais próxima da fazenda.

Paul disse que tinha a voz de Ray Charles em mente quando escreveu "The Long And Winding Road" e que isso influenciou o uso de acordes em estilo jazz. A estrada é vislumbrada como interminável porque a canção é sobre o que é inatingível.

Ela foi lançada como single nos EUA em maio de 1970 e chegou ao número 1.

293

Paul estava pensando em Ray Charles quando compôs "The Long And Winding Road".

ONE AFTER 909

"One After 909" talvez seja a canção mais antiga de Lennon e McCartney a ser gravada pelos Beatles. Ela era uma das "mais de cem músicas" que eles sempre diziam ter escrito antes de gravar "Love Me Do" e data dos tempos que passaram juntos em Forthlin Road.

Os Beatles gravaram "One After 909" pela primeira vez em março de 1963, durante a mesma sessão que produziu "From Me To You", mas George Martin foi tão indiferente que a gravação nunca foi lançada. Foi uma tentativa de John, em 1957, de escrever uma música de ferrovia americana, depois de sucessos *skiffle* como "Last Train To San Fernando", de Johnny Duncan, "Cumberland Gap" e "Rock Island Line", de Lonnie Donegan, e "Freight Train", de The Chas McDevitt Skiffle Group.

Paul recorda: "Nós costumávamos matar aula, voltar para a minha casa e compor. Há muitas músicas dessa época que nunca levamos em conta porque são canções nada elaboradas... Nós detestamos a letra de 'One After 909'".

Quando eles começaram a mexer nela durante as sessões, conversas entre John e Paul mencionam que ela foi descartada originalmente porque eles sempre acharam a letra ilógica e inacabada.

ONE AFTER 909
Autoria: Lennon/
McCartney
Duração: 2' 55"
**Lanç. no Reino
Unido:** álbum *Let
It Be*, 8 de maio de
1970
Lanç. nos EUA:
álbum *Let It Be*, 18
de maio de 1970

FOR YOU BLUE

FOR YOU BLUE
Autoria: Harrison
Duração: 2' 32"
Lanç. no Reino Unido: álbum *Let It Be*, 8 de maio de 1970
Lanç. nos EUA: álbum *Let It Be*, 18 de maio de 1970

Concluída em seis takes, era conhecida como "George's Blues" e, na partitura original de George, como "For You Blues", mas se tornou "For You Blue" no álbum.

George sempre foi o Beatle mais disposto a desenvolver suas habilidades musicais, e foi assim que ele estabeleceu amizades próximas com músicos tão diferentes quanto Ravi Shankar e Eric Clapton. Isso também o levou a fazer experiências constantes com diferentes afinações, instrumentos e modos de tocar.

Escrita para Pattie, "For You Blue" era blues tradicional. O comentário de George sobre ela foi: "É uma música simples seguindo todos os princípios normais dos doze compassos, exceto por ser otimista!".

George escreveu o blues tradicional "For You Blue" para Pattie Boyd.

GET BACK

Paul declarou que escreveu "Get Back" originalmente "como uma canção política" e fitas demo remanescentes revelam que ele planejava satirizar as atitudes daqueles que achavam que os imigrantes da Inglaterra deveriam ser repatriados. Deveria ser cantada do ponto de vista de alguém que não "dig no Pakistanis taking all the people's jobs"[134] e, consequentemente, incitava-os a "get back"[135] para o lugar de onde tinham saído, e suas intenções satíricas podiam facilmente ser mal interpretadas.

Anos depois, Paul ainda tinha de responder perguntas de jornalistas que tinham ouvido versões piratas e queriam saber se ele tinha passado por uma fase racista. "[Os versos] não eram nada racistas. Se houve um grupo que não era racista, eram os Beatles. Todas as nossas pessoas preferidas eram sempre negras", ele disse.

Quando foi gravada, "Get Back" tinha sido transformada em uma música sobre Jojo de Tucson, Arizona (Linda Eastman vivera por um tempo em Tucson), e Loretta Martin, que "thought she was a woman, But she was another man"[136]. Nenhuma história se desenvolve, e o refrão original de "Get Back" foi mantido. Por se tratar de um rock, "Get Back" foi entendida como um retorno às raízes musicais, e o anúncio de jornal da Apple que trazia o slogan "Os Beatles como a natureza os queria" parecia confirmar essa ideia. "'Get Back' é o novo single dos Beatles", dizia. "É a gravação dos Beatles mais ao vivo impossível, nessa era eletrônica. Não há nada eletrônico nela. 'Get Back' é um puro rock de primavera."

O anúncio continuava citando Paul: "Estávamos sentados no estúdio e a fizemos do nada... começamos a escrever a letra ali mesmo... quando terminamos, nós a gravamos nos estúdios da Apple e a transformamos em uma música para curtir as mudanças".

Paul escreveu "Get Back" originalmente como uma sátira voltada para os racistas.

> **GET BACK**
> **Autoria:** Lennon/McCartney
> **Duração:** 3' 07"
> **Lanç. do single no Reino Unido:** 11 de abril de 1969
> **Posição na parada britânica:** 1
> **Lanç. do single nos EUA:** 5 de maio de 1969

THE BALLAD OF JOHN AND YOKO

'"The Ballad Of John And Yoko" – em que John relata os detalhes de seu casamento com Yoko em Gibraltar e a subsequente "lua de mel" – foi gravada em meados de abril e lançada antes do fim de maio. Paul ajudou com o verso final. A canção retratava o casal como vítimas prestes a serem "crucificadas": os dois são recusados nas docas de Southampton, não conseguem uma licença de casamento na França, depois são incompreendidos quando ficam na cama "pela paz" e se tornam motivo de riso quando sentam em uma mala.

O que John se esqueceu de mencionar era que a recusa na doca de Southampton não tinha a ver com a notoriedade dele, mas com o fato de estarem tentando viajar sem passaporte. O avião em que "finalmente conseguiram ir" para Paris não era uma aeronave comum para passageiros, e sim um jato executivo que John solicitou impacientemente quando se deu conta de que seria impossível se casar em uma balsa que atravessa o canal.

A decisão de John de se casar pareceu ter sido tomada subitamente em 14 de março de 1969, quando ele e Yoko estavam indo de carro para Poole, em Dorset, para visitar a tia dele, Mimi. Isso aconteceu dois dias depois do casamento no cartório de Paul e Linda. John pediu ao seu motorista Les Anthony para ir a Southampton perguntar sobre a possibilidade de eles se casarem no mar. Quando descobriu que era impossível, John decidiu ir a Paris e instruiu seu escritório a arrumar uma maneira de organizar um casamento discreto lá. Peter Brown descobriu que não poderia ser feito em pouco tempo, mas que eles poderiam se casar em Gibraltar, que era um protetorado da Grã-Bretanha.

No fim, o casal foi em um avião particular para Gibraltar em 20 de março e seguiu direto para o Consulado Britânico, onde o escrivão

THE BALLAD OF JOHN AND YOKO

Autoria: Lennon/McCartney

Duração: 2' 55''

Lanç. do single no Reino Unido: 30 de maio de 1969

Posição na parada britânica: 1

Lanç. do single nos EUA: 4 de junho de 1969

Posição na parada americana: 8

Cecil Wheeler realizou uma cerimônia de casamento de dez minutos. Eles estavam em solo havia menos de uma hora quando partiram para Amsterdã, onde tinham reservado a suíte presidencial no Hilton. Sua permanência na cidade seria uma "lua de mel" extraordinária. Em vez de solicitar a privacidade habitual, eles convidaram a imprensa mundial a invadir o quarto todos os dias entre dez da manhã e dez da noite, e nesse intervalo, eles diziam, estariam na cama pela paz.

Não é ilógico que a imprensa mundial estivesse esperando que John e Yoko estivessem planejando consumar o casamento em público. Afinal, eles haviam exposto seus corpos nus na capa do álbum *Two Virgins* e tinham gravado a batida do coração do bebê que Yoko acabou perdendo. Parecia não haver nenhuma área da vida que eles não estivessem dispostos a transformar em performance artística.

Para a frustração dos jornalistas, a visão que os recebeu na suíte 902 eram John e Yoko vestindo pijamas muito bem passados, sentados corretamente na cama fazendo nada mais do que falar sobre "paz". Era o acordo perfeito. A mídia tinha um apetite insaciável por artigos sobre os Beatles, e John faria quase qualquer coisa para transmitir sua mensagem de paz. O "Bed In" de Amsterdã significou que todas as partes foram embora satisfeitas.

Por sete dias, eles ficaram deitados enquanto uma torrente de jornalistas sentava e fazia perguntas sérias. A cobertura foi inacreditável. Eles deram entrevistas para estações de rádio americanas, fizeram um documentário de sessenta minutos de si mesmos e viram seus rostos estampados na primeira página de jornais do mundo todo. John declarou: "Yoko e eu estamos bastante dispostos a ser os palhaços do mundo se, fazendo isso, fizermos algo bom. Por razões que só elas mesmas conhecem, as pessoas realmente publicam o que eu digo. E eu estou dizendo 'paz'. Não estamos apontando o dedo para ninguém. Não há mocinhos nem vilões. A luta está na mente. Precisamos enterrar nossos próprios monstros e parar de condenar as pessoas. Somos todos Cristo e todos Hitler. Queremos que Cristo vença. Estamos tentando tornar a mensagem de Cristo contemporânea. O que ele teria feito se tivesse anúncios, discos, filmes, televisão e jornais? Cristo fez milagres para transmitir sua mensagem. Bem, o milagre hoje é a comunicação, então vamos usá-la".

De Amsterdã, eles seguiram para Viena, onde passaram a noite no Hotel Sacher e comeram a famosa Sacher Torte (um delicioso bolo de chocolate) antes de assistir na televisão à estreia do filme deles, *Rape*.

Em 1º de abril, voltaram a Londres e fizeram uma coletiva de imprensa no aeroporto. John esperava uma recepção hostil porque Yoko (nada menos que uma divorciada estrangeira) não era considerada a parceira ideal para um Beatle inglês. Para sua surpresa, as boas-vindas foras calorosas.

"The Ballad Of John And Yoko" foi gravada por Paul e John com Paul tocando baixo, piano, maracas e bateria, enquanto John tocou guitarra solo, violão e cantou.

O famoso "Bed In" de John e Yoko pela paz rendeu o equivalente a uma semana de entrevistas entre os lençóis.

OLD BROWN SHOE

"Old Brown Shoe" é uma das canções que George gravou em uma fita demo em Abbey Road em 25 de fevereiro de 1969. As outras duas eram "Something", um futuro single dos Beatles, e "All Things Must Pass", a faixa-título de seu primeiro álbum solo em 1970.

As origens da letra estão na visão religiosa de George de que precisamos nos libertar da realidade do mundo material porque ela é ilusória. Uma vez absorvidos pela consciência divina, não há certo *versus* errado, corpo *versus* alma, espírito *versus* matéria. De modo semelhante à maneira como Paul fez em "Hello Goodbye", a letra de George era um jogo de palavras baseado em opostos. Não era uma canção que contava uma história, e o título intrigante foi tirado de um verso sobre tirar "this old brown shoe"[137] (George sempre teve um problema para inventar títulos).

A principal inspiração era musical. George estava brincando com um piano um dia e tocou uma sequência de acordes de que gostou. A letra foi colocada depois.

Gravada dois meses depois da demo, "Old Brown Shoe" se tornou o lado B de "The Ballad Of John And Yoko". Muito tempo depois ela foi usada nas compilações *Hey Jude* e *The Beatles 1967–1970*.

George despejou sua visão de mundo cósmica em "Old Brown Shoe".

OLD BROWN SHOE
Autoria: Harrison
Duração: 3'16''
Lanç. do single no Reino Unido: 30 de maio de 1969, como lado B de "The Ballad of John and Yoko"
Lanç. do single nos EUA: 4 de junho de 1969, como lado B de "The Ballad of John and Yoko"

YOU KNOW MY NAME

Lançada como lado B de "Let It Be", "You Know My Name" foi o single mais estranho já lançado pelos Beatles e continua sendo uma de suas canções menos conhecidas.

Ela foi gravada pela primeira vez logo após a finalização de *Sgt Pepper*, depois que John chegou a Abbey Road querendo gravar uma música chamada "You Know My Name, Look Up The Number". Quando Paul pediu para ver a letra, John disse que essa era a letra. Ele queria que ela fosse repetida à moda de "Reach Out, I'll Be There", dos Four Tops, até que soasse como um mantra. O verso era uma variação de um slogan que John tinha visto na capa da lista telefônica de 1967 de Londres que dizia "Você sabe o NOME? Procure o NÚMERO".

Durante três dias em maio e junho de 1967 os Beatles trabalharam na música, que foi deixada de lado até abril de 1969, quando eles resolveram tirá-la da gaveta e voltar a trabalhar nela. Apesar de a ideia original de John de repetir a frase-título ter sido acatada, em vez de um mantra a canção foi transformada em algo que parecia ser uma noite de karaokê no inferno, organizada pelos Goons ou pela Bonzo Dog Doo Dah Band.

O único desvio do roteiro ocorreu quando John pede aplausos duas vezes para "Denis O'Bell", uma referência ao produtor de filmes irlandês Denis O'Dell, produtor associado de *A Hard Day's Night*, que tinha se tornado diretor da Apple Films e da Apple Publicity.

Nenhum dos Beatles contou a O'Dell sobre a menção na música, então foi um susto para ele quando começou a receber telefonemas anônimos em sua casa em St George's Square, Pimlico.

YOU KNOW MY NAME

Autoria: Lennon/ McCartney

Duração: 4'19''

Lanç. do single no Reino Unido: 6 de março de 1970, como lado B de "Let It Be"

Lanç. do single nos EUA: 11 de março de 1970, como lado B de "Let It Be"

ABBEY ROAD

Sete anos depois das primeiras gravações nos estúdios Abbey Road, os Beatles voltaram para as que seriam as últimas sessões. Em junho de 1962, eles eram rapazes provincianos de olhos arregalados prontos para deixar sua marca no mercado musical. Em julho de 1969, tinham se tornado homens sofisticados, cansados do mundo, com as vidas deterioradas pelas lutas por poder e dinheiro.

As músicas de *Abbey Road* refletem essas frustrações. São sobre negociações legais, dívidas não pagas, roubos, carma ruim e, de modo geral, sobre carregar o peso do mundo nas costas. Havia até uma canção falsamente alegre sobre um martelo de prata (o "martelo de Maxwell") esperando para bater em você quando as coisas começam a melhorar.

Apesar desse humor – ou talvez por causa dele – *Abbey Road* foi um presente de despedida excepcionalmente criativo. Ele traz duas das melhores canções de George, "Here Comes The Sun" e "Something", uma criação atípica de John, "Come Together", e um *medley* de canções inacabadas habilmente entremeadas por Paul. George Martin lembra que, depois de *Let It Be*, Paul pediu que ele produzisse um álbum dos Beatles com o tipo de sensação que a banda costumava produzir junta. Martin concordou em ajudar se os Beatles estivessem preparados para oferecer sua cooperação. "Foi assim que fizemos *Abbey Road*. Não era exatamente como nos velhos tempos porque eles ainda estavam trabalhando nas canções antigas e traziam outras pessoas para trabalhar como músicos contratados, em vez de trabalharem em equipe."

Na Inglaterra, *Abbey Road* foi lançado em setembro de 1969 e ficou no primeiro lugar por dezoito semanas. Nos EUA, foi lançado em outubro e foi o número 1 por onze semanas.

COME TOGETHER

"Come Together" veio à luz como uma música de campanha para o guru do LSD Timothy Leary quando, em 1969, ele decidiu concorrer ao governo da Califórnia contra o futuro presidente dos EUA Ronald Reagan.

Leary e sua esposa, Rosemary, foram convidados a ir a Montreal, onde John e Yoko se preparavam para outro "Bed In" no 19º andar do Queen Elizabeth Hotel. Leary e a esposa chegaram em 1º de junho de 1969 e foram imediatamente chamados a cantar no refrão de "Give Peace A Chance", gravada no quarto do hotel. Leary e a esposa foram recompensados pela participação com a inclusão de seus nomes na letra.

Abbey Road revelou sentimentos de frustração e enfado da banda, mas ainda assim é um álbum extremamente criativo.

No dia seguinte, John perguntou a Leary se havia alguma coisa que pudesse fazer para ajudar na campanha, e a resposta foi um pedido para que escrevesse uma música para ser usada em comerciais e cantada em comícios. O slogan de Leary era "come together, join the party"[138] – a parte do "venham" era proveniente do I Ching, o livro chinês das mudanças. "Obviamente havia um duplo sentido ali. Era venham, engajem-se não no partido político, mas na celebração da vida", declarou Leary.

John imediatamente pegou o violão e começou a desenvolver a frase: "Come together right now, Don't come tomorrow, Don't come alone, Come together right now over me, All that I can tell you, Is you gotta be free"[139]. Depois de pensar em mais algumas versões seguindo a mesma linha, fez uma fita demo e a entregou a Leary.

Leary fez com que a música tocasse em estações de rádio alternativas em toda a Califórnia e passou a considerar que a música era dele. No entanto, sem que ele soubesse, John tinha voltado para a Inglaterra e, em menos de sete semanas, gravou uma versão com os Beatles. Em outubro, ela foi lançada como lado B de "Something".

A campanha para governador da Califórnia teve um fim abrupto em dezembro de 1969, quando Leary foi acusado de porte de maconha e acabou preso. Foi na prisão que ele ouviu *Abbey Road* pela primeira vez na rádio de rock local, e "Come Together" foi uma surpresa total. "Embora a nova versão fosse uma melhoria em termos de letra e melodia da minha música de campanha, fiquei um pouco bravo que Lennon tivesse me desconsiderado daquele jeito... Quando mandei um pequeno protesto para John, a resposta teve o típico charme e a sagacidade de Lennon, que disse que ele era um alfaiate, e eu era um cliente que pediu um terno e nunca mais voltou. Então ele o vendeu para outra pessoa."

A versão gravada foi muito trabalhada em estúdio, o baixo em estilo Nova Orleans foi adicionado por Paul. Os dois versos que falam de "old flat top"[140] foram tirados de "You Can't Catch Me", uma antiga música de Chuck Berry, e John foi processado por plágio. Foi difícil negar a origem dos versos, mas, nesse novo contexto, eles eram nada mais que um aceno afetuoso a uma música de sua juventude. John negou veementemente qualquer furto musical.

O conflito foi resolvido quando John prometeu gravar três músicas da editora de "You Can't Catch Me". Ele cumpriu a promessa quando gravou "Sweet Little Sixteen" e "You Can't Catch Me", de Berry, para o álbum *Rock'n'Roll*, e "Ya Ya", de Lee Dorsey, em *Walls and Bridges*.

COME TOGETHER
Autoria: Lennon/McCartney
Duração: 4' 20"
Lanç. no Reino Unido: álbum *Abbey Road*, 26 de setembro de 1969
Lanç. nos EUA: álbum *Abbey Road*, 1º de outubro de 1969

SOMETHING

"Something" foi o primeiro lado A dos Beatles escrito por George. Suas fontes de inspiração foram Ray Charles, que ele imaginou cantando a música, uma faixa de 1968 de James Taylor intitulada "Something In The Way She Moves" e sua esposa Pattie.

"Come Together" veio à luz como uma música de campanha para o guru do LSD Timothy Leary quando ele concorreu ao governo da Califórnia contra Ronald Reagan.

O americano James Taylor era um artista contratado da Apple, e seu primeiro álbum epônimo foi produzido por Peter Asher entre julho e outubro de 1968. Paul tocou baixo em uma faixa. "Something In The Way She Moves" é a última faixa do lado A, e os versos de abertura são: "There's something in the way she moves, Or looks my way or calls my name, That seems to leave this troubled world behind"[141].

305

The White Album estava sendo gravado em Abbey Road exatamente na mesma época em que Taylor estava gravando nos Trident Studios, no Soho de Londres. Aliás, em 3 de outubro, George estava em Trident gravando "Savoy Truffle" com Paul e Ringo, e provavelmente ouviu a faixa.

"Sempre achei que George tivesse ouvido, mas nunca conversei de fato com ele sobre isso", diz Taylor. "Escrevi 'Something In The Way She Moves' cerca de dois anos antes de gravá-la, e o estranho é que eu queria chamá-la de 'I Feel Fine', mas, claro, é uma faixa dos Beatles."

Ele continua: "Eu muitas vezes noto traços do trabalho de outras pessoas nas minhas músicas. Se George consciente ou inconscientemente pegou uma frase de uma de minhas canções, acho muito lisonjeiro. Com certeza não é algo incomum. Fiz uma fita com 'Something In The Way She Moves' e cerca de sete outras músicas uns dois meses antes de conhecer Peter Asher. Sei que Paul a escutou na Apple, mas não sei quem mais a ouviu".

A composição básica de "Something" deve ter ocorrido em outubro porque George afirmou ter trabalhado nela ao piano no estúdio 1, enquanto Paul estava fazendo *overdub* no estúdio 2. Ela só não foi incluída em *The Beatles* porque a seleção de faixas já tinha sido finalizada.

Primeiro, George ofereceu "Something" para Joe Cocker e Jackie Lomax, mas, em maio de 1969, decidiu gravá-la com os Beatles para *Abbey Road*. "Something" foi uma canção de muito sucesso para George, ela se tornou a segunda canção mais regravada dos Beatles depois de "Yesterday" (tanto Ray Charles quanto Smokey Robinson fizeram covers) e deu a ele seu primeiro posto no Top 10 americano.

Sempre se presumiu que ele a tenha escrito sobre Pattie, mas, em uma entrevista de 1996, George declarou: "Não foi para ela. Eu simplesmente a compus, e então alguém montou um vídeo que usava algumas cenas minhas e de Pattie, de Paul e Linda, de Ringo e Maureen e de John e Yoko... na verdade, quando a escrevi, eu estava pensando em Ray Charles". No entanto, Pattie ainda acredita ser a inspiração. "Ele sempre me disse que era sobre mim", ela conta.

SOMETHING

Autoria: Harrison
Duração: 3' 03''
Lanç. no Reino Unido: álbum *Abbey Road*, 26 de setembro de 1969
Lanç. nos EUA: álbum *Abbey Road*, 1º de outubro de 1969

MAXWELL'S SILVER HAMMER

MAXWELL'S SILVER HAMMER

Autoria: Lennon/ McCartney

Duração: 3' 27''

Lanç. no Reino Unido: álbum *Abbey Road*, 26 de setembro de 1969

Lanç. nos EUA: álbum *Abbey Road*, 1º de outubro de 1969

Esta é uma canção conduzida por rimas fortes em que o estudante de medicina Maxwell Edison usa o seu martelo de prata para matar primeiro a namorada, depois uma professora e finalmente um juiz. Tocada em um animado estilo *vaudeville*, o único indício das novas inclinações vanguardistas de Paul é "patafísica", palavra inventada por Alfred Jarry, pioneiro francês do teatro do absurdo.

"John me disse que 'Maxwell's Silver Hammer' era sobre a lei do carma", conta o antigo funcionário da Apple Tony King. "Estávamos conversando um dia sobre 'Instant Karma' [single de 1970 de John com Yoko Ono e a Plastic Ono Band] porque algo tinha acontecido e ele tinha se dado mal. Paul disse que isso era um exemplo de carma instantâneo. Perguntei se ele acreditava naquela teoria. Ele disse que sim e que 'Maxwell's Silver Hammer' era a primeira música sobre isso. A ideia por trás dela era que, no minuto em que você faz algo errado, o martelo de prata de Maxwell vai bater na sua cabeça."

Fãs dos Beatles cobrem a placa da rua Abbey Road com pichação.

OH! DARLING

Paul queria que sua voz soasse áspera em 'Oh! Darling', então ele ficou cantando repetidas vezes durante uma semana até finalmente gravá-la. "Eu queria soar como se a estivesse cantando no palco há uma semana", ele conta.

Inspirada pelas baladas de rock do fim dos anos 1950, de Jackie Wilson em especial, era uma canção simples que pede que o ser amado fique em troca da devoção eterna.

John nunca apreciou o trabalho que Paul fez nos vocais e afirmou que poderia ter feito melhor. "Era mais o meu estilo que o dele", ele disse.

OCTOPUS'S GARDEN

A segunda (e última) canção de Ringo foi inspirada nas férias em família que ele tirou em 1968 na Sardenha a bordo do iate de Peter Sellers. Depois que Ringo recusou uma oferta de polvo para o almoço, o capitão da embarcação começou a contar a ele tudo o que sabia sobre a vida dos polvos.

"Ele me contou que eles ficavam no fundo do mar recolhendo pedras e objetos brilhantes para construir jardins", conta Ringo. "Achei fabuloso porque, na época, tudo o que eu queria era ficar embaixo d'água também. Eu queria sumir por um tempo."

Para a maioria dos ouvintes, era uma música de praia infantil à moda de "Yellow Submarine", mas, em 1969, George revelou que havia dimensões ocultas. Mesmo que Ringo só soubesse três acordes ao piano, afirmou George, o baterista estava escrevendo "canções cósmicas sem nem se dar conta".

OH! DARLING
Autoria: Lennon/ McCartney
Duração: 3' 26''
Lanç. no Reino Unido: álbum *Abbey Road*, 26 de setembro de 1969
Lanç. nos EUA: álbum *Abbey Road*, 1º de outubro de 1969

OCTOPUS'S GARDEN
Autoria: Starr
Duração: 2' 51''
Lanç. no Reino Unido: álbum *Abbey Road*, 26 de setembro de 1969
Lanç. nos EUA: álbum *Abbey Road*, 1º de outubro de 1969

I WANT YOU

I WANT YOU
Autoria: Lennon/
McCartney
Duração: 7' 47''
**Lanç. no Reino
Unido:** álbum
Abbey Road, 26 de
setembro de 1969
Lanç. nos EUA:
álbum *Abbey Road*,
1º de outubro de
1969

A letra de "I Want You", que consiste apenas na repetição do título e na informação de que o desejo está enlouquecendo John, chegou a ser citada no programa de atualidades da BBC TV *24 Hours* como um exemplo das banalidades da música pop.

John se enfureceu, pois estava convencido de que sua simplicidade a tornava superior a "Eleanor Rigby" e "I Am The Walrus". Para ele, não se tratava de uma involução para o pop monossilábico e descuidado, era apenas economia de linguagem.

"I Want You" foi escrita como uma canção de amor para Yoko. John admitiu a influência que ela teve em seu novo estilo de compor e disse que pretendia um dia escrever a canção perfeita: com apenas uma palavra. Um poema de Yoko de 1964 consistia apenas na palavra "water".

309

Ringo escreveu
"Octopus's Garden"
depois de um
encontro com o
capitão do iate de
Peter Sellers.

HERE COMES THE SUN

Escrita por George, "Here Comes The Sun" era a expressão do prazer de poder escapar dos intermináveis compromissos de negócios que estavam ocupando tanto do tempo dos Beatles.

Em janeiro de 1969, John e Yoko conheceram o empresário do mercado musical Allan Klein e, pouco tempo depois, anunciaram que ele cuidaria dos negócios dos dois, apesar de o irmão de Linda, o advogado nova-iorquino John Eastman, ter vindo recentemente para representar os Beatles coletivamente. Foi o começo de um conflito longo e amargo sobre quem deveria representar os Beatles e o que deveria ser feito com o estado caótico de suas finanças. Apesar de as vendas das músicas da banda no decorrer dos anos ter sido enorme, John declarou: "Todos nós podemos estar falidos em seis meses".

Klein se ofereceu para reestruturar a Apple, organizar a oferta de aquisição das ações da Northern Star que não pertenciam aos Beatles e renegociar um acordo de direitos autorais mais vantajoso com a EMI. Ele conseguiu persuadir John, George e Ringo de sua capacidade de fazer tudo isso, mas Paul permaneceu leal a Eastman. O resultado foi a fragilização dos Beatles, e reuniões na Apple, cada vez mais frequentes, ficaram tomadas pela tensão. Uma manhã, no começo da primavera, George decidiu que tudo estava ficando parecido demais com a escola e tirou um dia de folga da rotina de mesas-redondas, e foi visitar seu amigo Eric Clapton em sua casa de campo em Ewhurst, Surrey.

Com um dos violões acústicos de Eric emprestado, George fez uma caminhada pelos jardins. Com o calor do primeiro sol daquele ano iluminando seu rosto, teve uma súbita onda de otimismo e começou a escrever "Here Comes The Sun". "Foi uma libertação tão grande poder simplesmente estar ao sol", George disse à época.

A chegada de Allan Klein ao mundo dos Beatles trouxe um período de terríveis brigas internas.

HERE COMES THE SUN

Autoria: Harrison
Duração: 3' 05''
Lanç. no Reino Unido: álbum *Abbey Road*, 26 de setembro de 1969
Lanç. nos EUA: álbum *Abbey Road*, 1º de outubro de 1969

BECAUSE

John estava relaxando no sofá de sua casa enquanto Yoko tocava no piano de cauda o primeiro movimento da Sonata para piano n.º 14 em dó sustenido menor ("Sonata ao Luar"), de Beethoven. John perguntou se ela podia tocar os mesmos acordes em ordem inversa. Ela o fez, e isso serviu de inspiração para "Because".

A semelhança entre a abertura da "Sonata ao Luar" e "Because" é impressionante, mas um ouvido mais treinado percebe que se trata de uma cópia direta, não da inversão das notas como John sugeriu. O musicólogo Wilfrid Mellers, autor de *Twilight Of The Gods: The Music of the Beatles*, qualifica como "inconfundível" a semelhança das mudanças harmônicas nos temas de Lennon e Beethoven.

A ideia de um Beatle tomar algo emprestado de Beethoven era levemente irônica porque o senso comum da época dizia que o rock'n'roll era a antítese da música clássica e que ninguém poderia apreciar os dois gêneros genuinamente. É provável que o fato de os Beatles terem gravado "Roll Over Beethoven", de Chuck Berry, um conselho irreverente para que os compositores clássicos abrissem caminho para o rock'n'roll, também não tenha ajudado.

Uma das primeiras perguntas que sempre faziam aos Beatles nos EUA era "o que vocês acham de Beethoven?". A resposta vinha de Ringo: "Eu adoro. Especialmente os poemas". Mas foi John, em especial, que passou a considerar Beethoven o compositor supremo, com quem tinha afinidade. Em 1969, ele não estava mais tentando se equiparar a Elvis ou aos Rolling Stones, mas a Picasso, Van Gogh, Dylan Thomas e Beethoven.

311

BECAUSE
Autoria: Lennon/ McCartney
Duração: 2' 45''
Lanç. no Reino Unido: álbum *Abbey Road*, 26 de setembro de 1969
Lanç. nos EUA: álbum *Abbey Road*, 1º de outubro de 1969

YOU NEVER GIVE
ME YOUR MONEY

"You Never Give Me Your Money" anunciava o *medley* de canções inacabadas que dominava o lado B de *Abbey Road*. Paul juntou as canções e criou uma maneira de interligá-las. A própria "You Never Give Me Your Money" é feita de três fragmentos distintos. O primeiro, que desenvolve a frase-título, era uma alusão aos problemas financeiros dos Beatles que dizia que, em vez de dinheiro, tudo o que eles pareciam receber era "funny paper"[142].

"É isso o que recebemos. Folhas de papel dizendo quanto é arrecadado e isso e aquilo, mas nunca recebemos de fato em libras, xelins e *pence*. Todos nós temos uma casa grande, um carro e um escritório, mas receber de fato o dinheiro que arrecadamos parece impossível", afirmou George.

O fragmento seguinte, que fala em estar sem dinheiro depois de sair da faculdade, foi escrito à maneira alegre e nostálgica de Paul, como o trecho "woke up/ got out of bed"[143] de "A Day In The Life". A parte final era sobre a liberdade da nova vida de Paul com Linda, em que ele podia simplesmente colocar as malas no carro e ir embora, deixando as preocupações para trás.

YOU NEVER GIVE ME YOUR MONEY
Autoria: Lennon/McCartney
Duração: 4' 02''
Lanç. no Reino Unido: álbum *Abbey Road*, 26 de setembro de 1969
Lanç. nos EUA: álbum *Abbey Road*, 1º de outubro de 1969

SUN
KING

O sucesso do
Fleetwood Mac
"Albatross" exerceu
uma enorme influência
sonora em "Sun King".

Assim como "Being For The Benefit Of Mr Kite!", a opinião de John sobre "Sun King" mudaria com o passar dos anos, mas, desta vez, de boa para ruim. Em 1971, ele se referiu a ela como algo que tinha surgido para ele em um sonho, deixando implícito que se tratava de uma grande inspiração. Em 1980, ele a reavaliou como mais um "lixo".

Historicamente, o Rei Sol era Luís XIV da França, e pode ter sido com ele que John sonhou, um sonho em que o rei entrava em seu palácio e encontrava todos os seus convidados rindo felizes. Nancy Mitford havia publicado uma biografia de Luís XIV intitulada *The Sun King* fazia pouco tempo, e John pode tê-la lido ou pelo menos visto. Mas também pode ter sido uma referência engraçada à canção de George "Here Comes The Sun".

Os versos finais são palavras em italiano, espanhol e português, que os turistas ouvem reunidas aleatoriamente – "paparazzi", "obrigado", "para-sol", "mi amore". O título original dela era "Los Paranoias".

De acordo com George, o ponto de partida musical foi "Albatross", do Fleetwood Mac, uma música instrumental onírica que foi sucesso no Top 10 britânico no começo de 1969.

SUN KING

Autoria: Lennon/
McCartney
Duração: 2' 26''
**Lanç. no Reino
Unido:** álbum
Abbey Road, 26 de
setembro de 1969
Lanç. nos EUA:
álbum *Abbey Road*,
1º de outubro de
1969

MEAN MR MUSTARD

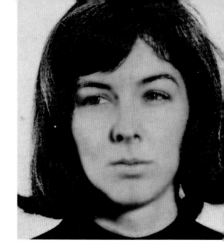

John disse que "Mean Mr Mustard" foi inspirada em uma matéria de jornal sobre um sujeito pão-duro que escondia todo o seu dinheiro. John admitiu ter inventado o verso sobre enfiar uma "ten bob note" (uma nota inglesa de dez xelins) no nariz e declarou não ter absolutamente nada a ver com cheirar cocaína.

Tony Bramwell acredita que outro personagem singular londrino também serviu de inspiração para a música. Ele recorda: "Havia uma 'mulher do saco' que costumava perambular na saída de Knightsbridge do Hyde Park, perto do alojamento do exército. Ela carregava todos os pertences em um saco plástico e dormia no parque. Tenho certeza de que teve algo a ver com a música".

A referência a um "dirty old man" [144] no último verso pode ser alusão ao personagem de Albert Steptoe em *Steptoe & Son* (1962–1974), uma comédia da BBCTV. Seu filho Harold sempre o chamava de "you dirty old man". A expressão se tornou um bordão no Reino Unido na mesma época que Wilfrid Brambell, o ator que interpretava Steptoe, aceitou o papel de avô de Paul em *A Hard Day's Night* (isso explica as muitas referências no filme ao fato de o avô de Paul ser "muito limpo").

Escrita na Índia, "Mean Mr Mustard" foi gravada com "Sun King" como se fosse uma música só. Na versão original, o Mr Mustard tinha uma irmã chamada Shirley, mas John mudou para Pam quando percebeu que, assim, poderia encadear melhor a música com outra canção, "Polythene Pam".

Stephanie, amante de Royston Ellis, foi uma das duas grandes inspirações de John por trás da composição "Polythene Pam"

MEAN MR MUSTARD
Autoria: Lennon/McCartney
Duração: 1' 06"
Lanç. no Reino Unido: álbum *Abbey Road*, 26 de setembro de 1969
Lanç. nos EUA: álbum *Abbey Road*, 1º de outubro de 1969

POLYTHENE PAM

Apesar de John ter insistido inicialmente que "Polythene Pam" era sobre "uma vadia mítica de Liverpool [uma garota promíscua ou uma *groupie*] vestindo botas de montaria e *kilt*", a canção na verdade era baseada em duas pessoas que ele conhecia. O nome veio de Pat Dawson (Pat Hodgett na época), uma fã dos Beatles dos dias do Cavern Club que, por causa do estranho hábito de comer um polímero chamado polietileno (semelhante ao plástico), era conhecida pelo grupo como Polythene Pat. "Comecei a ver shows dos Beatles em 1961, quando tinha 14 anos, e fiquei bem amiga deles", ela recorda. "Se estivessem tocando fora da cidade, eles me davam uma carona para casa em seu furgão. Foi mais ou menos na mesma época em que começaram a me chamar de Polythene Pat. É realmente embaraçoso. Eu costumava comer polietileno o tempo todo. Eu dava nós e comia. Às vezes eu até queimava e comia quando esfriava. Depois um amigo meu arrumou emprego em uma fábrica de sacos de polietileno, o que foi maravilhoso porque eu sempre tinha um estoque."

Mas a Polythene Pat nunca se vestiu com sacos de polietileno como diz a música. Essa pequena peculiaridade foi tirada de um incidente envolvendo uma garota chamada Stephanie, que John conheceu nas Channel Islands durante uma turnê em 1963.

Embora não tenha elaborado o tema quando falou à *Playboy*, em 1980, ele deu algumas pistas. "[Polythene Pam] era eu lembrando de um evento com uma mulher em Jersey e um homem que era a resposta da Inglaterra a Allen Ginsberg e que nos proporcionou nossa primeira aparição..."

A resposta da Inglaterra ao poeta *beatnik* americano Ginsberg era Royston Ellis, um jovem escritor que conheceu os Beatles em 1960 quando fez um sarau na Universidade de Liverpool.

O que John ficou relutante em dizer à *Playboy* era que Ellis foi a primeira pessoa a apresentar os Beatles às drogas quando ensinou a eles como ficar entorpecido com as tiras dentro do inalador de benzedrina.

O "evento com uma mulher', como John o descreve, na verdade aconteceu na ilha do Canal Guernsey, não em Jersey, quando ele encontrou Ellis, que trabalhava como técnico da balsa. Depois dos shows dos Beatles no Auditorium em Guernsey em 8 de agosto, Ellis e sua namorada, Stephanie, levaram John para o apartamento alugado de Ellis, e foi lá que o polietileno entrou na história. "[Ellis] disse que a senhorita X [uma garota que ele queria conhecer] se vestia com polietileno", John relembrou. "Ela usava aquilo, e não botas de montaria e *kilts*. Eu só elaborei um pouco. Sexo pervertido com um saco de polietileno. Eu só estava procurando algo sobre o que escrever."

Ellis, que hoje vive no Sri Lanka e escreve livros de viagem, não lembra de nenhum "sexo pervertido", mas se recorda da noite passada em uma cama com Stephanie e John. "Nós tínhamos lido um monte de coisas sobre couro e não tínhamos nada de couro, mas eu tinha uma capa de oleado e tínhamos alguns sacos plásticos", ele conta. "Nós os vestimos e os usamos na cama. John passou a noite conosco na mesma cama. Não me lembro que nada emocionante tenha acontecido, e nós nos perguntamos que graça tinha ser 'pervertido'. Provavelmente foi mais ideia minha do que de John. Tudo pode ter acontecido porque em um livreto de poesia meu que dediquei aos Beatles havia um poema com os versos: 'I long to have sex between black leather sheets, And ride shivering motorcycles between your thighs'[145]."

"Na época, não significava nada para mim. Foi só um episódio durante um período muito agitado da minha vida", Ellis acrescenta. Além de ser poeta, ele era um especialista na vida adolescente e cronista do rock britânico emergente. Quando se conheceram, ele tinha acabado de completar *The Big Beat Scene*, uma pesquisa excelente sobre a música *beat* britânica do fim dos anos 1950.

POLYTHENE PAM

Autoria: Lennon/McCartney

Duração: 1' 12''

Lanç. no Reino Unido: álbum *Abbey Road*, 26 de setembro de 1969

Lanç. nos EUA: álbum *Abbey Road*, 1º de outubro de 1969

John ficou fascinado com Ellis porque ele estava no ponto de convergência entre o rock'n'roll e a literatura. Anteriormente, Ellis tinha marcado para que os Beatles o acompanhassem em um evento de *beat music* e poesia no Jacaranda Club. Em julho de 1960, o *Record Mirror* relatou que o "sábio barbado" estava pensando em levar um grupo de Liverpool chamado "Beetles" a Londres para acompanhá-lo enquanto declamava sua poesia. "Eu era um astro para eles na época porque tinha vindo de Londres, que era um mundo que não conheciam direito", conta Ellis. "Fiquei com eles por cerca de uma semana no apartamento em Gambier Terrace. John estava fascinado pelo fato de eu ser um poeta, e isso nos levou a conversas profundas."

Pouco depois de apresentar John aos prazeres do polietileno, Ellis deixou a Inglaterra. Ele ficou tão distante da cena pop britânica que não tinha ouvido "Polythene Pam" até ser contatado por causa deste livro. Mas lembra com orgulho que, em 1973, John escreveu para o jornal alternativo *International Times* para corrigi-los sobre as circunstâncias da primeira experiência com drogas dos Beatles: "A primeira 'viagem', por conta de um inalador de benzedrina, foi proporcionada aos Beatles (John, George, Paul e Stuart) por uma versão cover inglesa de Allen Ginsberg – Royston Ellis, conhecido como poeta *beatnik*... Então creditem o milagre ao santo certo".

Stephanie lê enquanto o poeta *beatnik* Royston Ellis tira um cochilo nas Channel Islands em 1963, ano em que Ellis reencontrou John.

SHE CAME IN THROUGH THE BATHROOM WINDOW

A canção foi inspirada pelas atividades de uma integrante da Apple Scruff que entrou na casa de Paul em St John's Wood quando ele estava passando um dia fora. Diane Ashley recorda: "Estávamos entediadas, ele estava fora, então decidimos fazer uma visita. Encontramos uma escada no jardim e a colocamos embaixo da janela do banheiro, que ele tinha deixado levemente aberta. Fui eu que subi e entrei".

Uma vez dentro da casa, ela abriu a porta da frente e deixou as demais garotas entrar. Margo Bird, outra Apple Scruff, relembra: "Elas vasculharam a casa e pegaram algumas roupas. As pessoas geralmente não pegavam coisas de valor, mas acho que dessa vez um monte de fotos e negativos foram levados. Na verdade havia dois grupos de Apple Scruffs – as que invadiam as casas e as que ficavam do lado de fora com câmeras e cadernos de autógrafos. Eu costumava levar a cachorra de Paul para passear e pude conhecê-lo bem. Acabei recebendo uma proposta de emprego na Apple. Comecei preparando chá e acabei no departamento de promoções trabalhando com Tony King".

Paul perguntou a Margo se ela conseguiria recuperar alguns de seus pertences. "Eu sabia quem tinha feito e descobri que muita coisa já tinha sido mandada para os EUA. Mas eu sabia de uma foto em especial que Paul queria de volta – uma foto colorida dele em uma moldura dos anos 1930. Eu sabia quem a tinha levado e a peguei de volta para ele."

Paul concluiu "She Came In Through The Bathroom Window" em junho de 1968 durante uma viagem para os EUA para tratar de negócios com a Capitol Records. Foi lá que ele retomou seu relacionamento com Linda Eastman, a quem tinha sido apresentado no verão anterior em Londres e com quem se encontrou em Nova York depois.

SHE CAME IN THROUGH THE BATHROOM WINDOW
Autoria: Lennon/McCartney
Duração: 1'57''
Lanç. no Reino Unido: álbum *Abbey Road*, 26 de setembro de 1969
Lanç. nos EUA: álbum *Abbey Road*, 1º de outubro de 1969

Paul compôs "She Came In Through The Bathroom Window" sobre algumas fãs obsessivas da banda.

"Paul, Heather e eu estávamos em Nova York indo para o aeroporto para voltar para a Inglaterra", recorda Linda. "O nome do taxista que estava nos levando era Eugene Quits, então Paul escreveu o verso 'so I quit the police department' [146]."

De acordo com Carol Bedford, uma Apple Scruff que escreveu o livro *Waiting For The Beatles*, Paul disse a ela posteriormente: "Escrevi uma música sobre as meninas que invadiram a minha casa. Ela se chama 'She Came In Through The Bathroom Window'". Diane ficou surpresa de se tornar tema de uma canção dos Beatles. "A princípio eu não acreditei porque ele odiou tanto quando entramos na casa. Mas até aí acho que qualquer coisa pode inspirar uma música, não é? Eu sei que todos os vizinhos ligaram para ele quando viram que estávamos lá, e tenho certeza de que isso deu origem aos versos 'Sunday's on the phone to Monday/Tuesday's on the phone to me' [147]", ela conta.

Casada e mãe de quatro adolescentes, Diane mantém uma foto emoldurada dela com Paul na prateleira da cozinha e recorda seus dias de Apple Scruff afetuosamente. "Não me arrependo de nada daquilo. Eu me diverti muito, muito mesmo."

GOLDEN SLUMBERS

Paul estava na casa de seu pai em Cheshire brincando ao piano. Enquanto folheava um livro de músicas que pertencia à sua meia-irmã Ruth (James McCartney tinha se casado de novo), ele se deparou com a canção de ninar tradicional "Golden Slumbers". Sem conseguir ler a música, ele foi em frente e criou sua própria melodia, adicionando novas palavras enquanto dedilhava.

Em "Golden Slumbers", Paul fez uma nova melodia para uma antiga canção de ninar britânica.

"Golden Slumbers" foi composta pelo escritor e dramaturgo inglês Thomas Dekker, que era contemporâneo de Shakespeare. A canção foi publicada pela primeira vez em *The Pleasant Comedy of Old Fortunatus* (1600). Londrino nascido por volta de 1570, Dekker foi autor de *The Shoemaker's Holiday* (1600), *The Honest Whore* (1604), *The Gull's Hornbook* (1609), *The Roaring Girl* (1611) e de *The Syn's Darling* (1656), publicada postumamente.

GOLDEN SLUMBERS
Autoria: Lennon/McCartney
Duração: 1'31"
Lanç. no Reino Unido: álbum *Abbey Road*, 26 de setembro de 1969
Lanç. nos EUA: álbum *Abbey Road*, 1º de outubro de 1969

HER MAJESTY

Escrita por Paul na Escócia, "Her Majesty" originalmente faria parte do *medley* e ficaria entre "Mean Mr Mustard" e "Polythene Pam", mas, ao ouvir a gravação, Paul não gostou e pediu que fosse tirada.

O engenheiro que fez o corte colocou a faixa no fim da fita para evitar que se perdesse. Paul deve ter ouvido outro *playback* com "Her Majesty". Dessa vez, acabou ficando satisfeito e resolveu mantê-la. Como a edição não tinha muitos recursos, o último acorde de "Mean Mr Mustard" foi usado para começar "Her Majesty", que termina abruptamente porque sua própria nota final foi deixada para trás no começo de "Polythene Pam".

Os Beatles foram ao encontro da rainha Elizabeth para receber a comenda de Membros do Império (MBE) em 26 de outubro de 1965. Depois disso, quando perguntaram o que eles tinham achado dela, Paul respondeu: "Ela é um amor. Foi muito simpática. Ela foi como uma mãe para nós". Anos depois, Paul confessou que tinha uma queda pela jovem Elizabeth quando era garoto.

"Her Majesty" tem o privilégio questionável de ser a faixa final do último álbum que os Fab Four gravariam juntos.

HER MAJESTY
Autoria: Lennon/McCartney
Duração: 0' 23''
Lanç. no Reino Unido: álbum *Abbey Road*, 26 de setembro de 1969
Lanç. nos EUA: álbum *Abbey Road*, 1º de outubro de 1969

CARRY THAT WEIGHT

Embora "Carry That Weight" pareça apenas mais uma música do *medley* e seja creditada como tal, na verdade ela foi gravada com "Golden Slumbers" como single. Foi uma boa ideia porque leva a sequência de volta para onde começou – com temas como dinheiro, negócios e o fardo de ser um superastro.

A letra expressa os medos de Paul a respeito dos Beatles em seus últimos dias. Ele afirmou posteriormente que as discussões sobre finanças e o gerenciamento o fizeram mergulhar nos "momentos mais sombrios" de sua vida até então. A leve atmosfera em torno dos Beatles tinha ficado pesada. "Em certos momentos, as coisas me afetam tanto que não consigo mais ser otimista, e esse foi um dos momentos", ele contou ao biógrafo Barry Miles.

CARRY THAT WEIGHT
Autoria: Lennon/McCartney
Duração: 1'36''
Lanç. no Reino Unido: álbum *Abbey Road*, 26 de setembro de 1969
Lanç. nos EUA: álbum *Abbey Road*, 1º de outubro de 1969

Nos últimos anos, as tensões internas entre os Beatles afetaram até o comportamento notoriamente otimista de Paul, como é relatado em "Carry That Weight".

THE END

Como a faixa final apropriada para o último álbum gravado pelos Beatles, "The End" se tornaria a canção que encerrou a carreira de estúdio da banda. Totalmente filosófico, Paul rima ao dizer que o amor que você "take" é igual ao amor que "make"[148]. Ele podia não estar dizendo nada mais que "é dando que se recebe", mas John ficou impressionado a ponto de declarar que se tratava de um "verso muito cósmico", provando que "quando Paul quer, ele é capaz de pensar".

Paul viu sua parelha de versos como o equivalente musical do dístico com que Shakespeare encerrava algumas peças, um resumo e também um sinal de que ações do drama terminavam ali.

Com certeza, a música foi um bom balanço da carreira de gravação deles – que começou com os pedidos bobos de adolescentes enamorados em "Love Me Do" e amadureceu até revelar palavras enigmáticas de sabedoria do grupo que transformou a música popular.

THE END
Autoria: Lennon/McCartney
Duração: 2' 19''
Lanç. no Reino Unido: álbum *Abbey Road*, 26 de setembro de 1969
Lanç. nos EUA: álbum *Abbey Road*, 1? de outubro de 1969

LIVE AT THE BBC

Em 1982, Kevin Howlett pesquisou arquivos de sessões de rádio com os Beatles na BBC e produziu um programa chamado *Beatles At The Beeb*. Pouco depois, começaram as discussões entre a EMI e a BBC para lançar o material. Só em 1994 as relações entre os Beatles, a Apple e a EMI permitiram uma conjuntura ideal para que o projeto fosse levado à frente.

Howlett levou as fitas da BBC para George Martin em Abbey Road, onde ele remasterizou digitalmente as 58 faixas sobreviventes das 88 músicas que os Beatles tocaram ao vivo na rádio BBC. Na verdade, apenas 57 das faixas sobreviveram nos arquivos. A 58ª foi guardada por um fã que contatou Howlett em 1988 durante a transmissão de outra série dos Beatles.

Como essas vigorosas performances ao vivo não foram gravadas com equipamentos de *overdub* nem de remixagem, são um exemplo do som dos Beatles no auge de sua carreira de shows. John e Paul aprenderam a escrever canções imitando os grandes sucessos de sua juventude. Experimentar versões desses sucessos com o público ensinou a eles o que funcionava e os ajudou a entender por quê. Pouco a pouco, eles começaram a trocar os covers por músicas próprias que criassem o mesmo clima.

Live At The BBC ilustra esse crescimento. De todos os covers que fizeram, 76% foram entre 1954 e 1959, enquanto estavam em Liverpool. Quase metade das músicas tinha sido escrita por um punhado de artistas que reverenciavam – Chuck Berry, Little Richard, Carl Perkins, Goffin e King e Leiber e Stoller.

O disco duplo *Live At The* BBC foi lançado em novembro de 1994 e vendeu 8 milhões de cópias.

I'LL BE ON MY WAY

Uma canção muito antiga dos Beatles, "I'll Be On My Way" era uma imitação juvenil de Buddy Holly.

"I'll Be On My Way" foi a única canção de Lennon-McCartney nunca gravada a ser incluída em *Live At The* BBC e, como tal, a primeira canção de Lennon-McCartney tocada pelos Beatles a ser lançada depois de maio de 1970.

Escrita por Paul em 1961 como uma imitação de Buddy Holly, ela foi incluída no repertório do grupo pelos anos seguintes, mas não estava no *set list* no teste para a Decca, um indício da desaprovação deles. Ela foi dada a um antigo amigo, Billy J. Kramer, que a usou como lado B de "Do You Want To Know A Secret?", em abril de 1963.

A letra serve de lembrete de que os Beatles não começaram como artistas visionários, eles simplesmente reagrupavam clichês existentes. Aqui "June light" se transforma em "moon light" [149] (naturalmente) e o narrador perdido de amor é forçado a se exilar onde "golden rivers flow" e "the winds don't blow" [150]. Fica parecendo a borda de um vulcão ativo, mas é possível que Paul tivesse outra coisa em mente.

Como era de se esperar, John foi só desdém quando perguntaram a ele sobre a canção em 1980: era exatamente o tipo de música pop que sempre o deixara desconfortável porque suprimia o ponto de vista individual com uma avalanche de frases comuns. Paul não foi tão duro ao olhar para trás. Era uma rima óbvia, ele reconhecia, mas tinha "funcionado bem" para o grupo nos primeiros shows.

I'LL BE ON MY WAY

Autoria: Lennon/McCartney

Duração: 1' 57"

Lanç. no Reino Unido: álbum *Live At The BBC*, 30 de novembro de 1994

Lanç. nos EUA: álbum *Live At The BBC*, 30 de novembro de 1994

ANTHOLOGY 1-3

Os três álbuns duplos que compreendem o conjunto *Anthology* devem sua gênese a uma encomenda. Em 1984, o engenheiro John Barrett recebeu a tarefa de organizar todo o material dos Beatles nos arquivos da EMI. Entre as centenas de horas de gravação ele identificou três faixas inéditas. A EMI fez prensagens-teste e procurou os Beatles remanescentes com a sugestão de um álbum. Na época, não se chegou a um acordo de lançamento.

Cinco anos depois, em uma ação sem relação com o tema, Neil Aspinall, que havia sido gerente por muito tempo da Apple, reavivou a ideia de um documentário, abandonada em 1969. Ele queria reunir o melhor material em vídeo dos Beatles para uma série de televisão que contaria a história da banda nas palavras deles. Ele queria que os Beatles remanescentes se reunissem e gravassem uma música incidental nova. O projeto se chamaria *The Long And Winding Road*.

O álbum de canções não lançadas e a série de documentários acabaram se fundindo em *Anthology*. A música incidental planejada foi preterida em favor da gravação de duas faixas novas dos Beatles. "Conforme a ideia de nós três sentarmos em um estúdio se aproximou, fiquei com o pé atrás", conta Paul. "Eu pensei: será que o mundo precisa de um disco com três quartos dos Beatles? E se John participasse, nós três e John, com um disco novo de verdade? Se pudéssemos fazer o impossível, isso seria mais divertido, seria um desafio maior."

O que parecia impossível foi viabilizado quando Yoko concordou em deixá-los usar duas fitas cassete demo de canções inacabadas de John como base para as novas faixas dos Beatles. Elas viriam a se tornar singles que ajudaram a promover não só a série de documentários de seis horas, mas também os álbuns *Anthology*.

Ringo, Paul, George e o produtor George Martin se reúnem novamente em 1994 para *Anthology*.

Anthology não era a trilha sonora de uma série de documentários, e sim uma colagem de takes alternativos, faixas inéditas, performances ao vivo, demos antigas e breves trechos de entrevistas. Das 139 músicas da coleção, 28 eram covers.

O grande interesse naturalmente eram as 21 composições novas dos Beatles, algumas das quais só tinham sido ouvidas anteriormente com outros artistas ou em gravações pirata raras. Elas iam de gravações caseiras de má qualidade, cujo valor era unicamente histórico, a faixas de estúdio completas, que foram tiradas dos álbuns apenas por questões de espaço.

A reação geral da crítica a essas raridades foi que a decisão original dos Beatles de deixá-las de fora ou passá-las adiante tinha sido acertada. Eles provavelmente poderiam ter tido um hit com "Come And Get It" e é difícil ver por que "Not Guilty" não teve lugar em *The White Album*, mas, para além delas, nenhuma dessas canções "novas" acrescentava algo à reputação da banda. Elas meramente confirmavam o que era presumido, que os Beatles já nos tinham dado seu melhor.

FREE AS A BIRD

"Free As A Bird" era essencialmente uma novidade em forma de single para atrair atenção para o projeto *Anthology*. A novidade era que seria o primeiro single dos Beatles em 25 anos e, ao menos em termos de som, reuniria o grupo mais popular que o mundo já viu. Houve uma febre de excitação da mídia em torno do lançamento, vitaminada pelo departamento de publicidade da EMI. Como dizia um *press release*: "O single, cujas cópias estão sob forte segurança fora do Reino Unido, será lançado mundialmente na SEGUNDA-FEIRA, 4 DE DEZEMBRO (de 1995)".

Nada podia estar à altura dessas expectativas, mas, nesse caso, "Free As A Bird" era uma música plausivelmente dos Beatles (por volta de 1969), apesar das dificuldades óbvias de ser fruto de um fragmento de uma canção gravada em um toca-fitas cassete.

Os eventos que culminaram na gravação começaram em 1º de janeiro de 1994, quando Paul telefonou para desejar feliz ano-novo a Yoko. Esse gesto reconciliatório gerou mais conversas e depois um encontro, quando do Paul participou da inclusão de John no Rock'n'Roll Hall Of Fame.

Durante esse tempo juntos, eles discutiram a possibilidade de os Beatles remanescentes trabalharem nas demos caseiras de John. Yoko ofereceu três faixas para avaliação – "Real Love", "Grow Old With Me" e "Free As A Bird".

Paul conta: "Gostei imediatamente de 'Free As A Bird'. Gostei da melodia. Tinha acordes fortes, e realmente chamou minha atenção... A parte ótima é que John não a tinha terminado. No *bridge* ele estava só esboçando os versos que ainda não tinha. Isso significava que tínhamos de inventar algo, e que eu de fato ia trabalhar 'com John'".

John provavelmente começou a desenvolvê-la em sua casa em Nova York no final de 1977. Em 4 de outubro do mesmo ano, ele e Yoko deram

"Free As A Bird" era uma expressão do amor de John por sua vida doméstica e feliz com Yoko e Sean.

uma coletiva de imprensa no Japão para anunciar que ambos estavam interrompendo suas carreiras para se concentrar na criação de Sean.

Diversas canções que ele começou nesse período tratavam de sua vida nova como "dono de casa". Em "I'm Stepping Out", "Watching The Wheels", "Beautiful Boy" e "Cleanup Time" ele falou da estranha sensação de liberdade que sentiu ao abandonar a vida de celebridade em função das tarefas domésticas.

Como muitas pessoas feridas psicologicamente no começo da vida, John buscava atenção e a rejeitava quando a recebia. Em entrevista à *Rolling Stone* em 1970, seu primeiro comentário foi: "Se eu pudesse ser outra coisa que não eu mesmo, eu seria. Não é bom ser artista". Seu comentário final, depois de perguntarem como ele se imaginaria aos 64 anos, seguiu a mesma linha. "Espero que sejamos um casal de velhinhos simpáticos vivendo no litoral da Irlanda ou algo assim – olhando o nosso álbum de loucuras."

Para John, um lar com uma família estável era a única coisa de que nunca desfrutara. Com Sean e Yoko, ele estava determinado a cuidar do que tinha. "Free As A Bird" foi escrita para expressar sua satisfação em estar livre das exigências da vida de celebridade e da pressão artística de ter de competir com seus eus anteriores. John estava, como ele mesmo canta, "home and dry"[151].

Para a parte do meio da música, John tinha apenas o par de frases "Whatever happened to/The life that we once knew?"[152], versos que recordam a crença manifestada em "Help!", "Strawberry Fields Forever" e "In My Life" de que a infância tinha sido o momento mais

Os três Beatles remanescentes fingiram que John ainda estava vivo enquanto gravavam *Anthology*.

idílico de sua vida. Os versos acrescentados por Paul subvertem essa linha de pensamento, transformando-o no desejo por uma relação restaurada – presumivelmente a dele com John.

A gravação ocorreu em fevereiro e março de 1994 no estúdio de Paul em Sussex, com crédito de produção compartilhado entre os Beatles e Jeff Lynne, antigo vocalista e guitarrista da Electric Light Orchestra. O cassete original de John foi passado para fita, e o som, remasterizado digitalmente. "Depois tomamos a liberdade de reforçar a música com diferentes mudanças de acorde e arranjos diferentes", conta George Harrison.

O projeto foi tratado como se John ainda estivesse vivo, e ele e Paul ainda mexessem nas músicas inacabadas um do outro. "Nós inventamos uma situação de férias", diz Paul. "Eu telefonei para Ringo e disse: vamos fingir que John saiu de férias, mandou uma fita e disse 'terminem para mim'."

George Martin, que produziu todos os outros singles dos Beatles, deu uma bênção cautelosa, mas sentiu que faltava dinamismo porque eles não tinham conseguido separar o piano e a voz na fita cassete com sucesso e colocá-los em uma marcação de tempo rígida para facilitar o *overdub*.

"Eles esticaram e comprimiram e reviraram até que virasse uma batida de metrônomo em tempo de valsa comum. O resultado é que, para esconder as partes ruins, eles tiveram de remendar bem para que o produto final fosse um som denso e homogêneo e quase sem interrupção", ele conta.

"Free As A Bird" chegou ao número 2 das paradas britânicas e ao número 6 nos EUA.

FREE AS A BIRD
Autoria: Lennon
Duração: 4' 24"
Lanç. do single no Reino Unido: 4 de dezembro de 1995
Posição nas paradas britânicas: 2
Lanç. do single nos EUA: 4 de dezembro de 1995
Posição nas paradas americanas: 6

REAL LOVE

"Real Love" era uma canção em que John já trabalhara por pelo menos dois anos e, apesar de poucos saberem, uma versão dela foi usada em 1988 na trilha sonora do documentário *Imagine*, de Andrew Solt. Começou como uma música chamada "Real Life", cujos versos acabaram se transformando em "I'm Stepping Out", lançado postumamente em *Milk And Honey*. Ele obviamente achou o refrão remanescente – "It's real life/Yes, it's real life"[153] – bom demais para descartar. O tema da música – estou de volta ao que importa na vida – era a questão essencial de toda a sua obra pós-Beatles. Ele ainda estava se despindo dos mitos, se desfazendo do que era supérfluo e, nesse caso, lidando com a realidade das cozinhas, dos cigarros, bebês, jornais e da melancolia matutina. A canção refeita estava se aproximando da versão em que os Beatles trabalhariam. As referências a "little girls and boys" e "'little plans and schemes"[154] já estava lá.

Quando ele finalmente mudou o refrão de "real life" para "real love"[155], o tema passou a ser o amor transformador de Yoko Ono. John afirmou muitas vezes em entrevistas que sentia que ela era a mulher para quem todos os desejos de amor e aceitação dele tinham sido direcionados, mesmo antes de conhecê-la. Ela era a "garota com olhos de caleidoscópio". Era, como ele escreveu no ensaio *The Ballad Of John And Yoko*, "alguém que eu já conhecia, mas de alguma forma tinha perdido".

Em fevereiro de 1995, Jeff Lynne apagou ruídos externos da cópia em cassete de John de "Real Love" e transferiu a gravação em mono para duas fitas análogas de 24 faixas no estúdio de Paul em Sussex. Paul, George e Ringo adicionaram guitarras, baterias, baixo, percussão e *backing vocals*. Paul usou o contrabaixo que pertencera a Bill Black e fora utilizado em "Heartbreak Hotel", de Elvis Presley.

REAL LOVE
Autoria: Lennon
Duração: 3' 54''
Lanç. do single no Reino Unido: 4 de março de 1996
Posição nas paradas britânicas: 4
Lanç. do single nos EUA: 4 de março de 1996
Posição nas paradas americanas: 11

CHRISTMAS TIME
(IS HERE AGAIN)

Especialmente para os britânicos, os Beatles estariam permanentemente associados aos Natais dos anos 1960. Seis álbuns tinham sido lançados a tempo dos festejos de Natal, e quatro singles tinham chegado ao número 1 no mesmo feriado. Em 1963 e 1964, eles apresentaram shows especiais de Natal em casas londrinas que eram uma mistura de música e pantomima, e contavam com atrações de abertura que iam dos Yardbirds a Rolf Harris.

No começo, a banda satisfazia o mercado de Natal todo ano.

Entre 1963 e 1969, eles produziram um *flexi disc* exclusivamente para os membros do fã-clube oficial que trazia cumprimentos de cada um dos Beatles e conversas leves. As primeiras mensagens eram obviamente roteirizadas, mas, conforme o grupo evoluía musicalmente, o mesmo ocorria com os discos. Em 1965, eles brincaram com uma versão de "Auld Lang Syne", e, no ano seguinte, Paul escreveu uma breve esquete para o grupo.

"Christmas Time (Is Here Again)", única canção original escrita para os membros do fã-clube, saiu em 1967, ano em que *Magical Mystery Tour* foi exibido em 26 de dezembro. A versão não editada, gravada em 28 de novembro, tinha mais de seis minutos de duração. Partes dela tinham sido usadas para pontuar uma esquete satírica escrita pelos quatro Beatles.

Embora seja composta em grande parte por uma única frase repetida como um mantra musicado, "Christmas Time (Is Here Again)" ilustra o fascínio da banda por músicas e rimas infantis que começou com "Yellow Submarine", em 1966. Isso, em parte, reflete a nostalgia da Liverpool da década de 1940, mas também fazia parte da tendência psicodélica de retornar a estados da mente mais simples em que não era descabido um adulto usar jeans rasgados, fazer bolhas de sabão e achar que margaridas eram "demais".

CHRISTMAS TIME (IS HERE AGAIN)
Autoria: Harrison/Lennon/McCartney/Starr
Duração: 3' 03''
Lanç. do single no Reino Unido: 4 de março de 1995, como lado B de "Free As A Bird"
Lanç. do single nos EUA: 4 de março de 1995, como lado B de "Free As A Bird"

IN SPITE OF ALL THE DANGER

Uma gravação tosca transposta de um disco de vinil de 78 RPM levemente gasto feito na primavera ou no verão de 1958 tem como valor histórico ser a primeira gravação em fita dos futuros Beatles, além de ser a primeira tentativa de composição do grupo a entrar para os arquivos.

Ela foi feita em um gravador portátil de quatrocentas libras em um pequeno estúdio na casa conjugada de um dono de loja de produtos eletrônicos, em Liverpool. Os Quarry Men, que na ocasião eram formados por John, Paul, George, o pianista John Duff Lowe e o baterista Colin Hanton, pagaram dezessete xelins e seis pence (87 pence) pela gravação das duas músicas.

A primeira escolhida foi "That'll Be The Day", um sucesso de setembro de 1957 no Reino Unido para The Crickets (com Buddy Holly), e a segundo foi a faixa de McCartney e Harrison "In Spite Of All The Danger".

"O rótulo diz que éramos George e eu, mas acho que foi escrita por mim e George tocou guitarra solo", Paul afirmou em 1995. "A canção era minha. Era bem parecida com uma música de Elvis."

Ela de fato era muito parecida com uma música de Elvis em particular – "Trying To Get To You" –, escrita por Rose Marie McCoy e Margie Singleton e gravada em 11 de julho de 1955. Única gravação de Elvis pela Sun com piano, ela foi lançada como single em setembro de 1956.

John Duff Lowe se lembra de "In Spite Of All The Danger" como a única música original que a banda The Quarry Men tocava na época.

Ele conta: "Eu lembro bem que até mesmo no ensaio na casa dele em Forthlin Road, Paul foi muito específico sobre como queria que a música fosse tocada e como o piano deveria ser. Não havia espaço para improviso. Ele nos disse o que tínhamos de tocar. Tudo era muito planejado, mesmo naquele tempo".

IN SPITE OF ALL THE DANGER
Autoria: Harrison/McCartney
Duração: 2' 44''
Lanç. no Reino Unido: álbum *Anthology 1*, 21 de novembro de 1995
Lanç. nos EUA: álbum *Anthology 1*, 21 de novembro de 1995

A faixa foi gravada em um único microfone, e Lowe acha que deve ter ido direto para o disco, porque não se lembra de ter esperado para que fosse transferida da fita, e há erros no vocal de John que de outra forma teriam sido corrigidos.

O disco foi passado de membro para membro e acabou nas mãos de Lowe, que o deixou em uma gaveta de meias até 1981, quando um colega sugeriu que aquilo talvez tivesse valor comercial. Ele mandou avaliar na Sotheby's, o que levou à publicação da descoberta do disco no *Sunday Times* pelo colunista Stephen Pile em julho de 1981.

Lowe conta: "Antes do meio-dia naquele domingo Paul McCartney já tinha ligado para a minha mãe em Liverpool. Acabei falando com ele ao telefone, e tivemos longas conversas nos dias seguintes porque ele queria comprá-lo de mim".

"Eu estava morando em Worcester na época, e ele mandou o advogado e o empresário para lá. Coloquei o disco em uma pequena valise e fui ao banco Barclay mais próximo. Nos encontramos em uma pequena sala que o banco gentilmente me deixou usar. O acordo foi feito, eu entreguei a gravação e todos foram embora."

Apesar de Paul não ter um projeto específico em mente na época, parte do acordo era que Lowe tinha de ceder todos os direitos sobre a faixa e prometer não tocá-la por quinze anos.

"Isso nos leva a agosto de 1996", ele continua. "Não é estranho que dois meses depois o álbum final do pacote *Anthology* tenha saído?"

YOU'LL
BE MINE

Paul e John viviam seu momento mais precoce em "You'll Be Mine", primeira gravação de Lennon e McCartney com influência dos Goons.

Registrada no verão de 1960 com um gravador emprestado na casa da família de Paul em Forthlin Road, esta é a primeira gravação de uma composição de Lennon e McCartney. O interesse acaba aí. Ela nada mais é do que cerca de dois minutos de diversão musical reunida por adolescentes maravilhados pela descoberta do som da própria voz.

Sem baterista, mas com o acréscimo do quarto guitarrista Stuart Sutcliffe, o grupo estava ensaiando para a temporada em Hamburgo e decidiu fazer uma paródia dos Ink Spots. John fez uma sessão declamada de modo melodramático que devia muito ao fascínio pelos Goons. Como era de se esperar, a gravação é concluída com o som estridente de risada. É quase possível imaginá-los chorando de rir enquanto tocavam a música repetidas vezes.

YOU'LL BE MINE
Autoria: Lennon/McCartney
Duração: 1' 38''
Lanç. no Reino Unido: álbum *Anthology 1*, 21 de novembro de 1995
Lanç. nos EUA: álbum *Anthology 1*, 21 de novembro de 1995

CAYENNE

Paul afirmou que a faixa instrumental "Cayenne", ou "Cayenne Pepper", como era o título original, foi escrita antes que ele conhecesse John, provavelmente aos 14 anos, quando ganhou seu primeiro violão. Outra faixa instrumental escrita mais ou menos na mesma época, "Cat's Walk", foi gravada pela Chris Barber Band em 1967, como "Cat Call".

Quando Paul gravou "Cayenne", em fita, no verão de 1960, rocks instrumentais eram um fenômeno comum nas paradas. Desde janeiro, singles de sucesso de Johnny and the Hurricanes, The Ventures, Duane Eddy, Bert Weedon, Sandy Nelson, Jerry Lordan, The John Barry Seven e The Shadows tinham sido lançados.

"Não é genial", Paul afirmou recentemente sobre "Cayenne". "Mas, ao ouvi-la, é possível antever muita coisa que eu escreveria depois. Por esse ponto de vista, é interessante."

CAYENNE
Autoria:
McCartney
Duração: 1' 13"
Lanç. no Reino Unido: álbum *Anthology 1*, 21 de novembro de 1995
Lanç. nos EUA: álbum *Anthology 1*, 21 de novembro de 1995

Paul escreveu "Cayenne" antes mesmo de seu primeiro encontro com John em 1957.

CRY FOR A SHADOW

CRY FOR A
SHADOW

Autoria: Harrison/
Lennon

Duração: 2' 22''

**Lanç. no Reino
Unido:** álbum
Anthology 1, 21
de novembro de
1995

Lanç. nos EUA:
álbum *Anthology 1*,
21 de novembro
de 1995

Quando "Cry For A Shadow" foi gravada em junho de 1961, Cliff Richard and The Shadows eram o grupo de rock'n'roll número 1 do Reino Unido. Desde o primeiro sucesso deles, "Move It", em outubro de 1958, Cliff estivera no Top 10 dez vezes, e The Shadows tinham começado a produzir seus próprios *hits* instrumentais.

Apesar de os Beatles considerarem Cliff contido demais, eram admiradores de The Shadows. Paul aprendeu os acordes de abertura de "Move It" assistindo ao movimento dos dedos do guitarrista Hank Marvin no programa *Oh Boy! TV* e, quando Cliff tocou pela primeira vez em Liverpool, em 12 de outubro de 1958, Paul estava na plateia.

"Cry For A Shadow", uma música instrumental que deveria soar como os Shadows, foi creditada a Harrison e Lennon. Ela se tornou a primeira composição dos Beatles a parar em um disco, quando apareceu em *My Bonnie*, álbum alemão de 1962 de Tony Sheridan, em que o "grupo de apoio" foi registrado como The Beat Brothers.

A composição surgiu por acidente. Rory Storm estava na Alemanha e pediu que George tocasse um sucesso recente de The Shadows – "Apache" ou "Frightened City" –, e George tocou algo novo, ou porque não lembrava a melodia das músicas dos Shadows ou de brincadeira. Primeiro ele a chamou de "Beatle Bop", mas depois, em homenagem à inspiração original, "Cry For A Shadow".

"Não parece nem 'Frightened City' nem 'Apache'", diz Bruce Welch, dos Shadows. "O que ela tem em comum com The Shadows é a mesma instrumentação que usamos, mas a melodia não tem nada a ver com nenhuma das duas."

"O que eu ouvi é que ela foi feita de piada porque na época tínhamos influência na cena britânica, mas nunca tínhamos ido à Alemanha, como quase todos os outros grupos haviam feito". A música foi gravada na Alemanha quando o maestro e produtor de gravadora Bert Kaempfert contratou os Beatles para tocar com Sheridan em uma gravação. Natural de Norwich, Sheridan, um veterano do café bar londrino 21's, passava muito tempo na Alemanha, e Kaempfert queria que ele fizesse versões mais roqueiras de *standards* como "My Bonnie". Os Beatles ganharam seu lugar ao sol em "Ain't She Sweet" e "Cry For A Shadow".

Brian Epstein, responsável por tirar os Beatles das jaquetas de couro e colocá-los em ternos de alfaiataria, encorajou a banda a copiar a indumentária e os bons modos de palco de The Shadows. Os dois grupos se conheceram em 1963 em uma festa em Londres e, em junho do mesmo ano, Hank, Bruce e Brian Locking foram para o aniversário de 21 anos de Paul em Liverpool.

A banda escreveu "Cry For A Shadow" em uma tentativa de imitar o som de The Shadows, banda de apoio de Cliff Richard.

LIKE DREAMERS DO

Grande parte do *merseybeat* consistia em covers de *hits* americanos e canções de Buddy Holly, Chuck Berry, Ray Charles e Jerry Lee Lewis. Inicialmente, os Beatles se destacaram por descobrir músicas desconhecidas e lados B obscuros, mas, em pouco tempo, até essas músicas seriam copiadas e se tornariam *standards* em Merseyside.

Foi isso que os impulsionou a compor seriamente. O objetivo era criar um material que não só funcionasse bem com o público, mas também fosse exclusivo. Paul afirmou que "Like Dreamers Do" foi uma das primeiras composições próprias que eles experimentaram tocar no Cavern. Isso implicaria que ela tivesse sido composta para a plateia do Cavern, mas The Quarry Men já a tocavam em shows em 1958. O que ele provavelmente quis dizer é que foi uma das primeiras canções do catálogo antigo que ele sentiu confiança para incluir no repertório dos Beatles.

Ele considerava os primeiros arranjos da música fracos, apesar de "alguns garotos" do Cavern gostarem. Quando os Beatles fizeram um teste em 1º de janeiro de 1962 na Decca, ela foi uma das três composições de Lennon e McCartney incluídas no set de quinze canções (as outras foram "Hello Little Girl" e "Love Of The Loved").

Para o teste na EMI, nove meses depois, nenhuma delas foi proposta. Todas tinham sido substituídas por coisa melhor. Pouco depois, elas foram oferecidas a outros artistas. "Like Dreamers Do" foi para The Applejacks, um sexteto de Birmingham com uma baixista mulher, que chegou ao número 20 das paradas com essa canção em julho de 1964.

339

LIKE DREAMERS DO

Autoria: Lennon/McCartney

Duração: 2' 35''

Lanç. no Reino Unido: álbum *Anthology 1*, 21 de novembro de 1995

Lanç. nos EUA: álbum *Anthology 1*, 21 de novembro de 1995

HELLO LITTLE GIRL

John muitas vezes se referia a "Hello Little Girl" como sua composição mais antiga. Escrita em 1958, ela se tornou uma de suas primeiras canções a ser tocada por The Quarry Men.

Ele atribui a origem a "It's De-Lovely", de Cole Porter, com seu refrão "It's delightful, it's delicious, it's de-lovely", cantada pela primeira vez, por Bob Hope, no musical de 1936 *Red, Hot and Blue*, e gravada no Reino Unido por Carroll Gibbons and the Savoy Hotel Orpheans em 1938.

"Aquela música sempre me fascinou por alguma razão", John afirmou. "Talvez tenha a ver com a minha mãe. Ela costumava cantá-la. É tudo muito freudiano. Então eu fiz 'Hello Little Girl' a partir dela. Era para ser uma canção ao estilo Buddy Holly."

Não há nenhuma semelhança entre as duas além do uso do título no refrão. Talvez tenha sido mais o espírito brincalhão, e, assim como em

Os Beatles tocaram "Hello Little Girl" em suas primeiras apresentações.

HELLO LITTLE GIRL
Autoria: Lennon/McCartney
Duração: 1'40"
Lanç. no Reino Unido: álbum *Anthology 1*, 21 de novembro de 1995
Lanç. nos EUA: álbum *Anthology 1*, 21 de novembro de 1995

"Please Please Me", a associação com os interesses musicais de sua mãe. A marca de Buddy Holly é mais fácil de detectar. Aparentemente, em sua primeira encarnação, o *bridge* tinha sido retirado de "Maybe Baby". Assim como as primeiras músicas de Paul carregavam a marca do otimismo, as de John traziam a do pessimismo. Paul dava a aceitação e o amor como certos, enquanto John se preparava para a rejeição. Em "Hello Little Girl", ele tenta chamar a atenção da garota, mas ela continua não reparando nele. Ele manda flores, ela não se comove. Ele acaba solitário e prestes a "lose my mind"[156].

Gravada para a audição da Decca em janeiro de 1962, "Hello Little Girl" já tinha saído do repertório quando eles fecharam com a EMI mais tarde naquele ano. "Então ela foi oferecida a Gerry and the Pacemakers", recorda Tony Bramwell. "Eles pensaram em usá-la depois de 'How Do You Do It?' Gravaram uma demo (incluída em *Gerry and the Pacemakers; The Best of the EMI Years*, 1992), mas àquela altura Mitch Murray tinha escrito 'I Like It'."

Depois, a música foi proposta a The Fourmost, outro grupo de Liverpool gerenciado por Brian Epstein. Depois de um show de domingo no Blackpool em que os dois grupos se apresentaram, John convidou The Fourmost à sua casa para mostrar a letra. Na manhã seguinte, eles receberam uma fita demo. "Nós tínhamos de gravá-la na quarta, então só tivemos dois dias. Aliás, fomos aprendendo a música durante a gravação", conta o baixista Billy Hatton.

A faixa foi um sucesso depois do lançamento em 23 de agosto e chegou ao número 7 nas paradas britânicas. Ela foi lançada nos EUA em 16 de setembro.

341

YOU KNOW
WHAT TO DO

Gravada em 3 de junho de 1964, é uma canção lânguida de sabor country escrita por George. Ringo tinha sido internado naquela manhã, às vésperas de uma turnê, então o tempo de estúdio reservado para a gravação da 14ª e última música de *A Hard Day's Night* teve de ser usado para ensaiar com o baterista substituto Jimmy Nicol. O resultado: apenas três demos foram feitas naquele dia – "It's For You" (depois dada a Cilla Black), de Paul, "No Reply", de John, e a música nova de George.

Por ser o Beatle mais novo, George sempre tinha dificuldade de fazer suas ideias serem levadas a sério. Essa foi apenas a segunda composição dele a ser gravada pelo grupo (a primeira foi "Don't Bother Me"), mas não avançou muito e, em decorrência de problemas de arquivamento, ficou perdida pelas três décadas seguintes. Fosse levada adiante pelo grupo, seria uma forte candidata para *Beatles For Sale*.

Apesar de ser indubitavelmente uma música "pré-fabricada", sem nenhuma revelação profunda, é interessante notar que George namorava Pattie Boyd fazia apenas doze semanas. Será que ele poderia ter escrito uma música naquela época sobre querer estar com sua garota "every hour of the day"[157] sem tê-la em mente?

George compôs a menosprezada "You Know What To Do" poucas semanas depois de conhecer Pattie Boyd.

YOU KNOW WHAT TO DO

Autoria: Harrison
Duração: 1' 58"
Lanç. no Reino Unido: álbum *Anthology 1*, 21 de novembro de 1995
Lanç. nos EUA: álbum *Anthology 1*, 21 de novembro de 1995

IF YOU'VE GOT TROUBLE

John e Paul nunca deram as melhores canções para Ringo, mas também nunca deram só as piores. No entanto, "If You've Got Trouble" deve constar como a pior música que eles já esperaram que o baterista cantasse. A melodia não tem inspiração. A letra é embaraçosa. É difícil acreditar que a dupla que tinha acabado de compor "Ticket To Ride" e "You've Got To Hide Your Love Away" pudesse ter criado aquilo. Gravada em um take, ela parece ter sido composta em um take também.

O tema se resume a "se você acha que tem problemas, deveria ver os meus!". O azedume da canção parece vir de John. Terá a música começado como um ataque a Cynthia, dizendo a ela para parar de reclamar dele como marido e ser grata pelos luxos proporcionados pelo estrelato recente dos Beatles?

Uma entrevista naquele ano para o *Saturday Evening Post*, conduzida por Al Aronowitz, sugere uma hipótese: "Os amigos deles dizem que ela [Cynthia] ficou intimidada com John quando eles se conheceram e ainda fica. Aliás, é um sentimento que cresce conforme o estrelato dele o leva adiante no paraíso do entretenimento, atormentando-a com pensamentos ocasionais de que ela pode vir a ficar para trás. Quando os Beatles estão em turnê, ela muitas vezes fica para trás. 'Bem, ela com certeza não parece se importar de gastar o dinheiro que estou ganhando', diz John".

Feita para o álbum *Help!*, a música foi abandonada depois dessa sessão.

IF YOU'VE GOT TROUBLE

Autoria: Lennon/ McCartney

Duração: 2' 48''

Lanç. no Reino Unido: álbum *Anthology 2*, 18 de março de 1996

Lanç. nos EUA: álbum *Anthology 2*, 18 de março de 1996

THAT MEANS A LOT

Quase toda escrita por Paul, era mais uma canção para *Help!* da qual os Beatles nunca conseguiram fazer o que consideravam uma versão definitiva. Em sessões em 20 de fevereiro e 30 de março de 1965, foram feitas 24 tentativas antes de eles finalmente desistirem dela.

A canção assume o olhar de um terceiro olhando para um relacionamento, uma técnica usada pela primeira vez em "She Loves You". A mudança no ponto de vista abria a possibilidade de escrever em vozes e manifestar opiniões que não condiziam às deles mesmos.

"Descobrimos que simplesmente não conseguíamos cantá-la", resumiu John algum tempo depois. "Na verdade, fizemos uma confusão tão grande com ela que achamos melhor dar para outra pessoa que conseguisse cantá-la bem." Essa pessoa foi P. J. Proby, um cantor americano convidado por Brian Epstein para ir à Inglaterra participar de um especial de TV dos Beatles em abril de 1964, que acabou ficando amigo do grupo. Proby gravou "That Means A Lot" e chegou ao número 30 nas paradas britânicas em outubro de 1965.

A banda tentou tocar "That Means A Lot" 24 vezes em uma sessão de 1965 antes de desistir.

THAT MEANS A LOT
Autoria: Lennon/McCartney
Duração: 2' 26''
Lanç. no Reino Unido: álbum *Anthology 2*, 18 de março de 1996
Lanç. nos EUA: álbum *Anthology 2*, 18 de março de 1996

12-BAR ORIGINAL

Gravada entre "What Goes On" e "I'm Looking Through You", em novembro de 1965, essa pode ter sido uma canção inicialmente para *Rubber Soul*. Dois takes foram feitos, um foi mixado, mas nenhum foi lançado.

É uma das faixas mais atípicas dos Beatles e parece ter sido uma tentativa de imitar o soul de Memphis. O modelo mais óbvio é Booker T. & The MG's – formada pelo tecladista Booker T. Jones, o baterista Al Jackson, o baixista "Duck" Dunn e o guitarrista Steve Cropper –, músicos de gravação da Stax Records que acompanhavam primores do soul, como Otis Redding, Sam and Dave e Eddie Floyd. A banda desfrutou de alguns sucessos instrumentais com seu próprio nome, começando com "Green Onions", em 1962. "12-Bar Original", creditada aos quatro Beatles, parece um pastiche de "Green Onions" e da sua sucessora, "Jellybread", sem o inconfundível teclado.

A faixa foi gravada em um momento em que os Beatles estavam lutando por reconhecimento como músicos e também em uma conjuntura do pop britânico em que os sons mais pesados dos Animals, Yardbirds, Kinks e Pretty Things estavam tomando o espaço da Tin Pan Alley.

Os quatro Beatles dividiram os créditos de composição de "12-Bar Original", uma música atípica à moda de Booker T. & The MG's.

12-BAR ORIGINAL
Autoria: Harrison/Lennon/McCartney/Starr
Duração: 2' 55"
Lanç. no Reino Unido: álbum *Anthology 2*, 18 de março de 1996
Lanç. nos EUA: álbum *Anthology 2*, 18 de março de 1996

JUNK

Paul escreveu "Junk" enquanto estava na Índia. Ela foi gravada pela primeira vez em maio de 1968, quando os quatro Beatles se encontraram na casa de George em Claremont Drive, Esher, em Surrey. É essa versão, uma demo acústica com letra inacabada, que aparece em *Anthology*. Paul esperava terminá-la para que fosse incluída em *Abbey Road*, mas acabou gravando-a em seu primeiro disco solo, *McCartney*, lançado em abril de 1970.

A demo não é nada além de um rascunho. Um verso inacabado é repetido duas vezes, Paul ainda estava procurando palavras para o refrão, e os vãos são preenchidos com murmúrios e riso.

É impossível determinar a história porque, na época, Paul criava encaixando palavras interessantes na melodia. No caso de "Junk", palavras que tivessem a ver com ferro-velho e lojas de artigos usados. No release que acompanhou seu álbum solo, o único comentário era: "Originalmente escrita na Índia, no acampamento do Maharishi, e concluída aos poucos em Londres".

JUNK
Autoria: McCartney
Duração: 2' 24"
Lanç. no Reino Unido: álbum *Anthology 3*, 28 de outubro de 1996
Lanç. nos EUA: álbum *Anthology 3*, 28 de outubro de 1996

NOT GUILTY

"Not Guilty" foi gravada durante as sessões do *White Album*, em agosto de 1968. George já tinha passado dois meses no estúdio com apenas uma de suas canções – "While My Guitar Gently Weeps" – escolhida pelo grupo. Mais de cem takes e ensaios foram produzidos entre 7 e 12 de agosto, mas, por algum motivo, ela não foi incluída na seleção final.

A canção só reemergiu em 1979, quando uma versão regravada foi usada no álbum *George Harrison*. Ela continuou praticamente igual, e apenas dois versos foram acrescentados: "Not guilty for being on your street/ Getting underneath your feet"[158].

Mais ou menos na mesma época, George explicou que a música era sobre os problemas que estavam começando a afetá-lo como integrante dos Beatles em 1968: "Paul, John, Apple, Rishikesh, amigos indianos etc.". Escrita quando ele estava começando a ser considerado o Beatle excêntrico e místico, George parece estar dizendo: "Não me culpe por envolver vocês em culturas excêntricas. Não estou pedindo muito. Só quero fazer o meu trabalho e ter um pouco de respeito".

É difícil não enxergar os versos "I'm not trying to be smart/ I only want what I can get"[159] como comentários amargos sobre a incapacidade de aumentar sua presença no grupo e ser reconhecido como um compositor do mesmo nível de John e Paul.

Talvez tenha sido por isso que ela não entrou no álbum.

George expressou o ressentimento de ver suas composições serem preteridas pelas de Paul e John na amarga "Not Guilty".

NOT GUILTY
Autoria: Harrison
Duração: 3' 22''
Lanç. no Reino Unido: álbum *Anthology 3*, 28 de outubro de 1996
Lanç. nos EUA: álbum *Anthology 3*, 28 de outubro de 1996

WHAT'S THE NEW MARY JANE

"Foi algo que eu escrevi com o nosso gênio da eletrônica Alex", John afirmou em 1969. "Ela se chamava 'What A Shame Mary Jane Had A Pain At The Party' e era para *The Beatles*."

Escrita na Índia, quando o grego John Alexis Mardas fez uma visita, ela foi colocada em uma demo na casa de George em Esher, em maio de 1968. Nessa época tinha pouco mais de dois minutos e meio de duração e, enquanto os Beatles improvisavam, perto do fim da faixa, um deles gritou: "Ooh. What's the news?... What are you saying? What a shame Mary Jane had a pain at the party. What's the new Mary Jane... Oh, my God! Mary! Mary!"[160]. Isso deu origem ao título estranho.

A versão de estúdio, gravada por John e George com a ajuda de Yoko e Mal Evans, se estende por seis minutos, com um "surto" de dois minutos antes do verso final. A letra continuou igual à da demo de maio, exceto pelo verso "He cooking such groovy spaghetti", que virou, seja por acidente ou por brincadeira, "He groovy such cooking spaghetti"[161].

A sintaxe da letra não é ortodoxa. Há um uso deliberado de tempos verbais e palavras erradas que sugere que John talvez estivesse imitando a maneira como os indianos que têm o inglês como segunda língua falam. A história pode ser interpretada como um comentário mordaz sobre alguém do círculo do Maharishi. Não é coincidência que John tenha gravado "Sexy Sadie" no dia anterior.

No final da gravação, é possível ouvir John dizendo "Let's hear it before we get taken away"[162]. Um ano depois, ele planejou lançá-la como lado B de "You Know My Name (Look Up The Number)", mas desistiu no último minuto. "É uma completa loucura", ele descreveu a faixa em 1960. "Eu gostaria de fazê-la de novo."

WHAT'S THE NEW MARY JANE

Autoria: Lennon/McCartney

Duração: 6' 12''

Lanç. no Reino Unido: álbum *Anthology 3*, 28 de outubro de 1996

Lanç. nos EUA: álbum *Anthology 3*, 28 de outubro de 1996

349

STEP INSIDE LOVE

Cilla Black, cujo nome real era Priscilla White, era uma datilógrafa de Liverpool contratada por Brian Epstein, e depois parte do casting da Parlophone. Seu primeiro single, lançado em fevereiro de 1963, foi "Love Of The Loved", uma antiga canção dos Quarry Men escrita por Paul e usada pelos Beatles na audição para a Decca Records. Paul apareceu para a gravação.

Em 1964, ele compôs "It's For You" para ela e, mais tarde, em 1968, depois de ficar sabendo que Cilla apresentaria sua própria série na BBC, se ofereceu para escrever a música tema. Os programas de entretenimento da época tradicionalmente ficavam espremidos entre apresentações de big bands, mas Cilla queria mudar isso.

"Paul me entendeu", ela disse. "Ele me falou: 'Eu sei o que eles estão fazendo. Estão mandando para você essas atrações parecidas com Billy Cotton Band, e isso não é você. Você é o tipo de pessoa que deveria receber convidados em sua casa. Você deveria ter uma música que comece bem baixo e vá aumentando'."

Paul fez uma demo de "Step Inside Love" em sua casa e depois incluiu um segundo canal com a própria voz. "Tudo o que nos deu

---

STEP INSIDE LOVE

Autoria: Lennon/McCartney

Duração: 2' 30''

Lanç. no Reino Unido: álbum *Anthology 3*, 28 de outubro de 1996

Lanç. nos EUA: álbum *Anthology 3*, 28 de outubro de 1996

Paul escreveu "Step Inside Love" como tema para o programa de televisão de Cilla Black na BBC, em 1968.

foi um verso e uma estrofe e um refrão com ele tocando guitarra", recorda o produtor e diretor Michael Hurll. "Nós usamos daquele jeito nas primeiras semanas e depois decidimos que precisávamos de uma segunda parte. Paul veio ao BBC Theatre em Shepherd's Bush e sentou comigo e com Cilla para trabalharmos em uma segunda parte. Começou com o verso 'You look tired love'[163], porque Cilla estava cansada depois dos muitos ensaios, e boa parte do que escrevemos estava relacionado ao que estava acontecendo naquele dia."

A versão incluída em *Anthology* foi feita em setembro de 1968 enquanto os Beatles estavam esperando para gravar "I Will". Começa com o refrão e passa direto para a segunda parte, que Paul esquece e canta "kiss me goodnight", em vez de "love me tonight"[164], deixando um verso de fora e concluindo com a última frase do que deveria ser a terceira estrofe.

Com Cillla, "Step Inside Love" se tornou um sucesso do Top 10 no Reino Unido, foi lançado nos EUA em maio e rendeu a ela uma proibição na África do Sul por ter sido considerada uma brincadeira com o tema da prostituição. Podia ter sido pior. Tony Bramwell lembra que a ideia inicial de Paul era "Come Inside Love".

"Eu gosto bastante dela", disse Paul. "Era só uma música de boas-vindas para Cilla. Bem cabaré. Combinava com a voz dela."

LOS PARANOIAS

Era simplesmente uma piada de estúdio iniciada por Paul quando, ao final de sua versão bossa nova de "Step Inside Love", ele anunciou com voz de mestre de cerimônias, "Joe Prairie e os Prairie Wall Flyers". John respondeu com "Los Paranoias", e foi o suficiente para fazer Paul começar a improvisar uma paródia sul-americana sobre o Los Paranoias.

A inspiração mais provável era o grupo paraguaio Trio Los Paraguayas, liderado por Luis Alberto Del Parana, que aparecia em shows de variedade da televisão britânica nos anos 1950 com seus "ritmos latino-americanos" e que lançou uma conhecida coletânea com os maiores sucessos da banda em 1957.

"Los Paranoias" não era nada além de uma piada interna de estúdio dos Beatles.

LOS PARANOIAS
Autoria: Lennon/McCartney
Duração: fragmento ao final de "Step Inside Love"
Lanç. no Reino Unido: álbum *Anthology 3*, 28 de outubro de 1996
Lanç. nos EUA: álbum *Anthology 3*, 28 de outubro de 1996

TEDDY BOY

"Outra música iniciada na Índia", anunciou Paul em 1970, quando "Teddy Boy" foi incluída em seu primeiro álbum solo. "Ela foi gravada para o álbum *Get Back*, mas acabou não sendo usada". Surgiu durante uma das palestras do Maharishi em Rishikesh, quando Paul virou para John e cantou o primeiro verso em seu ouvido, e foi terminada na Escócia e em Londres.

Rigorosamente falando, ela nunca foi de fato gravada pelos Beatles porque não houve take final nem mixagem, e, em janeiro de 1969, Paul ainda não tinha terminado a letra. O que foi apresentado em *Anthology* é um esboço inacabado de uma música proposta por Paul na esperança de que John, George e Ringo gostassem. A atmosfera é tão informal que Paul ri em algumas partes, assobia em trechos inacabados, e John pode ser ouvido claramente falando com as outras pessoas no estúdio enquanto toca.

Esse conto inconsequente de um garoto chamado Ted, que ouve da mãe que deve ser bonzinho, não é algo que tocaria o coração de John. Ele chegou a dizer certa vez que as músicas com narrativa de Paul eram sobre "pessoas chatas fazendo coisas chatas". Essa provavelmente é a razão por que, conforme a música vai terminando, John acelera o ritmo com a guitarra e a transforma em uma desajeitada música de quadrilha: "Take your partners do-si-do/Hold them tight and don't let go"[165]. Foi um comentário nada sutil sobre onde "Teddy Boy" se encaixava na cultura do rock dos anos 1960.

TEDDY BOY
Autoria:
McCartney
Duração: 3' 18"
Lanç. no Reino
Unido: álbum
Anthology 3, 28 de
outubro de 1996
Lanç. nos EUA:
álbum *Anthology 3*,
28 de outubro de
1996

ALL THINGS
MUST PASS

Em novembro de 1968, depois de finalizar seu trabalho no *White Album*, George foi para Woodstock encontrar Bob Dylan. Lá ele conviveu com The Band, antiga banda de apoio de Dylan, que tinha acabado de gravar *Music From Big Pink*.

O álbum foi visto na época como uma reação contra os excessos do psicodelismo e um retorno ao *mainstream* da música americana. A objetividade do nome do grupo e a simplicidade rústica de suas fotos de divulgação sugeriam um desvio do surrealismo e um retorno às raízes da cultura americana.

A música deles era especialmente atraente aos músicos das antigas cansados da histeria dos fãs. Esse foi um elemento decisivo, por exemplo, no rompimento do Cream. "Peguei as fitas de *Music From Big Pink* e pensei que era isso o que eu queria tocar – não solos compridos e arranjos encrencados; só músicas boas e simples", ele explicou em 1974.

"All Things Must Pass", de George, tocada durante as sessões de gravação em janeiro de 1969 e gravada sozinha em 25 de fevereiro, era uma tentativa de captar a mesma sensação que a Band trazia no single

---

ALL THINGS MUST PASS

Autoria: Harrison

Duração: 3' 05"

Lanç. no Reino Unido: álbum *Anthology 3*, 28 de outubro de 1996

Lanç. nos EUA: álbum *Anthology 3*, 28 de outubro de 1996

George a baseou em um poema de Timothy Leary, mas "All Things Must Pass" acabou não entrando em nenhum álbum dos Beatles.

"The Weight". Aliás, quando George mostrou a composição inteira pela primeira vez para John e Paul, ele falou da Band e de sua música com um declarado entusiasmo.

A letra era baseada em um poema do livro de Timothy Leary, *Psychedelic Prayers After The Tao Te Ching* (Poets Press, Nova York, 1966). Era uma "tradução do inglês para o 'psicodelês' de parte do capítulo 23 do Tao que Leary intitulou "All Things Pass": "All things pass/ A sunrise does not last all morning/ All things pass/ A cloudburst does not last all day..."[166]. Como George admitiria: "Eu me lembrei de uma dessas preces e tive a ideia".

Apesar das frequentes referências de George à música enquanto os demais gravavam, ela não foi levada em consideração nem para *Let It Be* nem para *Abbey Road*. Em vez disso, tornou-se a faixa-título do seu álbum solo de estreia em dezembro de 1970, que chegou ao número 4 na parada de álbuns britânica e ao topo das paradas americanas.

COME AND GET IT

A Apple Films, que estava sendo dirigida por Denis O'Dell, estava planejando um filme sobre *The Magic Christian*, romance de Terry Southern de 1958, e O'Dell pediu a Paul para fazer a música. Ele, ao que parece hoje, concordou com relutância, e com o roteiro do filme em mãos começou a compor.

Paul começou com uma música para ser usada em uma cena em que Sir Guy Grand, o homem mais rico do mundo (interpretado por Peter Sellers), joga cédulas em um reservatório de sujeira e tem o prazer de ver gente respeitável chafurdando na lama na esperança de pegar algum dinheiro. A ideia surgiu tarde da noite quando estava na Cavendish Avenue, e Paul desceu e fez a gravação aos sussurros para não acordar Linda. Quando tocou a fita no dia seguinte, acreditou ter criado uma canção "muito cativante".

Em 5 de julho de 1969, um dos contratados da Apple, o líder de um grupo chamado The Iveys, deu uma entrevista para a *Disc & Music Echo* em que diz ter sido negligenciado pelos Beatles. Três semanas depois Paul entrou em contato com eles e, em 29 de julho, foi encontrá-los e ofereceu "Come And Get It", que tinha gravado cinco dias antes em

COME AND GET IT
Autoria: McCartney
Duração: 2' 29''
Lanç. no Reino Unido: álbum *Anthology 3*, 28 de outubro de 1996
Lanç. nos EUA: álbum *Anthology 3*, 28 de outubro de 1996

Paul negou que "Come And Get It" detalhasse as dificuldades internas dos Beatles. "Era só uma música pop franca", ele declarou.

Abbey Road. Ele também sugeriu que eles fizessem outras contribui-ções para a trilha sonora do filme enquanto ele tentava colocar suas energias na gravação do álbum *Abbey Road*.

Em 2 de agosto, Paul produziu o grupo, escolheu Tom Evans para os vocais e os encorajou a manter a simplicidade da demo, na qual ele tocava apenas piano, bateria, baixo e maracas. Paul disse a eles que, se fizessem direito, seria um sucesso garantido, mas, se não, ele ficaria com a música e faria um single para os Beatles.

"Aquele desafio realmente nos fez trabalhar duro", conta Evans. Quando "Come And Get It" foi lançada, The Iveys tinham se tornado Badfinger. O single chegou às cinco primeiras posições da parada, e o grupo não podia mais reclamar da negligência. A trilha sonora de *The Magic Christian* contou com três músicas dos Badfinger e, em um movimento para se beneficiar disso, eles chamaram seu álbum seguinte de *Magic Christian Music*.

Quando perguntaram, em 1968, se "Come And Get It" era uma mensagem velada para os que brigavam pela fortuna dos Beatles, Paul respondeu: "Era só uma música pop franca com todas as velhas insi-nuações. Venha pegar o quê?".

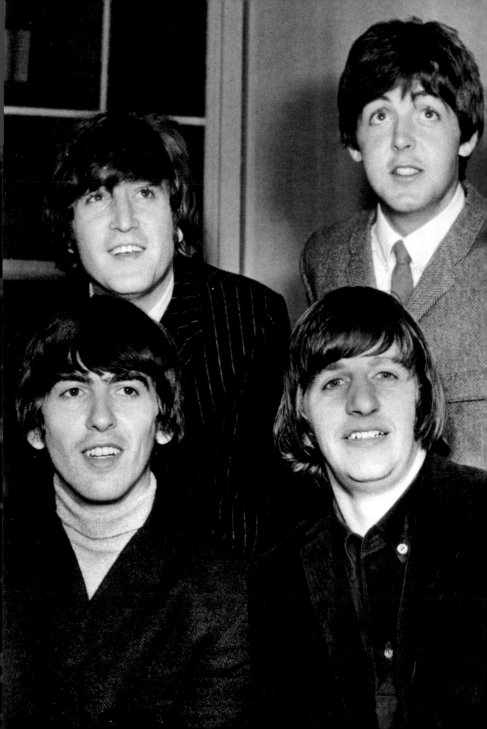

CRONOLOGIA

1940

7 jun.   Ringo Starr (Richard Starkey) nasce em Liverpool

9 out.   Nasce John Winston Lennon em Liverpool

1942

18 jun.   James Paul McCartney nasce em Liverpool

1943

25 fev.   George Harrison nasce em Liverpool

1956

31 out.   A mãe de Paul, Mary, morre de câncer de mama

1957

mar.   John Lennon forma o grupo de *skiffle* The Quarry Men com seu amigo de escola Pete Shotton

6 jul.   The Quarry Men toca em um festival da St Peter's Church, em Woolton, e depois disso John é apresentado a Paul por Ivan Vaughan

18 out.   Após semanas de ensaio, Paul McCartney faz sua estreia com The Quarry Men

1958

fev.   George Harrison conhece John e Paul e pouco tempo depois é convidado a entrar para o grupo The Quarry Men

15 jul.   A mãe de John, Julia, morre atropelada.

1959

29 ago.   The Quarry Men toca na recém-inaugurada Casbah Club, administrada por Mona Best, mãe do baterista Pete Best

1960

jan.   Stuart Sutcliffe, amigo de escola de arte de John, entra no grupo como baixista.

Eles começam a ser conhecidos por nomes diversos, como The Beatals, The Silver Beetles e The Silver Beats

mai.   O poeta de Londres Royston Ellis usa o grupo para acompanhá-lo em uma leitura em Liverpool.

Enquanto está hospedado com John e Stuart em seu apartamento em Gambier Terrace, Ellis os apresenta ao entorpecimento produzido por aspirar o conteúdo de um inalador quebrado de benzeno.

10 mai.   The Silver Beetles fazem uma audição para Larry Parnes, um importante empresário britânico de rock, e Billy Fury, astro pop mais conhecido de Liverpool. Eles não recebem a proposta de tocar com Fury, mas, em vez disso, conseguem uma turnê pela Escócia tocando com Johnny Gentle

20 mai.   The Silver Beetles começam uma turnê de sete shows com Johnny Gentle

9 jul.   O *Record Mirror* revela que Royston Ellis está pensando em levar um grupo de Liverpool chamado The Beetles para Londres

12 ago.   Pete Best faz um teste para se juntar ao grupo e se torna o baterista

17 ago.   Conhecido como The Beatles, o grupo começa sua primeira temporada em Hamburgo, Alemanha – 48 noites no Indra Club

4 out.   Eles se apresentam em Kaiserkeller por mais 58 noites

1961

9 fev.   The Beatles tocam no Cavern Club, em Mathew Street, Liverpool, pela primeira vez

1º abr.   The Beatles retornam a Hamburgo para uma temporada de treze semanas no Top Ten Club

jun.	The Beatles voltam a Hamburgo para acompanhar o guitarrista e vocalista inglês Tony Sheridan
ago.	A Polydor da Alemanha lança "My Bonnie", creditada a Tony Sheridan e "The Beat Brothers"
set.	Durante uma viagem de férias a Paris, Paul e John mudam o corte de cabelo para o que ficaria conhecido como "corte beatle" ou "mop top"
9 nov.	Brian Epstein visita o Cavern Club e vê os Beatles pela primeira vez

1962

1º jan.	Quinze faixas são gravadas para a Decca Records em Londres
24 jan.	Os Beatles assinam contrato com Brian Epstein, que se torna seu empresário
10 abr.	Stuart Sutcliffe morre de hemorragia cerebral enquanto está na Alemanha com a namorada Astrid Kirchherr
13 abr.	Início de uma residência de sete semanas no Star-Club, em Hamburgo
4 jun.	Os Beatles assinam contrato com a EMI na Inglaterra
6 jun.	Primeira sessão nos estúdios da EMI em Abbey Road com o produtor George Martin
16 ago.	Pete Best é dispensado da posição de baterista
18 ago.	Ringo Starr entra para os Beatles. O primeiro show de John, Paul, George e Ringo acontece no Hulme Hall, em Birkenhead
23 ago.	John se casa com Cynthia Powell no cartório de Mount Pleasant, Londres
3 set.	Segunda sessão em Abbey Road
11 set.	Terceira sessão em Abbey Road, na qual "Love Me Do" é regravada com o baterista de estúdio Andy White
5 out.	Lançamento britânico de "Love Me Do", primeiro single dos Beatles
1º nov.	Retorno ao Star-Club, Hamburgo, por catorze noites
26 nov.	O segundo single, "Please Please Me", é gravado em Abbey Road

18 dez.	Retorno final às apresentações em Hamburgo – treze noites no Star-Club

1963

2 fev.	Início da primeira turnê britânica dos Beatles. Eles abrem para Helen Shapiro, de 16 anos
4 fev.	Última apresentação de almoço no Cavern Club
11 fev.	Gravam o álbum Please Please Me, em pouco mais de nove horas
9 mar.	Turnê nacional com os astros americanos Tommy Roe e Chris Montez
8 abr.	Julian Lennon (ou John Charles Julian Lennon) nasce em Liverpool
18 abr.	Depois de uma aparição no Royal Albert Hall, em Londres, Paul conhece a atriz adolescente Jane Asher
3 ago.	Última apresentação dos Beatles no Cavern Club, onde tocaram quase trezentas vezes
11 set.	Começam os trabalhos do LP With The Beatles
13 out.	Aparecem no conceituado programa de televisão britânico Sunday Night At The London Palladium, o que ajuda a criar o fenômeno que a imprensa viria a batizar de beatlemania
25 out.	Início de uma turnê curta na Suécia
1º nov.	A turnê de outono dos Beatles começa em Cheltenham, Gloucestershire
4 nov.	Apresentação no Prince of Wales Theatre, Londres, diante da Rainha Mãe e da Princesa Margaret
24 dez.	"The Beatles' Christmas Show" tem início no Astoria Cinema, Finsbury Park, Londres, por uma temporada de dezesseis noites

1964

16 jan.	Temporada de dezoito shows no Olympia Theatre, Paris
7 fev.	Os Beatles viajam para Nova York, onde são recebidos aos gritos por 3 mil fãs

9 fev. Primeira aparição no *Ed Sullivan Show* para um público estimado em 73 milhões

11 fev. O primeiro show americano acontece no Washington Coliseum

2 mar. Começam as filmagens de *A Hard Day's Night*

23 mar. O primeiro livro de John, *In His Own Write*, é publicado

4 jun. Beatles seguem para uma turnê por Dinamarca, Holanda, Hong Kong, Austrália e Nova Zelândia, com Jimmy Nicol substituindo Ringo, que está hospitalizado por causa de uma amidalite e faringite

14 jun. Ringo reencontra os Beatles em Melbourne

6 jul. Estreia mundial de *A Hard Day's Night* no London Pavilion

jul. John compra uma casa em Weybridge, Surrey

19 ago. Segunda visita dos Beatles aos EUA, mas primeira turnê americana. O primeiro show acontece no Cow Palace em San Francisco

28 ago. Em Nova York, os Beatles são apresentados a Bob Dylan e fumam maconha pela primeira vez

9 out. A turnê britânica começa em Bradford, Yorkshire

24 dez. Mais um "Beatles' Christmas Show" é iniciado por vinte noites no Odeon Cinema, Hammersmith, Londres

1965

11 fev. Ringo Starr se casa com Maureen Cox

23 fev. - 11 mai.
Filmagem de *Help!*, segundo longa metragem dos Beatles

mar. - abr.
John e George experimentam LSD pela primeira vez quando um dentista de quem são amigos "batiza" o café dos dois após um jantar

12 jun. Cada Beatle recebe uma comenda de Membro do Império Britânico, na lista de honrarias do aniversário da Rainha

24 jun. O segundo livro de John, *A Spaniard In The Works*, é publicado

29 jul. Estreia mundial *Help!*

14 ago. Os Beatles chegam a Nova York para sua segunda turnê americana

15 ago. Primeira aparição no Shea Stadium, em Queens, Nova York. O público de quase 56 mil faz dele o maior show de pop até então

27 ago. Os Beatles conhecem Elvis Presley na casa dele em Bel Air

ago. John e George fazem sua segunda viagem de LSD na companhia do ator Peter Fonda

31 ago. O último concerto da turnê americana de 1965 acontece no Cow Palace, San Francisco

3 dez. Primeira data do que viria a ser a última turnê britânica

25 dez. George fica noivo de Pattie Boyd

1966

21 jan. George se casa com Pattie Boyd

4 mar. A entrevista com Maureen Cleave em que John afirma que "os Beatles são mais populares que Jesus" é publicada no *Evening Standard* de Londres

6 abr. - 22 jun.
Gravação de *Revolver* em Abbey Road

24 jun. Início da turnê pelo extremo Oriente que vai da Alemanha ao Japão e às Filipinas

jul. Os comentário de John sobre os Beatles serem maiores que Jesus aparecem na revista americana *Datebook* e desencadeiam uma reação negativa aos Beatles nos estados mais religiosos dos EUA, conhecidos como Bible Belt

12 ago. A última turnê pelos EUA começa em Chicago

29 ago. O último show dos Beatles com John, Paul, George e Ringo acontece no Candlestick Park, San Francisco

6 set. - 6 nov.
John filma *How I Won The War*, na Alemanha e Espanha

| 9 nov. | John conhece a artista japonesa Yoko Ono em Londres |
| 24 nov. | Os Beatles vão para Abbey Road para dar início à gravação de *Sgt Pepper's Lonely Hearts Club Band* |

1967

1º jan. - 2 abr.	Continuam as gravações de *Sgt Pepper's Lonely Hearts Club Band*
3 abr.	Paul vai para San Francisco
1º jun.	*Sgt Pepper's Lonely Hearts Club Band* é lançado nos EUA
16 jun.	Paul se torna o primeiro Beatle a confessar ter usado LSD em uma matéria de capa da revista *Life*
25 jun.	Programa de televisão *Our World*, no qual os Beatles cantam "All You Need Is Love", faixa composta especialmente para a ocasião
24 jul.	Os Beatles assinam uma petição pela legalização da maconha que é publicada no *Times* de Londres
24 ago.	Os quatro Beatles participam de uma palestra do Maharishi Mahesh Yogi no Hilton Hotel em Park Lane, Londres
25 ago.	Por convite pessoal do Maharishi, os Beatles viajam para Bangor, North Wales, para um curso de verão de meditação transcendental
27 ago.	Morre Brian Epstein
11 - 24 set.	*Magical Mystery Tour* é filmado
22 set.	Os Beatles aparecem na capa da revista *Time*
18 out.	Estreia mundial de *How I Won The War*, estrelando John Lennon
5 dez.	A Apple Boutique é aberta no número 94 da Baker Street, Londres
25 dez.	Paul anuncia seu noivado com Jane Asher
26 dez.	A *Magical Mystery Tour* estreia na televisão britânica (BBC)

1968

15 fev.	John, Cynthia, George e Pattie vão para a Índia encontrar o Maharishi em seu *ashram* em Rishikesh, onde vão estudar meditação
19 fev.	Paul, Jane, Ringo e Maureen se juntam aos demais Beatles na Índia
15 mai.	John e Paul viajam para Nova York para anunciar a formação da Apple. Paul reencontra Linda Eastman
mai.	John começa um caso com Yoko Ono
30 mai.	Os Beatles fazem demos das músicas escritas durante a viagem à Índia
31 mai. - 14 out.	Gravação de *The Beatles*, mais conhecido como *The White Album*
20 - 24 jun.	Paul está em Los Angeles a negócios e encontra Linda Eastman mais uma vez
20 jul.	Jane Asher anuncia o fim de seu noivado com Paul
31 jul.	A Apple Boutique é fechada
16 out.	George vai para a Califórnia produzir Jackie Lomax, artista da Apple
18 out.	John e Yoko são presos sob a acusação de porte de drogas
8 nov.	É concedido o divórcio a John e Cynthia

1969

2 jan.	Começam as filmagens em Twickenham do que vai se tornar o documentário *Let It Be*
2 fev.	Yoko Ono e Tony Cox se divorciam
10 fev.	George deixa o grupo temporariamente depois de discordâncias com John e Paul
12 mar.	Paul se casa com Linda Eastman em Londres
20 mar.	John se casa com Yoko Ono em Gibraltar
25 - 31 mar.	John e Yoko organizam o primeiro "bed-in" no Hilton de Amsterdã
28 mar.	É anunciado que a ATV está pronta para comprar a Northern Songs
26 mar. - 2 jun.	John e Yoko organizam um "bed-in" no Queen Elizabeth Hotel em Montreal
1º jul.	Os trabalhos para o álbum *Abbey Road* começam a todo vapor
8 ago.	Iain MacMillan faz a famosa de capa dos Beatles atravessando a Abbey Road

11 ago. John e Yoko se mudam para Tittenhurst Park, Sunningdale, Ascot

20 ago. Último dia em que todos os Beatles estariam juntos em um estúdio de gravação

31 ago. John, George e Ringo veem Bob Dylan tocar no festival de Isle of Wight

13 set. A Plastic Ono Band (John, Yoko, Eric Clapton, Klaus Voorman e Alan White) faz sua estreia ao vivo em Toronto

25 nov. John devolve sua comenda de Membro do Império Britânico ao Palácio de Buckingham

1970

4 jan. Gravação final de *Let It Be*

10 abr. Paul anuncia ter deixado os Beatles devido a "diferenças pessoais, comerciais e musicais"

mai. - ago.

Batalhas pela posse da Northern Songs e o envolvimento de Allen Klein continuam

4 ago. A assessorial de imprensa da Apple é fechada

31 dez. Paul move um processo contra a Beatles and Co. para desfazer a sociedade

DISCOGRAFIA

* Datas dos lançamentos no Reino Unido

SINGLES

"Love Me Do"/"PS I Love You", 5 de outubro de 1962, Parlophone 45-R 4949.

"Please Please Me"/"Ask me Why", 11 de janeiro de 1963, Parlophone 45-R 4983.

"From Me To You"/"Thank You Girl", 11 de abril de 1963, Parlophone R 5015.

"She Loves You"/"I'll Get You", 23 de agosto de 1963, Parlophone R 5055.

"I Want To Hold Your Hand"/"This Boy", 29 de novembro de 1963, Parlophone R 5084.

"Can't Buy Me Love"/"You Can't Do That", 20 de março de 1964. Parlophone R 5114.

"A Hard Day's Night"/"Things We Said Today", 10 de julho de 1964, Parlophone R 5160.

"I Feel Fine"/"She's A Woman", 27 de novembro de 1964, Parlophone R 5200.

"Ticket To Ride"/"Yes It Is", 9 de abril de 1965, Parlophone R 5265.

"Help!"/"I'm Down", 23 de julho de 1965, Parlophone R 5305.

"We Can Work It Out"/ "Day Tripper", 3 de dezembro de 1965, Parlophone R 5389.

"Paperback Writer"/"Rain", 10 de junho de 1966, Parlophone R 5452.

"Eleanor Rigby"/"Yellow Submarine", 5 de agosto de 1966, Parlophone R 5493.

"Strawberry Fields Forever"/"Penny Lane", 17 de fevereiro de 1967, Parlophone R 5570.

"All You Need Is Love"/"Baby, You're A Rich Man", 7 de julho de 1967, Parlophone R 5620

"Hello, Goodbye"/"I Am The Walrus", 24 de novembro de 1967, Parlophone R 5655.

"Lady Madonna"/"The Inner Light", 15 de março de 1968, Parlophone R 5675.

"Hey Jude"/"Revolution", 30 de agosto de 1968, Apple [Parlophone] R 5722.

"Get Back"/"Don't Let Me Down", 11 de abril de 1969, Apple [Parlophone] R 5777.

"The Ballad Of John And Yoko"/"Old Brown Shoe", 30 de maio de 1969, Apple [Parlophone] R 5786.

"Something"/"Come Together", 31 de outubro de 1969, Apple [Parlophone] R 5814.

"Let It Be"/ "You Know My Name (Look Up The Number)", 6 de março de 1970, Apple [Parlophone] R 5833.

"Free As A Bird"/"I Saw Her Standing There"/"This Boy"/"Christmas Time (Is Here Again)", 4 de dezembro de 1995, Apple [Parlophone] CDR 6422

"Real Love"/"Baby's In Black"/"Yellow Submarine"/"Here, There And Everywhere", 4 de março de 1996, Apple [Parlophone] CDR 6425

EPS

Twist And Shout, 12 de julho de 1963, Parlophone GE P 8882 (mono)– "Twist And Shout"; "A Taste Of Honey"/"Do You Want To Know A Secret"; "There"'s A Place".

The Beatles' Hits, 6 de setembro de 1963, Parlophone GEP 8880 (mono) – "From Me To You"; "Thank You Girl"/"Please Please Me"; "Love Me Do".

The Beatles (No 1), 1 de novembro de 1963, Parlophone GEP 8883 (mono) – "I Saw Her Standing There"; "Misery"/"Anna (Go To Him)"; "Chains".

All My Loving, 7 de fevereiro de 1964, Parlophone GE P 8891 (mono) – "All My Loving"; "Ask Me

Why"/"Money (That's What I Want)"/"PS I Love You".

Long Tall Sally, 19 de junho de 1964, Parlophone GEP 8913 (mono) – "Long Tall Sally"; "I Call Your Name"/"Slow Down"; "Matchbox".

Extracts From The Film A Hard Day's Night, 6 de novembro de 1964, Parlophone GEP 8920 (mono) – "I Should Have Known Better"; "If I Fell"/"Tell Me Why"; "And I Love Her".

Extracts From The Album A Hard Day's Night, 6 de novembro de 1964, Parlophone GEP 8924 (mono) – "Any Time At All"; "I'll Cry Instead"/"Things We Said Today"; "When I Get Home".

Beatles For Sale, 6 de abril de 1965, Parlophone GE P 8931 (mono) – "No Reply"; "I'm A Loser"/"Rock And Roll Music"; "Eight Days A Week".

Beatles For Sale (No 2), 4 de junho de 1965, Parlophone GEP 8938 (mono) – "I'll Follow The Sun"; Baby's In Black"/"Words Of Love"; "I Don't Want To Spoil The Party"

The Beatles' Million Sellers, 6 de dezembro de 1965, Parlophone GEP 8946 (mono) – "She Loves You"; "I Want To Hold Your Hand"/"Can't Buy Me Love"; "I Feel Fine".

Yesterday, 4 de março de 1966, Parlophone GEP 8948 (mono) – "Yesterday"; "Act Naturally"/ "You Like Me Too Much"; "It's Only Love".

Nowhere Man, 8 de julho de 1966, Parlophone GE P 8948 – "Nowhere Man"; "Drive My Car"/ "Michelle"; "You Won't See Me".

Magical Mystery Tour, 8 de dezembro de 1967, Parlophone MMT-1 (mono), SMMT-1 (estéreo) – "Magical Mystery Tour"; "Your Mother Should Know"/"I Am The Walrus"; "The Fool On The Hill"; "Flying"/"Blue Jay Way".

ÁLBUMS

Please Please Me, 22 de março de 1963, Parlophone PMC 1202 (mono), PCS 3042 (estéreo) – "I Saw Her Standing There"; "Misery"; "Anna (Go To Him)"; "Chains"; "Boys"; "Ask Me Why"; "Please Please Me"/"Love Me Do"; "PS I Love You"; "Baby It's You"; "Do You Want To Know A Secret"; "A Taste Of Honey"; "There's A Place"; "Twist And Shout".

With The Beatles, 22 de novembro de 1963, Parlophone PMC 1206 (mono), PCS 3045 (estéreo) – "It Won't Be Long"; "All I've Got To Do"; "All My Loving"; "Don't Bother Me"; "Little Child"; "Till There Was You"; "Please Mister Postman"/ "Roll Over Beethoven"; "Hold Me Tight"; "You Really Got A Hold On Me"; "I Wanna Be Your Man"; "(There's A) Devil In Her Heart"; "Not A Second Time"; "Money (That's What I Want)".

A Hard Day's Night, 10 de julho de 1964, Parlophone PMC 1230 (mono), PCS 3058 (estéreo) – "A Hard Day's Night"; "I Should Have Known Better"; "If I Fell"; "I'm Happy Just To Dance With You"; And I Love Her"; "Tell Me Why"; "Can't Buy Me Love"/"Any Time At All"; "I'll Cry Instead"; "Things We Said Today"; "When I Get Home"; "You Can't Do That"; "I'll Be Back".

Beatles For Sale, 4 de dezembro de 1964, Parlophone PMC 1240 (mono), PCS 3062 (estéreo) – "No Reply"; "I'm A Loser"; "Baby's In Black"; "Rock And Roll Music"; "I'll Follow The Sun"; "Mr Moonlight"; "Kansas City"/"Hey-Hey-Hey!"/"Eight Days A Week"; "Words Of Love"; "Honey Don't"; "Every Little Thing"; "I Don't Want To Spoil The Party"; "What You're Doing"; "Everybody's Trying To Be My Baby".

Help! , 6 de agosto de 1965, Parlophone PMC 1255 (mono), PCS 3071 (estéreo) – "Help!";

"The Night Before"; "You've Got To Hide Your Love Away"; "I Need You"; "Another Girl"; "You're Going To Lose That Girl"; "Ticket To Ride"/"Act Naturally"; "It's Only Love"; "You Like Me Too Much"; "Tell Me What You See"; "I've Just Seen A Face"; "Yesterday"; "Dizzy Miss Lizzy".

Rubber Soul, 3 de dezembro de 1965, Parlophone PMC 1267 (mono), PCS 3075 (estéreo) – "Drive My Car"; "Norwegian Wood (This Bird Has Flown)"; "You Won't See Me"; "Nowhere Man"; "Think For Yourself"; "The Word"; "Michelle"/"What Goes On"; "Girl"; "I'm Looking Through You"; "In My Life"; "Wait"; "If I Needed Someone"; "Run For Your Life".

Revolver, 5 de agosto de 1966, Parlophone PMC 7009 (mono), PCS 7009 (estéreo) – "Taxman"; "Eleanor Rigby"; "I'm Only Sleeping"; "Love You To"; "Here, There And Everywhere"; "Yellow Submarine"; "She Said She Said"/"Good Day Sunshine"; "And Your Bird Can Sing"; "For No One"; "Doctor Robert"; "I Want To Tell You"; "Got To Get You Into My Life"; "Tomorrow Never Knows".

A Collection Of Beatles Oldies, 9 de dezembro de 1966, Parlophone PMC 7016 (mono), PCS 7016 (estéreo) – "She Loves You"; "From Me To You"; "We Can Work It Out"; "Help!"; "Michelle"; "Yesterday"; "I Feel Fine"; "Yellow Submarine"/"Can't Buy Me Love"; "Bad Boy"; "Day Tripper"; "A Hard Day's Night"; "Ticket To Ride"; "Paperback Writer"; "Eleanor Rigby"; "I Want To Hold Your Hand".

Sgt Pepper's Lonely Hearts Club Band, 1º de junho de 1967, Parlophone PMC 7017 (mono), PCS 7027 (estéreo) – "Sgt Pepper's Lonely Hearts Club Band"; "With A Little Help From My Friends"; "Lucy In The Sky With Diamonds"; "Getting Better"; "Fixing A Hole"; "She's Leaving Home"; "Being For The Benefit Of Mr Kite!"/"Within You Without You"; "When I'm Sixty Four"; "Lovely Rita"; "Good Morning Good Morning"; "Sgt Pepper's Lonely Hearts Club Band (Reprise)"; "A Day In The Life".

The Beatles, 22 de novembro de 1968, Apple [Parlophone] PMC 7067-7068 (mono), PCS 7067-7068 (estéreo) – "Back In The USSR"; "Dear Prudence"; "Glass Onion"; "Ob-La-Di, Ob-La-Da"; "Wild Honey Pie"; "The Continuing Story Of Bungalow Bill"; "While My Guitar Gently Weeps"; "Happiness Is A Warm Gun"/"Martha My Dear"; "I'm So Tired"; "Blackbird"; "Piggies"; "Rocky Raccoon"; "Don't Pass Me By"; "Why Don't We Do It In The Road"; "I Will"; "Julia"/"Birthday"; "Yer Blues"; "Mother Nature's Son"; "Everybody's Got Something To Hide Except Me And My Monkey"; "Sexy Sadie"; "Helter Skelter"; "Long Long Long"/"Revolution 1"; "Honey Pie"; "Savoy Truffle"; "Cry Baby Cry"; "Revolution 9"; "Good Night".

Yellow Submarine, 17 de janeiro de 1969, Apple [Parlophone] PMC 7070 (mono), PCS 7070 (estéreo) – "Yellow Submarine"; "Only A Northern Song"; "All Together Now"; "Hey Bulldog"; "It's All Too Much"; "All You Need Is Love"/ [sete faixas instrumentais da trilha pela George Martin Orchestra].

Abbey Road, 26 de setembro de 1969, Apple [Parlophone] PCS 7088 (apenas estéreo) – "Come Together"; "Something"; "Maxwell's Silver Hammer"; "Oh! Darling"; "Octopus's Garden"; "I Want You (She's So Heavy)"/"Here Comes The Sun"; "Because"; "You Never Give Me Your Money"; "Sun King"/"Mean Mr Mustard"; "Polythene Pam"/"She Came In Through The Bathroom Window"; "Golden Slumbers"/"Carry That Weight"; "The End"; "Her Majesty".

Let It Be, 8 de maio de 1970, Apple [Parlophone] PCS 7096 (apenas em estéreo) – "Two Of Us"; "Dig A Pony"; "Across The Universe"; "I Me Mine"; "Dig It"; "Let It Be"; "Maggie Mae"/"I've Got A Feeling"; "The One After 909"; "The Long And Winding Road"; "For You Blue"; "Get Back".

Live At The BBC, 30 de novembro de 1994, Apple [Parlophone] CDPCSP 726 TC (mono) – "From Us To You"; "I Got A Woman"; "Too Much Monkey Business"; "Keep Your Hands Off My Baby"; "I'll Be On My Way"; "Young Blood"; "A Shot Of Rhythm And Blues"; "Sure To Fall (In Love With You)"; "Some Other Guy"; "Thank You Girl"; "Baby It's You"; "That's All Right (Mama)"; "Carol"; "Soldier Of Love"; "Clarabella"; "I'm Gonna Sit Right Down And Cry (Over You)"; "Crying, Waiting, Hoping"; "You Really Got A Hold On Me"; "To Know Her Is To Love Her"; "A Taste Of Honey"; "Long Tall Sally"; "I Saw Her Standing There"; "The Honeymoon Song"; "Johnny B Goode"; "Memphis, Tennessee"; "Lucille"; "Can't Buy Me Love"; "Till There Was You"; "A Hard Day's Night"; "I Wanna Be Your Man"; "Roll Over Beethoven"; "Things We Said Today"; "She's A Woman"; "Sweet Little Sixteen"; "Lonesome Tears In My Eyes"; "Nothin' Shakin'"; "The Hippy Hippy Shake"; "Glad All Over"; "I Just Don't Understand"; "So How Come (No One Loves Me)"; "I Feel Fine"; "I'm A Loser"; "Everybody's Trying To Be My Baby"; "Rock And Roll Music"; "Ticket To Ride"; "Dizzy Miss Lizzy"; "Kansas City"/"Hey! Hey! Hey!"; "Matchbox"; "I Forgot To Remember To Forget"; "I Got To Find My Baby"; "Ooh! My Soul"; "Don't Ever Change"; "Slow Down"; "Honey Don't"; "Love Me Do".

Anthology 1, 21 de novembro de 1995, Apple [Parlophone] CDPCSP 727 – "Free As A Bird"; "That'll Be The Day"; "In Spite Of All The Danger"; "Hallelujah, I Love Her So"; "You'll Be Mine"; "Cayenne"; "My Bonnie"; "Ain't She Sweet"; "Cry For A Shadow"; "Searchin'"; "Three Cool Cats"; "The Sheik Of Araby"; "Like Dreamers Do"; "Hello Little Girl"; "Besame Mucho"; "Love Me Do"; "How Do You Do It"; "Please Please Me"; "One After 909"; "Lend Me Your Comb"; "I'll Get You"; "I Saw Her Standing There"; "From Me To You"; "Money (That's What I Want)"; "You Really Got A Hold On Me"; "Roll Over Beethoven"; "She Loves You"; "Till There Was You"; "Twist And Shout"; "This Boy"; "I Want To Hold Your Hand"; "Moonlight Bay"; "Can't Buy Me Love"; "All My Loving"; "You Can't Do That"; "And I Love Her"; "A Hard Day's Night"; "I Wanna Be Your Man"; "Long Tall Sally"; "Boys"; "Shout"; "I'll Be Back"; "You Know What To Do"; "No Reply" (Demo); "Mr Moonlight"; "Leave My Kitten Alone"; "No Reply"; "Eight Days A Week"; "Kansas City"/"Hey! Hey! Hey!".

Anthology 2, 18 de março de 1996, Apple [Parlophone] CDPCSP 728 – "Real Love"; "Yes It Is"; "I'm Down"; "You've Got To Hide Your Love Away"; "If You've Got Trouble"; "That Means A Lot"; "Yesterday"; "It's Only Love"; "I Feel Fine"; "Ticket To Ride"; "Yesterday"; "Help!"; "Everybody's Trying To Be My Baby"; "Norwegian Wood (This Bird Has Flown)"; "I'm Looking Through You"; "12-Bar Original"; "Tomorrow Never Knows"; "Got To Get You Into My Life"; "And Your Bird Can Sing"; "Taxman"; "Eleanor Rigby" (somente cordas); "I'm Only Sleeping" (ensaio); "I'm Only Sleeping" (take 1); "Rock And Roll Music"; "She's A Woman"; "Strawberry Fields Forever" (demo); "Strawberry Fields Forever" (take 1); "Strawberry Fields Forever" (take 7); "Penny Lane"; "A Day In The Life"; "Good Morning

Good Morning"; "Only A Northern Song"; "Being For The Benefit Of Mr Kite!" (takes 1 e 2); "Being For The Benefit Of Mr Kite!" (take 7); "Lucy In The Sky With Diamonds", "Within You Without You" (instrumental); "Sgt Pepper's Lonely Hearts Club Band" (reprise); "You Know My Name (Look Up The Number)"; "I Am The Walrus"; "The Fool On The Hill" (demo); "Your Mother Should Know"; "The Fool On The Hill" (take 4); "Hello, Goodbye"; "Lady Madonna"; "Across The Universe".

Anthology 3, 28 de outubro de 1996, Apple [Parlophone] CDPCSP 729 – "A Beginning"; "Happiness Is A Warm Gun"; "Helter Skelter"; "Mean Mr Mustard"; "Polythene Pam"; "Glass Onion"; "Junk"; "Piggies"; "Honey Pie"; "Don't Pass Me By"; "Ob-La-Di, Ob-La-Da"; "Good Night"; "Cry Baby Cry"; "Blackbird"; "Sexy Sadie"; "While My Guitar Gently Weeps"; "Hey Jude"; "Not Guilty"; "Mother Nature's Son"; "Glass Onion"; "Rocky Raccoon"; "What's The New Mary Jane"; "Step Inside Love"/"Los Paranoias"; "I'm So Tired"; "I Will"; "Why Don't We Do It In The Road"; "Julia"; "I've Got A Feeling"; "She Came In Through The Bathroom Window"; "Dig A Pony"; "Two Of Us"; "For You Blue"; "Teddy Boy"; "Rip It Up"/"Shake, Rattle and Roll"/ "Blue Suede Shoes"; "The Long And Winding Road"; "Oh! Darling"; "All Things Must Pass"; "Mailman, Bring Me No More Blues"; "Get Back"; "Old Brown Shoe"; "Octopus's Garden"; "Maxwell's Silver Hammer"; "Something"; "Come Together"; "Come And Get It"; "Ain't She Sweet"; "Because"; "Let It Be"; "I Me Mine"; "The End".

Yellow Submarine Songtrack, 13 de setembro de 1999, Apple [Parlophone] 521 4812 – "Yellow Submarine"; "Hey Bulldog"; "Eleanor Rigby"; "Love You To"; "All Together Now"; "Lucy In The Sky With Diamonds"; "Think For Yourself"; "Sgt Pepper's Lonely Hearts Club Band"; "With A Little Help From My Friends"; "Baby You're A Rich Man"; "Only A Northern Song"; "All You Need Is Love"; "When I'm Sixty Four"; "Nowhere Man"; "It's All Too Much".

1, 13 de novembro de 2000, Apple [Parlophone] 529 9702 – "Love Me Do"; "From Me To You"; "She Loves You"; "I Want To Hold Your Hand"; "Can't Buy Me Love"; "A Hard Day's Night"; "I Feel Fine"; "Eight Days A Week"; "Ticket To Ride"; "Help!"; "Yesterday"; "Day Tripper"; "We Can Work It Out"; "Paperback Writer"; "Yellow Submarine"; "Eleanor Rigby"; "Penny Lane"; "All You Need Is Love"; "Hello, Goodbye"; "Lady Madonna"; "Hey Jude"; "Get Back"; "The Ballad Of John And Yoko"; "Something"; "Come Together"; "Let It Be"; "The Long and Winding Road".

Let It Be… Naked, 17 de novembro de 2003, Apple [Parlophone] 595 7132 - "Get Back"; "Dig A Pony"; "For You Blue"; "The Long And Winding Road"; "Two Of Us"; "I've Got A Feeling"; "One After 909"; "Don't Let Me Down"; "I Me Mine"; "Across The Universe"; "Let It Be".

NOTAS

As notas a seguir trazem traduções livres de expressões ou trechos de canções mencionados ao longo do livro.

1 "Poças de tristeza, ondas de alegria".
2 "Muito além de qualquer comparação".
3 Ele "atravessou o salão" e seu coração "fez bum".
4 "Ela tinha só 17 anos, não era uma rainha de concurso de beleza".
5 "Você sabe o que eu quero dizer".
6 "Como eu poderia dançar?", "Ela não dançaria" e "Eu nunca mais vou dançar".
7 "O mundo está me tratando mal".
8 "Por favor, ouça os meus apelos, dê um raio de alegria aos meus apelos, diga que você me ama também".
9 "Eu amo você para sempre, então, por favor, retribua o meu amor".
10 "Querem ouvir um segredo? Vocês prometem não contar? Estamos diante de um poço dos desejos".
11 "Ela me disse o que dizer".
12 "Peça desculpa a ela".
13 "Imagine que estou apaixonado por você, é fácil porque eu sei".
14 "Imagine que não existe paraíso, é fácil se você tentar".
15 "Fingir".
16 "Não chore".
17 "Demorar" e "pertencer", respectivamente.
18 "Se você quer alguém que o faça se sentir bem".
19 "Se você quer alguém com quem se divertir".
20 "Fazendo amor".
21 "Que o meu amor, eu não posso esconder, não posso esconder, não posso esconder".
22 "Eu nunca choro à noite, eu falo o seu nome".
23 "No meio da noite, eu digo o seu nome".
24 "A noite de um dia difícil".

25 "Ele teve um dia de noite difícil naquele dia".
26 "Mas, quando eu chego em casa para encontrar você, descubro que meu cansaço acabou, e eu me sinto bem".
27 "Descobri que as coisas que você faz, elas me fazem sentir bem".
28 "Espero que ela chore/ quando descobrir que somos um casal".
29 "E ela vai chorar".
30 "Se eu fiz ou disse alguma coisa, me avise, e eu me desculpo".
31 "Estarei esperando sozinho/como sempre fiz...".
32 Com o ritmo marcado em quatro tempos em instrumento percussivo chamado caneca.
33 "Quando eu chegar em casa para encontrar você".
34 "Presente" e "ela não é uma camponesa".
35 "Me deixa ligado quando estou solitário".
36 "Eu fico chapado" e "não consigo esconder".
37 "Oito dias por semana".
38 "Com uma expressão carrancuda".
39 "Porque vermelho é a cor que vai me deixar triste".
40 "Seguro de si", "agradecer" ou "apreciar", "independência" e "inseguro", respectivamente.
41 "Two foot tall" significa "com 60 cm de altura", e "two foot small" é um trocadilho que pode ser traduzido como "com 60 cm de pequenez" ou até "sem 60 cm".
42 "Ovos mexidos, você tem pernas tão bonitas".
43 "Ontem eu acreditava que o amor tinha vindo para ficar/ Você não vai me dizer que estou errado?".
44 "Provocadora".
45 "Provocadora de pênis".
46 "Nós podemos resolver isso."
47 "As chances são boas".
48 "Posso dar anéis de ouro a você, posso dar qualquer coisa a você, baby, eu amo você".

49 "Baby, você pode dirigir o meu carro".

50 Literalmente "essas são as palavras que ficam bem juntas"

51 "Eu prefiro vê-la morta, garota, do que vê-la com outro homem".

52 Escritor de brochuras.

53 "Posso mostrar a você(s)" e "Você(s) pode(m) me ouvir?".

54 "Ganhar o pão" e "antes de morrer".

55 "Alguém tem muito dinheiro?"

56 "Tente dormir de novo, preciso pegar no sono".

57 "Me ame enquanto pode."

58 "E vamos marchar até três da manhã/ Para vê-los reunidos ali/ De Land O'Groats para John O'Greer com Stepney nós caminhamos/ Para ver o nosso submarino amarelo/ Nós o amamos".

59 "Eu disse quem colocou essa porcaria toda na sua cabeça?/ Eu sei o que é estar louco/ E estou me sentindo como se minha calça estivesse rasgada".

60 "Encerrei o dia para caminhar ao sol, E cair de cara no gramado recém-cortado de alguém".

61 "Você diz ter visto sete maravilhas."

62 "Me diga que você ouviu todos os sons que existem."

63 "Quando sua bicicleta está quebrada" e "quando seu pássaro tiver definhado", respectivamente.

64 "Outro tipo de mentalidade".

65 "Mas, se eu pareço ser indelicado, Sou apenas eu, Não a minha mente, Que confunde as coisas"

66 "Além da incansável e afluente eletricidade da Vida está a realidade final – o vazio".

67 "É garantido que proporcionarão um sorriso", "posso inquirir discretamente", "conhecer um homem do mercado automobilístico", "uma experiência esplêndida é garantida a todos", "indique precisamente o que quer dizer", respectivamente.

68 A gíria significa inserir um ou mais dedos na vagina de uma garota; como de fato existe uma torta de tiras de peixe, a piada estava pronta.

69 "Ninguém está na minha frequência" e "Acho que ninguém está na minha árvore", respectivamente.

70 "Nada com o que ficar bravo" e "nada com o que ficar incomodado", respectivamente.

71 "Você acredita em amor à primeira vista?" e "um amor à primeira vista", respectivamente.

72 "Sim, tenho certeza de que acontece o tempo todo".

73 "Você fica com medo quando apaga a luz" e "O que você vê quando...", respectivamente.

74 "Estou bem", "sei que é meu" e "não posso dizer a você, mas sei que é meu", respectivamente.

75 "Carregadores de massinha de modelar com gravatas de espelho".

76 "táxis de jornal", "flores de celofane" e "olhos de caleidoscópio", respectivamente.

77 "não daria para piorar muito".

78 "Demos a ela tudo o que o dinheiro pode comprar".

79 "Depois de viver sozinha por tanto tempo".

80 "Algo foi negado".

81 "Envie-me uma carta, oficializando seu ponto de vista".

82 "meter maids" no original.

83 "Andar pela antiga escola".

84 "Aparecesse".

85 Em tradução livre, "agora eles sabem quantos buracos são necessários para preencher...".

86 "Explodiu a cabeça em um carro".

87 "Subi para fumar".

88 "As pessoas lindas".

89 "Baby, você é uma bicha judia rica".

90 "Um, dois, três, quatro, Mary na porta da cabana...".

91 "Todos juntos agora".

92 "Algum tipo de solidão é medido nas notícias" e "Algum tipo de solidão é medido em você", respectivamente.

93 "Adiante" e "Cuidado. Carga estranha", respectivamente.

94 "roll up" pode ser traduzido tanto como "preparem-se" quanto "enrolem".

95 "Levá-los embora".

96 "Está louca para levá-los embora".

97 O termo "idiot savant" (literalmente, sábio idiota) foi cunhado por J. Langdon Down para designar pessoas com Síndrome de Savant, que possuem grande talento ou habilidade em contraste com problemas mentais como o autismo.

98 "Senhor policial metropolitano".

99 "Pudim de substância amarela, torta de líquido verde, Tudo misturado junto com um olho de cachorro morto, Jogue no pão, com três metros de espessura, Depois engula tudo com uma xícara de vômito frio".

100 "Sardinhas de semolina" e "pinguins elementares".

101 "Hey, Jules, não ache ruim, Pegue uma canção triste e transforme-a em algo melhor".

102 "Você nasceu para ir lá conquistá-la".

103 "O movimento de que você precisa está no seu ombro".

104 "Você não sabe a sorte que tem, garoto/De volta à URSS".

105 "A vida continua".

106 "Ficou em casa e fez uma cara feliz".

107 Tradução livre de "went out tiger hunting with his elephant and gun. In case of accidents he always took his mum".

108 Tradução livre de "the all-American bullet-headed Saxon mother's son".

109 "Se beleza matasse, teríamos sido nós em vez dele".

110 "Ei, Bungalow Bill. O que você matou?".

111 "Chora delicadamente".

112 "Ela não é uma garota que perde muita coisa".

113 "Ela conhece bem o toque de uma mão aveludada".

114 "Como uma lagartixa no vidro da janela".

115 "O homem na multidão com espelhos multicoloridos em suas botas de tacha".

116 "Descansando com os olhos enquanto as mãos estão fazendo hora extra".

117 "Uma impressão 'lavada' da esposa" quanto "uma imagem de novela da esposa".

118 "Preciso de uma dose".

119 "Velho tarado", "o drogado" e "pistoleiro (sátira do R+R dos anos 1950)", respectivamente

120 Tradução livre para "a damn good walking".

121 "Ela dizia se chamar Lil... mas todos a conheciam como Nancy" e "conhecida como Lou", respectivamente.

122 "Para todo o sempre".

123 "Filha do oceano".

124 "Metade do que falo não tem sentido; mas eu falo para que a outra metade possa chegar até você".

125 "Estou com bolhas nos dedos".

126 O verso pode ser traduzido como "descendo rápido" ou "surgindo rápido".

127 "Não conte/conte comigo".

128 "Você sabe que você come o que você é".

129 "Chore, bebê, chore, faça sua mãe comprar".

130 "Chore, bebê, chore,/Enfie um dedo no olho/ E diga à sua mãe que não fui eu".

131 "Nós dois indo a lugar nenhum".

132 "Eu faço um porco de estrada", "Eu cavo uma claraboia" e "Eu fiz uma marmota", respectivamente.

133 "Poças de tristeza, ondas de alegria".

134 "Não gostava dos paquistaneses pegando todos os empregos".

135 "Voltar".

136 "Achava que era mulher, mas era outro homem".

137 "Esse velho sapato marrom".

138 Como o slogan faz um trocadilho com "party", que pode significar tanto "festa" quanto "partido político", a tradução pode ser tanto "venham, juntem-se à festa" quanto "venham, juntem-se ao partido".

139 "Venham juntos agora, Não venham amanhã, Não venham sozinhos, Venham agora comigo, Tudo o que posso dizer É que vocês têm de ser livres".

140 Corte de cabelo tipicamente masculino conhecido como "escovinha", curto nas laterais e com a parte superior penteada para cima e aparada.

141 "Algo na maneira como ela se move, Ou olha na minha direção ou diz o meu nome Que parece deixar esse mundo problemático para trás".

142 "Papéis esquisitos".

143 "Acordei/ saí da cama".

144 "Velho sujo".

145 "Eu anseio fazer sexo entre lençóis de couro preto E conduzir motocicletas trêmulas entre as suas coxas".

146 "Então eu saí da delegacia".

147 "Domingo está ao telefone com segunda/ terça está ao telefone comigo".

148 "Take" pode ser entendido como "recebe" ou "toma", e "make" como "dá" ou "faz".

149 "Luz de junho" e "luz da lua".

150 "Rios dourados correm" e "os ventos não sopram".

151 Algo como "são e salvo". Expressão britânica que significa ter alcançado com segurança seus objetivos.

152 "O que aconteceu/ Com a vida que um dia tivemos?".

153 "É a vida real/Sim, é a vida real".

154 "Garotinhas e garotinhos" e "pequenos planos e projetos", respectivamente.

155 "Vida real" e "amor real", respectivamente.

156 "Perder a cabeça".

157 "Todas as horas de todos os dias".

158 "Sem culpa por estar na sua rua/Por estar na sua cola".

159 "Não estou tentando dar uma de esperto/ Só quero o que posso ter".

160 "Quais são as novidades?... O que você está dizendo? Que lástima que Mary Jane tenha sentido uma dor na festa. Qual é a nova, Mary Jane... Oh, meu Deus! Mary! Mary!".

161 "Ele cozinhando espaguete tão incrível" e "Ele incrível tão cozinhando espaguete", respectivamente.

162 "Vamos ouvir antes que sejamos levados".

163 "Você parece cansado, amor".

164 "Me dê um beijo de boa-noite" e "Faça amor comigo hoje à noite", respectivamente.

165 "Peguem seus parceiros dó-si-dó/Segurem firme e não soltem".

166 "Todas as coisas passam/Um nascer do sol não dura a manhã toda/Todas as coisas passam/Um aguaceiro não dura o dia inteiro".

BIBLIOGRAFIA

LIVROS SOBRE OS BEATLES

BACON, David; MASLOV, Norman. The Beatles' England. Londres: Columbus Books, 1982; San Francisco: 910 Books, 1982.

BAIRD, Julia. John Lennon My Brother. Londres: Grafton, 1988 [ed. bras.: Imagine: crescendo com meu irmão John Lennon, trad. Deisa Chamahum Chaves. São Paulo: Editora Globo, 2008].

BEATLES, The. Anthology. Londres: Cassell & Co., 2000 [ed. bras.: The Beatles Antologia, trad. Ana Luiza Dantas Borges, Beatriz Karan Guimarães, Cid Knipel e Cláudio Nascimento. São Paulo: Cosac Naify, 2001].

BEATLES, The. The Beatles Lyrics. Londres: MacDonald, 1969.

BEDFORD, Carol. Waiting For The Beatles. Newron Abbot: Blandford Press, 1984.

BRAUN, Michael. Love Me Do. Londres: Penguin, 1964 [ed. bras.: A vida fantástica dos Beatles "me ama tá?", trad. Augusto Newton Goldman. São Paulo: Bup, 1967].

BROWN, Peter. The Love You Make. Londres: MacMillan, 1983.

COLEMAN, Ray. Lennon. Nova York: McGraw Hill, 1984.

DALTON, David; COTT, Jonathan. The Beatles Get Back. Londres: Apple, 1969.

DAVIES, Hunter. The Beatles. Londres: Heinemann, 1968 [ed. bras.: A vida dos Beatles, trad. Henrique Benevides. São Paulo: Expressão e Cultura, 1968].

ELSON, Howard. McCartney: Songwriter. Londres: W.H.Allen, 1986.

EVANS, Mike (ed.), The Beatles Literary Anthology. Londres: Plexus, 2004.

FREEMAN, Robert. The Beatles: A Private View. Londres: Pyramid, 1992.

FULPEN, H.V. The Beatles: An Illustrated Diary. Londres: Plexus, 1982.

GIULIANO, Geoffrey. Blackbird. Londres: Smith Gryphon, 1991.

GOLDMAN, Albert. The Lives Of John Lennon. Londres, Nova York: Bantam Press, 1988.

GOTTFRIDSSON, Hans. The Beatles from Cavern to Star Club. Estocolmo: Premium Publishing, 1997.

HARRISON, George. I Me Mine. Londres: W.H.Allen, 1980.

HARRY, Bill (ed.). Mersey Beat; The Beginnings Of The Beatles. Londres: Columbus Books, 1977.

The Ultimate Beatles Encyclopedia. Londres: Virgin, 1992.

HENKE, James, Lennon Legend. Londres: Weidenfeld & Nicolson, 2003.

LENNON, Cynthia. A Twist Of Lennon. Londres: W.H. Allen, 1978.

LENNON, John. In His Own Write. Londres: Jonathan Cape, 1964.

LEWISOHN, Mark. The Complete Beatles Recording Sessions. Londres: Hamlyn, 1988.

The Complete Beatles Chronicle. Londres: Pyramid, 1992.

MCCABE, Peter; SCHONFELD, Robert. Apple To The Core. Londres: Sphere Books, 1972.

MCCARTNEY, Mike. Thank U Very Much. Londres: Weidenfeld & Nicolson, 1982.

MELLERS, Wilfrid. Twilight Of The Gods. Nova York: Schirmer Books, 1973.

MILES, Barry. Paul McCartney: Many Years from Now. Londres: Secker & Warburg, 1997.

_____ The Beatles: A Diary. Londres: Omnibus Press, 2002.

NORMAN, Philip. Shout. Londres: Elm Tree, 1981.

PEDLER, Dominic, The Songwriting Secrets Of The Beatles. Londres: Omnibus Press, 2003.

QUANTICK, David, Revolution: The Making of the Beatles' White Album. Londres: Unanimous, 2002.

Rolling Stone magazine. The Ballad Of John and Yoko. Londres: Michael Joseph, 1982.

SALEWICZ, Chris. McCartney: The Biography. Londres: MacDonald, 1986.

SCHAFINER, Nicholas. The Beatles Forever. Nova York: MSF Books, 1978.

SCHULTHEISS, Tom. A Day In The Life. Ann Arbor: Pierian Press, 1980.

SHEFF, David. The Playboy Interviews with John Lennon and Yoko Ono. Londres: New English Library; Chicago: Playboy Press, 1981.

SHEPHERD, Billy. The True Story of the Beatles. Londres: Beat Publications, 1964.

SHOTTON, Pete. John Lennon In My Life. Nova York: Stein & Day, 1983.

STUART RYAN. David, John Lennon's Secret, Nova York: Kozmik Press Center, 1982.

TAYLOR, Alistair. Yesterday. Londres: Sidgwick and Jackson; Las Vegas: Pioneer Books, 1989.

WENNER, Jann. Lennon Remembers. San Francisco: Straight Arrow Books, 1971.

WIENER, Jon. Come Together: John Lennon In His Time. Londres: Faber & Faber; Nova York: Random House, 1984 [ed. bras.: Lembranças de John Lennon, trad. Marcio Glilo. São Paulo: Conrad, 2001].

OUTROS

ANTHONY, Gene. Summer Of Love. Berkeley: Celestial Arts, 1980.

BUGLIOSO, Vincent. Helter Skelter. Nova York: Bantam, 1974.

FEIN, Art. The LA Musical History Tour. Boston: Faber and Faber, 1990.

GAINES, Steven. Heroes and Villains. Londres: MacMillian, 1986; Nova York: New American Library, 1986.

GIBRAN, Kahlil. Sand and Foam, 1927 [ed. bras.: Areia e espuma, trad. Mansour Challita. Rio de Janeiro: Ediouro, 1996].

GILLETT, Charlie. The Sound Of The City. Londres: Sphere Books, 1970.

GOODMAN, Pete. The Rolling Stones: Our Own Story. Nova York: Bantam, 1965.

Guinness Book of Rock Stars. Londres: Guinness, 1989.

HOTCHNER, A. E. Blown Away. Londres: Simon and Schuster, 1990.

LEARY, Timothy. Flashbacks. Londres: Heinemann, 1983.

MAHARISHI MAHESH YOGI. The Science of Being and the Art of Living. Londres: International SRM Publications, 1963 [ed. bras.: Ciência do ser e Arte de viver, trad. Maria Antônia Van Acker. São Paulo: ASV, 2000].

MASCARÓ, Juan. Lamps of Fire, Londres: Methuen, 1958.

MARSH, Dave. The Heart of Rock and Roll. Londres: Penguin, 1989; Nova York: New American Library, 1989

OLDHAM, Andrew Loog, Stoned. Londres: Secker & Warburg, Londres, 2000.

SMITH, Joe. Off The Record. Londres: Sidgwick and Jackson, 1989.

STEIN, Jean. Edie. Londres: Jonathan Cape, 1982.

TURNER, John M. A Dictionary of Circus Biography (não publicado).

WHITE, Charles. Little Richard. Londres: Pan, 1984 [ed. bras.: A vida e a época de Little Richard, trad. Paulo Henriques Britto e Leila de Souza Mendes. São Paulo: L&PM, 1987].

WOLFE, Tom. The Electric Kool-Aid Acid Test. Nova York: Bantam, 1968.

WORTH, Fred; TAMERIUS, Steve. Elvis: His Life from A-Z. Nova York: Contemporary Books, 1988.

WYMAN, Bill. Stone Alone. Londres: Viking, 1990

ÍNDICE

379

CRÉDITOS DAS IMAGENS

Os editores agradecem às seguintes agências pela autorização das imagens reproduzidas nesse livro:

Corbis: /Bettmann: 35, 61, 74, 115, 169, 176, 180; /CAT'S: 107, 179; /Waltraud Grubitzsch/epa: 15; /HO/epa: 18; /Hulton-Deutsch Collection: 26, 46, 51; / John Springer Collection: 72; /Michael Ochs Archives: 157
Getty Images: /CBS Photo Archive: 32; /Express Newspapers: 110; /Hulton Archive: 125, 165; /Keystone: 58, 81, 134; /John Loengard/Time & Life Pictures: 102; /Rolls Press/Popperfoto: 67; /Bob Whitaker: 118, 133
PA Photos: /AP: 29, 37, 42, 54, 56, 63, 78, 87, 89, 99, 101, 108, 127, 136, 138, 147, 148, 151, 158, 166; /Allaction.co.uk/Empics Entertainment: 7, 82, 128, 131; /Alpha General: 84; /Barratts: 91, 142, 155; /Bob Daugherty/AP: 93; / Empics Entertainment: 120; /PA Archive: 8, 11, 12-13, 17, 21, 23, 24, 31, 39, 40, 53, 64, 71, 77, 95, 96, 104, 112, 117, 122, 140, 152, 174; /Sport and General: 69
Rex Features: 160, 162; /Denis Cameron: 48; /Keystone USA: 145; /David Magnus: 45; /Bill Orchard: 171, 172

Alamy: /Mirrorpix: 109
Corbis: /Bettmann: 13, 21, 62, 169, 172, 183; /CAT'S: 164; /Beth A. Keiser: 131; /Michael Ochs Archives: 160, 176
Getty Images: /Ron Case/Keystone: 143; /John Downing/Express/Hulton Archive: 7, 36; /Evening Standard: 48; /Hulton Archive: 65; /Keystone: 179; / Marvin Lichtner/Time & Life Pictures: 76; /Michael Ochs Archives: 39; / Popperfoto: 159; /Roger Viollet Collection: 170; /Michael Webb/Keystone: 166; /Wesley/Keystone: 46
PA Photos: /AP: 29, 35, 44, 56, 58, 68, 70, 86, 90, 92, 96, 98, 100, 105, 110, 114, 117, 123, 137, 149, 151; /Allaction.co.uk/Empics Entertainment: 119, 156; /Barratts: 67, 75, 94; /Jean Cummings/Empics Entertainment: 33, 88; / Roy Cummings/Empics Entertainment: 30; /Robert W. Klein/AP: 129; /John Lindsay/AP: 17; /PA Archive: 15, 22, 43, 52, 72, 79, 80, 82, 85, 103, 120, 124, 133, 134, 144, 153, 162, 175; /Don Ryan/AP: 127; /Sport and General: 41, 107; /Topham Picturepoint: 112
Rex Features: /Christies Images Ltd: 9; /Lillian Evans: 51; /Everett Collection: 60, 181; /Keystone USA: 146, 154
Steve Turner Collection: 10, 18, 24, 27, 54, 138, 141

CRÉDITOS DAS MÚSICAS

AGRADECIMENTOS

Por entrevistas realizadas especificamente para este livro, eu agradeço a: Al Aronowitz, Diane Ashley, Marc Behm, Margo Bird, Tony Bramwell, Prudence Bruns, Iris Caldwell, Pattie Clapton, Allan Clarke, Maureen Cleave, Melanie Coe, Richard A. Cooke, Nancy Cooke de Herrera, Meta Davis, Rod Davis, Pat Dawson, Richard DiLello, Royston Ellis, Peter Fonda, Johnny Guitar, Paul Horn, Kevin Howlett, Michael Hurll, Stephen James, Rod Jones, Tony King, Timothy Leary, Donovan Leitch, Julian Lennon, Dick Lester, John Duff Lowe, Angie McCartney, Roger McGough, Thelma McGough, Elliot Mintz, Rod Murray, Delbert McClinton, Denis O'Dell, Lucy O'Donnell, Alun Owen, Little Richard, Jimmy Savile, John Sebastian, Helen Shapiro, Don Short, Joel Schumacher, Lucrezia Scott, Derek Taylor, James Taylor, Doug Trendle, dr. John Turner, Jan Vaughan e Gordon Waller.

Também recorri a entrevistas antigas com Lionel Bart, Hunter Davies, John Dunbar, Cynthia Lennon, George Martin, Barry Miles, Spike Milligan, Roy Orbison, Ravi Shankar, Bruce Welch e Muriel Young.

Por fornecer informações ou marcar entrevistas, agradeço a: Tony Barrow, Penny Bell, Gloria Boyce, Eleanor Bron, Lynne DeBernardis, Liz Edwards, Mike Evans, Peggy Ferguson, Roberta Freymann, Sarah Jane Freymann, Lynda Gilbert, Matt Godwin, Adrian Henri, Corinna Honan, Shelagh Jones, Andrew King, Martha Knight, Carol Lawrence, Mark Lewisohn, Brian Patten, Juan Mascaró, Robby Montgomery, Peter Nash, Iona Opie, Peter Rhone, Bettina Rose, Juliet Rowe, Phil Spangenberger, Alvin Stardust, Jean Stein, Sue Turner, Lisa Ullmann, Linda Watts e Paul Wayne.

Fiz uso das instalações oferecidas pelas seguintes organizações: American Federation of Musicians, ASCAP, BMI, Beatles Shop (Liverpool), Bristol Library, Bristol Old Vic, British Library, Chiswick Library, Highland Bookshop and Wildlife Art Gallery (Traverse City, Michigan), National Newspaper Library, National Sound Archives, Nigerian High Commission, Performing Rights Society, Rochdale Library, Theatre Museum, UCLA Library e Westminster Library.

Por último, eu gostaria de agradecer à minha agente Lisa Eveleigh, que nunca desistiu do projeto, e a Piers Murray-Hill e Jonathan Goodman, da Carlton Books.

CAPA: © United Artists/Album/Album/Cinema/Latinstock
QUARTA-CAPA: © Hulton-Deutsch Collection/Corbis/Corbis(DC)/Latinstock

Coordenação editorial CASSIANO ELEK MACHADO
Capa PAULO ANDRÉ CHAGAS
Composição GUSTAVO MARCHETTI
Preparação JULIANA LUGÃO
Revisão CECÍLIA RAMOS, LUIZA VIANNA DE MELLO FRANCO,
PEDRO PAULO DA SILVA e RAUL DREWNICK

2.ª reimpressão, 2010

Nesta edição, respeitou-se o novo Acordo Ortográfico da Língua Portuguesa

Dados Internacionais de Catalogação na Publicação (CIP)
(Câmara Brasileira do Livro, SP, Brasil)

Turner, Steve
     The Beatles: a história por trás de todas as canções/
     Steve Turner
     Título original: The Beatles: the stories behind the songs.
     tradução Alyne Azuma
     São Paulo: Cosac Naify, 2009
     384 pp., 110 ils.

Bibliografia
ISBN 978-85-7503-832-1

1. Beatles 2. Músicos de rock - Biografia I. Título.

09-07491   CDD-782.42166092

Índices para catálogo sistemático:
1. Músicos de rock : Biografia e obra   782.42166092

COSAC NAIFY
Rua General Jardim, 770, 2.º andar
01223-010 São Paulo SP
Tel [55 11] 3218 1444
www.cosacnaify.com.br

Atendimento ao professor [55 11] 3218 1473

fontes GILL SANS e JOANNA tiragem 10 000 papel COUCHÉ FOSCO 115 g/m² impresso na China